自治体〈危機〉叢書

# 「ふるさと納税」「原発・大学誘致」で地方は再生できるのか

〈巻末資料〉
平成28年度
全市区町村「ふるさと納税」額
ランキング表

高寄 昇三

公人の友社

## はしがき

　増田寛也の『地方消滅』(2014年・中公新書)以後も、多くの市町村で人口減少はつづいている。膨大な地方創生補助の注入にもかかわらず、人口減少に歯止めがみられない。
　しかも政府の地方創生政策は、メニューばかりが多く、昨今では「ふるさと納税」も乱入し、政府財政支援は混乱の極みにある。
　ひるがえて政府施策をみると、戦後、政府の地域開発は、ことごとく失敗し、地方は疲弊し、東京一極集中の集積メカニズムへの抵抗力が弱まり、「地方消滅」へと追い込まれている。
　政府の地域開発に追随して、失われた地方財源は、10兆円を超えるのではないか。もし地道な内発的開発で、地域再生を図っていれば、このような無残な「地方消滅」への道を、たどることもなかったかもしれない。
　過疎対策が、政府の主要施策となってから50年、竹下総理の提唱の「ふるさと創生」からは30年、政府が地方創生に本腰を入れてからでも、10年は経過する。マスコミは、地方創生の成功事例を、盛んに報道しているが、人口・国土・所得構造の改革がなければ、「地方消滅」は避けられない状況にある。
　一方、地方都市は、人口減少阻止のため、独自の施策として原発・大学誘致を図っていったが、原発は立地交付金の財政効果は抜群であったが、地域再生効果はなく、福島では原発事故で地域崩壊の悲劇に見舞われた。
　大学誘致では成功・失敗と、明暗が分かれるが、都市集積メカニズムがはたらかない地域にあっては、大学撤退がつづいている。かりに大学誘致ができても、誘致補助の自己負担が巨額で、誘致自治体が第2の夕張となりかねないと憂慮されている。その費用効果だけでなく、誘致決定プロセスが問われ、住民の間で行政への不信がひろがっている。
　国土形成における政府の「誤謬の選択」の罪は、きわめて重い。にもかかわらず地方創生補助の改革はなされず、補助金の垂れ流しで、事業システムは、

## はしがき

複雑化を深めていったが、人口増加の兆しすらみられていない。

そのためか政府は、地域死滅の苦痛を、緩和する媚薬として、2008年「ふるさと納税」を創設した。2013年以降、政府が寄付額引上げなどで奨励したので、寄付額は激増しただけでなく、寄付額の偏在で地域財政力格差が、かえって拡大していった。

それだけに止まらず、自治体の返礼品競争が激化し、市民もふくめて全国的なフィーバーと化し、官民ともにモラルハザードがひろがった。

「ふるさと納税」という不可解な施策によって、地域再生は混乱し、地方創生は危機に直面している。深刻な人口減少を直視することなく、拙劣な施策を導入した政府、寄付収入に狂奔する自治体に、地方再生を託せるのか。

現在、地方創生をめぐっては、「地方消滅」「選別と集中」といった、「限界集落」淘汰論に対して、「限界集落」不滅論、「田園回帰」論といった抵抗論が激論を展開している。

しかし、政府が根本的な構造改革を実行せず、地方自治体も補助行政に追随するだけでは、地域社会の将来は、決め手となる方策も戦略もみいだせず、まさに地方死滅へと至るのではないか。

しかも政府は「ふるさと納税」といった、地域再生に逆行するような施策を、なんら疑問も感じずに奨励しているが、これでは人口減少・地方消滅という困難な課題を、克服するのは不可能にちかい。

本書では政策論争である、「地方消滅」と「田園回帰」との対立点を追求しながら、地域再生の可能性を模索してみた。はっきりといえることは、人口動向からみ、経済・社会・国土構造の格差拡大のメカニズムを、政府が是正しなければ、地域社会がいくら頑張っても、人口減少・地方消滅は、不回避という結論である。

問題は地方が頑張れば、地域再生がなるほど、経済メカニズムは甘くない。「田園回帰」論は、下手をすれば、戦前の模範村のように政府に悪用され、国策によって悲劇的結末となる恐れすらある。それでも地域は生きていくため再生への努力をつづけざるをえない。

昨今では「縮小都市」も、将来像として受け入れるべきとの風潮である。高齢化社会と同様に成熟国家として、大都市も人口減少を、当然の傾向と容認す

るべきかもしれない。将来、日本全体の人口減少は確実であり、地域政策もコペルニクス的転換を迎えたといえる。

　自治体は、「ふるさと納税」の返礼品競争での勝利に酒盃をあげ、電源立地対策交付金の給付で安閑としている状況ではない。政府は心地よいキャッチフレーズで、地方の歓心を誘い、包摂を目論んでいるが、そこには解決の糸口すら見出せない。地域再生の突破口は、かって竹下総理が実施した、究極のバラマキ、「ふるさと創生策」が最適の選択である。

　政府が繰り出す地方創生策と、地域社会の実践とは断絶があり、どうしても施策の再編成がさけられない。その方策は意外の感があるが、「渡しきり交付金」による地方創生補助の創造的破壊しかない。補助事業を吸収・再生する構造改革を実現し、自主的で創意ある、エネルギーを結集しなければ、「地方消滅」は免れない。

　本書は、地方創生の動きのなかで、近年、特にクローズアップされた、「ふるさと納税」「大学・原発誘致」を取り上げて検証し、問題点を指摘した。さらに地域再生への有効な方策を求めて、成功事例をあげて、再生への処方箋を描いてみた。

　なお「地方創生」策については、拙著『「地方創生」で地方消滅は阻止できるか』（公人の友社　2015年）で、地方創生補助と国土開発の問題は論述したので省略し、具体的施策の事例の分析をベースとして、地方再生策を追求してみた。

　「地方創生」の類書は多いが、本書が地方再生に、たんなる事例紹介でなく、地域再生策への示唆をあたえることができれば幸いである。なおこの度も出版の配慮をいただいた、公人の友社武内英晴社長に、心から感謝します。

　　　2018年1月20日

　　　　　　　　　　　　　　　　　　　　　　　　　　　　　高寄　昇三

# 目　　次

## I　「地方消滅論」と「田園回帰論」の対立 …………… 11

### 1　地方消滅論の検証 ………………………………… 12
　　遅れる政府の構造改革　12
　　日本全体が「限界国家」化　13
　　少子化対策が地方再生の鍵　14
　　人口動向と「地方消滅」　15
　　人口減少と地域再生　17

### 2　地域振興失敗の軌跡 ……………………………… 19
　　戦後地域振興策の検証　19
　　地域開発における失敗の要因　20
　　地方創生策の系譜と財政支援の欠陥　22
　　虚構の地方創生と一括交付金　23

### 3　田園回帰論の現実 ………………………………… 25
　　地方格差論への反論　25
　　地方財政格差論の淘汰　26
　　人口減少と「農山村存続」論　28
　　社会人口動態への注目　29
　　農村存続論の展開　30
　　田園回帰論と限界集落再生　31
　　農村価値論の提唱　33
　　都市・農村共生論の形成　34

### 4　地方再生策の再編成 ……………………………… 36
　　問われる政府・自治体のガバナンス　36
　　国土構造形成への改革　37
　　補助金改革の失敗と「ふるさと納税」の浮上　38
　　過疎町村・限界集落の救済・再生　39

## Ⅱ 「ふるさと納税」の虚像と実像 …………… 43

### 1 「ふるさと納税」の現実 ……………………… 44
「ふるさと納税」の現実　44
上位団体への寄付金偏在　46
寄付金・市税比率の格差　49
「ふるさと納税」の変質　50

### 2 「ふるさと納税」の賛成論 …………………… 52
政策根拠薄弱の賛成論　52
地域振興効果への疑念　53
独自財源獲得効果への疑問　54
自治体改革効果は自画自賛　55

### 3 「ふるさと納税」の政策論争 ………………… 57
「ふるさと納税」制度の暴走　57
「ふるさと」の拡大解釈　58
地方財政・地方税原則の崩壊　59
交付税運用の歪曲　61
権限乱用への未必の故意　62

### 4 「ふるさと納税」の弊害と改革 ……………… 64
返礼品競争の激化　64
逆財政力格差の拡大　65
長野県・北海道の格差状況　67
注目される大都市の反転攻勢　68
「ふるさと納税」の抜本的改革　71
企業版ふるさと納税　73

## III 原発・大学誘致の検証 … 79

### 1 原発誘致と地域振興効果 … 80
誘致施設のメリット・デメリット　80
最適選択への手段　81

### 2 原発再稼働と再生エネルギー … 84
エネルギー政策と原発評価　84
原発立地交付金の財源効果　84
地方救世主の再生エネルギー　86

### 3 大学誘致の効果と将来 … 89
大学設置の地域論争　89
大学経営環境の悪化　90
千葉科学大学の誘致効果　91
難航する岡山理科大学獣医学部　93

### 4 地域振興と財政危機 … 96
地域再生と注目市町村財政状況　96
大学誘致と自治体財政危機　98
過酷な夕張市財政再建の実態　100

## Ⅳ　地域再生への処方箋 …………………………………… 105

### 1　地域再生成功の教訓 ……………………………………… 106
　　　　地域再生のプロモーター　106
　　　　地域資源活用の戦略　107
　　　　知的産業育成と成果　108
　　　　戦略的再生策の導入　109
　　　　限界集落の地域おこし　110

### 2　地域循環経済と内発的開発 ……………………………… 112
　　　　「地域循環経済」の形成　112
　　　　内発的地域振興の効用　114
　　　　実施システムの形成と実践　116

### 3　「ふるさと創生交付金」の復権 ………………………… 118
　　　　再生補助と地域主義　118
　　　　政府財政支援と自治体の知恵　119
　　　　「ふるさと創生交付金」の創設　121
　　　　竹下「ふるさと創生」交付金の評価　122
　　　　「ふるさと創生交付金」の特性　124
　　　　新「ふるさと創生交付金」と人口・財政力補正　125
　　　　「渡しきり交付金」のメリット　127

〈巻末資料〉
　　　**平成28年度**
　　　**全市区町村「ふるさと納税」額ランキング表** …… 133

# I

# 「地方消滅論」と「田園回帰論」の対立

# 1　地方消滅論の検証

「地方消滅」論は、衝撃であったが、ひるがえってみれば過疎対策による巨額の財源注入にもかかわらず、マンネリ化した地域政策への痛烈な批判でもあった。

しかし、「地方消滅」の政策的弱点は、東京一極集中に対して、地方中核都市・コンパクトシティなど、姑息なビジョンで対応しようとし、逆に地方消滅を加速させている点である。また地方創生策への何んらの改革等を示していない、対応策の欠陥である。

構造改革がすすまないため、地方消滅の危機が、今日、去っていないのみでなく、むしろより現実化し、国家そのものの崩壊が迫っていると、「限界国家」論すら叫ばれている。(1) 日本の国家戦略は、理念・マクロ政策では、過っていないかも知れないが、実施の過程で歪められ修正され、実効性が低下していくのが通常のパターンである。

### 遅れる政府の構造改革

第1に、社会構造としての人口減少は、確実視されているが、政府のみでなく、日本全体として危機感は薄い。「地方消滅」論にもかかわらず、危機感は浸透していない。

人口増加策にしても、企業収益を削減して、労働配分率引上げが、決め手を握っている。配分率が改善されれば、念願の物価上昇も見込まれ、日銀の物価上昇・アベノミクスも達成される。

ところが企業は、内部留保を厚くして、個別企業の利益を優先するため、経済が活性化しないだけでなく、非正規職員の増加などで出生率もあがらない。要するに人口増加も、経済改革なしには達成できない。個人に出産意欲を求め

るのでなく、政策的対応で目標達成をめざすべきである。

　すなわち企業の利己的利益追求を、政府が公共メカニズムで抑制し、より政策効果の大きい分野に誘導しなければ、全体としての日本経済の成長もなく、国際競争力の強化も達成できない。企業減税をするならば、障害者雇用と同様に強制措置で、非正規職員の待遇改善を盛り込むべきである。

　UJIターン相談が、大都市で盛んに行われているが、政策的に「田園回帰」をうながす、施策が実施されなければ、「田園回帰」の流れも息切れするであろう。

　民間企業の経営姿勢も、褒められたものでない。企業の経営戦略には「公益資本主義」が、みられないだけでなく、東芝など民間企業では、外国企業買収で大幅赤字をきたしているが、企業の経営姿勢に問題がある。

　企業も地域社会の一員であるが、企業の地域社会への貢献はおくれている。都市には無数の大企業の支店が存在するが、無機物のような存在である。地方創生策は、このような企業社会の岩盤に風穴をあけ、意識改革を迫る施策でなければならない。

**日本全体が「限界国家」化**
　第2に、国土構造としての東京一極集中はすすむが、極点社会として、将来とも成長は不可能で、日本全体が「限界国家」化をたどりつつある。限界集落、消滅都市、大都市の崩壊、東京の老化症状とひろがっている。

　それにもかかわらず「地方消滅」の国土構造論は、依然として東京抑制に及び腰である。東京一極集中のメカニズム、その誘因である中央集権体制を抑制しなければ、限界集落・過疎地域の崩壊を早め、町村の存立基盤を自壊させる恐れがある。少々、国際競争力が減退しても、東京抑制を実施するのが、長期的には有効な戦略である。

　国土政策にあっても、失敗の連続であったが、個別分野でも交通政策をみると、地方ローカル線の廃止など、地域再生に逆行する施策がひろがっている。

　JRは民営分割されたが、経営環境の悪いJR四国・北海道などは、経営安定化基金が設置されたが、低金利で有名無実化してしまい、新規の補填措置はなさ

れていない。そのため JR 四国・北海道などでは、人口減少もあるが、経営悪化で地方ローカル線は路線廃止という悪循環に陥っている。

　政府施策として、ガソリン税の注入・特別税交付税の算入など、強力な支援が公共メカニズムから必要である。福祉・環境・教育・エネルギーなどあらゆる分野で、格差是正によるトータルとしての均衡成長を図っていくことである。

　赤字であるから学校・鉄道など、生活基盤施設を放棄する一方で、電源立地対策費・「ふるさと納税」は、それぞれ毎年2,000億円以上のバラマキとなっているが、政府の公共性のある施策への政策感覚が麻痺しているのではないか。

　どうして精神分裂のような政府施策が、導入されるのか不思議である。官庁セクショナリズムがもたらした、中央官僚の施策形成能力の劣化が原因であろう。

　組織風土として外部環境の変貌への感受性が鈍くなり、同一組織内で視野狭窄症にかかり、現状打破の意欲が退化してしまっている。その証拠に「ふるさと納税」といった、支離滅裂な施策を奨励する感覚は、常識的に理解しがたい。

### 少子化対策が地方再生の鍵

　第3に、財政的構造をみても、社会保障費が増加し、やがて国家財政は、地方創生を実施する財源も枯渇する。生活福祉にあっては、高齢化より少子化対策である。人口出生力の回復効果はすぐに表れない。

　人口高齢化がすすめば、若年人口の高齢支援負担はますます重くなる。高齢化対策のためにも、出生力向上は急務である。社会保障費全体の配分問題であるが、政策的視点から費用効果の高い分野への財源移行が効果がより大きい。

　国家レベルの財政運営にあっても、費用効果は追求されるべきで、無闇と財源をばらまくべきでない。マクロ・長期の視点からみれば、財政改革による、プライマリ・バランスは急務である。

　もし関東大震災が発生すればどうするのか、被害額は当時のGDPの約3分の1であったが、今日では東京一極集中がすすみ、GDPの約2分の1で、約250兆円の被害となる。直接的被害だけでなく、経済活動がストップする被害が甚大である。

ところが大災害への対応策は欠落し、東日本大震災では、国土強靭化策として震災復興事業費は、大盤振る舞いであったが、被災地では人口減少が激しく、生活復興が緊急課題として浮上している。財政運営としては防波堤より、将来の生活復興基金として蓄積すべきであった。[(2)]

「限界国家」が迫っており、国・地方の施策見直しは、聖域なき選択であるが、いずれも国家全体の視点で対応すべきで、限界集落・過疎町村を、淘汰したから解決できる問題でない。

毛受敏浩『限界国家』は、移民受入策の拡充が基調となっており、さまざまの問題があるが、共生社会への対応という融合効果をみても、採用されるべき施策である。地域再生策との連携効果が達成されれば、その施策の複合効果も増幅されるであろう

### 人口動向と「地方消滅」

「地方消滅」論は、人口動向からみると、決定的に優位といえる。地域再生での注目市町村の人口動向（表1参照）をみると、例外があるが全般的には人口減少傾向をたどっている。

第1に、全国人口の減少、首都圏への人口流入である。周知の東京を中心とする首都圏への人口集中がつづき、人口増加府県はほとんどみられない。

政府は東京の国際経済競争力向上などの理屈をつけて、政策的な抑制策を注入していないが、競争力は新企業の起業力の差で、地域分散をし、東京とは異質の発想をもった、ベンチャー事業業者を、創出する方が実効性があるのではないか。

第2に、2005年と2010年の人口をみると、『地方財政白書』では都市人口は、1億1,026万人から1億1,616万人と590万人増加であるが、町村は1,750万人から1,190万人と560万人減である。もっともこの間合併で町村は1,789団体から941団体に激減している。

市町村別の人口推移（表1参照）をみてみる。第1に、『地方消滅』で、若年女性増加率第1位の石川県川北町は、金沢市近郊地に位置し、産業誘致で人口

Ⅰ 「地方消滅論」と「田園回帰論」の対立

増加が顕著である。一方、南牧村は、『地方消滅』で若年女性減少率第１位の自治体で、長野県境にある過疎村で、人口減少がつづいている。

表1　地域再生注目市町村人口の推移　　　　　　　　　　（単位 人）

| 市町村名 | 1990 | 1995 | 2000 | 2005 | 2010 | 2015 | 2018 |
|---|---|---|---|---|---|---|---|
| 石川県川北町 | 4,922 | 4,514 | 4,922 | 5,677 | 6,147 | 6,374 | 6,286 |
| 群馬県南牧村 | 3,582 | 3,829 | 3,340 | 2,929 | 2,423 | 1,979 | 2,106 |
| 島根県海士町 | 3,119 | 2,857 | 2,672 | 2,581 | 2,374 | 2,353 | 2,355 |
| 徳島県神山町 | 9,468 | 8,614 | 7,798 | 6,924 | 6,038 | 5,300 | 5,810 |
| 徳島県上勝町 | 2,450 | 2,318 | 2,124 | 1,955 | 1,783 | 1,545 | 1,699 |
| 鳥取県智頭町 | 10,670 | 10,082 | 9,383 | 8,647 | 7,719 | 7,164 | 7,523 |
| 大分県姫島村 | 3,268 | 2,996 | 2,761 | 2,469 | 2,189 | 1,991 | 2,202 |
| 福井県鯖江市 | 68,041 | 67,204 | 68,145 | 68,402 | 67,450 | 68,284 | 69,104 |
| 山形県鶴岡市 | 150,840 | 149,509 | 147,546 | 142,384 | 136,632 | 129,652 | 131,652 |
| 岡山県真庭市 | 58,754 | 56,607 | 54,747 | 51,782 | 48,964 | 46,124 | 47,820 |
| 北海道ニセコ町 | 4,511 | 4,641 | 4,553 | 4,669 | 4,823 | 4,958 | 5,056 |
| 沖縄県恩納村 | 8,486 | 8,685 | 9,064 | 9,635 | 10,144 | 10,652 | 10,906 |
| 長野県小布施町 | 11,568 | 11,436 | 11,460 | 11,477 | 11,074 | 10,652 | 10,906 |
| 福岡県柳川市 | 80,531 | 79,806 | 77,612 | 74,539 | 71,375 | 67,777 | 68,683 |
| 長野県佐久市 | 95,624 | 97,813 | 100,016 | 100,462 | 100,552 | 99,368 | 99,497 |
| 香川県直島町 | 4,671 | 4,162 | 3,705 | 3,538 | 3,325 | 3,139 | 3,144 |
| 北海道泊村 | 2,376 | 2,128 | 2,040 | 2,185 | 1,883 | 1,771 | 1,748 |
| 福井県高浜町 | 12,425 | 12,201 | 12,119 | 11,630 | 10,062 | 10,596 | 10,731 |
| 愛媛県今治市 | 191,504 | 185,435 | 180,627 | 173,983 | 166,532 | 158,114 | 163,481 |
| 千葉県銚子市 | 85,138 | 82,180 | 78,697 | 75,020 | 70,210 | 64,415 | 65,546 |
| 北海道夕張市 | 20,969 | 17,116 | 14,797 | 13,001 | 10,925 | 8,843 | 9,056 |
| 北海道奥尻町 | 4,604 | 4,301 | 3,921 | 3,643 | 3,033 | 2,690 | 2,795 |
| 岩手県大槌町 | 19,074 | 18,301 | 17,480 | 16,516 | 15,277 | 11,759 | 12,370 |

注　人口は国勢調査人口、2018年は住民基本台帳1月1日人口

　第3に、海士町は、地方創生でもっとも注目された、成功自治体であるが、1990〜2015の25年間で766人減であるが、2005〜2015年の10年間でも228人と下げとまっている。神山町も地方創生での成功自治体で、農村地域であるがＩＴ企業が立地し、活性化している。ただ25年間の人口減は4,166人、

44％と激減している。上勝町も葉っぱ産業で、高齢者が高所得者となり、話題となった山間部の自治体で、人口減少は激しい。

　第4に、智頭町は、「田園回帰」論者が、地域おこしで推奨する自治体で、「ゼロ分のイチ村おこし運動」の企画書は、記念碑的文書（小田切徳美）といわれているが、精神革命だけでは、人口減少阻止の効果はなかった。

　姫島村は、かって大分県の一村一品運動の典型的存在で、特産品のえびで地域活性化をもたらしたが、離島であり町村合併もせず、今日にいたっているが、人口は25年間で3,268人から1,991人へと減少し、このまま人口減少がつづくと、村の存続すら危ぶまれる。

### 人口減少と地域再生

　第5に、鯖江市は、地域再生の模範生で、周知の眼鏡フレームの特産地である。人口減少することなく、25年間人口の推移は0.3％増である。真庭市は、25年間の人口減少率21.50％である。鶴岡市も25年間の人口減少率14.05％で、大学・研究機関と連携したベンチャー企業の集積がカギを握っている。

　岡山県真庭市は、藻谷浩介『里山資本主義』（株式会社ＫＡＤＯＫＡＷＡ 2013年）で、「木質バイオマス発電」が紹介され、一躍有名になった。事業効果も十分にあがっているが、全市展開ができないためか、人口減少に歯止めがかかっていない。

　ニセコ町・恩納村は、観光開発の成功町村で、観光産業が裾野のひろい産業であるので、人口増加となっている。柳川市・小布施町も、観光開発の老舗といえる先進地であるが、吸引力がよわまったのか、人口減となっている。

　第6に、佐久市は、医療と住宅で人口誘因を目指した都市で、2005年に合併があったので人口は維持してきたが、2015年には人口減に転している。一方、芸術で地域活性化を図っていった、直島町は、地理的条件も悪く、きびしい人口減に見舞われている。

　第7に、泊村・高浜町は、電源立地町村で原発は、装置産業で雇用能力は低く、人口減少傾向にある。ただ電源立地対策交付金などの使途は、原発調査とか基盤整備とか箱物行政とかの費用に限定され、人口対策とか生活支援基金とかへ

の支出はなく、公共投資優先型の支出で、むしろ将来の維持費が心配される。

　第8に、今治・銚子市は、今話題の大学設置・誘致自治体である。両市とも25年間人口減少率は、今治市17.44％、銚子市24.34％と激しい。銚子市の千葉科学大学は、開学10年をむかえているが、人口推移は1990・1995年2,958人減、1995・2000年3,483人減、2000・2005年3,677人減、2005・2010年4,810人減と、大学設置の効果はなく、2010・2015年も5,795人減と減少に歯止めがかかっていない。なお今治市も2005年に周辺町村の吸収合併があったので、実質的人口減数値はさらに大きくなる。

　第9に、夕張市は財政破綻で、奥尻町は災害で人口減に襲われたが、25年間の人口減少率は夕張市58.19％、奥尻町41.57％ときつい減少である。

　夕張市は、放漫な観光投資で財政破綻し、財政再建を自己責任とされたが、財政再建のシナリオは、金融機関の無謀な貸付債権を減額・放棄もさせず、政府支援と引き換えに苛酷な減量経営と化していった。

　そのため人口はまさに加速度的に流出し、これでは手術（財政再建）は成功したが、患者（地域）は死んだことになる。

　災害復旧ではハードの建設復旧が、優先されるのは仕方がないが、人口が減少しては、過剰投資となり、被災自治体の地域復興もきびしい状況となっている。義援金・復興基金の使い方は、もっと柔軟性がなければならない。

　東日本大震災でも、復興事業補助はほぼ100％で財政の心配はないが、岩手県大槌町の人口減少をみても、第2の奥尻町の再現となりかねない。

## 2　地域振興失敗の軌跡

　地方創生策は、地方人口の長期低落を食い止められるのか。経済・社会の外部要因もあるが、政府の地域開発をみると、失敗の連続であり、地方の人口減少を加速化させていった。

**戦後地域振興策の検証**
　第1の論点として、戦後の地域振興策をたどってみる。戦後の地域開発は、地方格差是正をかかげて展開されたが、政府の本音は経済膨張・拡大であった。そのため地方格差是正のみでなく、地域開発も失敗の連続であった。しかし、その後の地域再生策は、この「失敗の本質」を反省して、その教訓を踏まえて実施されていない。
　第1の新産業都市（1962年新産業都市建設促進法）をみると、コンビナート誘致に成功した都市もあったが、陳情合戦で数多く新産業都市が指定されたので、競争条件で不利な地域が失敗を余儀なくされた。しかも大都市圏の千葉・堺・加古川なども、コンビナートの誘致ができ、大都市の工場集積もつづいた。
　あきらかに甘い政府の政策ミスの結果である。政府が政治的思惑から、地方の無理な要求を拒絶できなく、失敗とわかっていながら、新産業都市を追加認可していった。なぜ失敗するのか、政府・地方団体の成長への願望が過剰であったからである。
　第2に、新産業都市に成功した都市も、先行投資・租税減免・公害発生と、散々な結果となり、企業だけが潤ったといえる。政府はこのような失敗を予知していたのか、大都市を魔女狩りのターゲットにして、いわゆる大都市圏への工場・学校制限法（首都圏制限は1959年）を順次制定していった。
　しかし、大都市の既成市街地は制限されたが、埋立地は除外され周辺地は、

都市整備・開発促進地区として立地が奨励された。要するに政府は成長抑制をおそれ、ザル法的な対応で、誤魔化してきたのである。

　第3に、新産業都市の失敗を認めず、懲りない中央官僚は、その後も企業誘致による地域開発をつづけた。テクノポリス・リゾート開発で、町村まで巻き込まれ、その多くが誘致に失敗し、環境破壊・財政破綻が続出した。

　今日、やっと公共投資先導型の地域開発から脱皮したと思ったら、その結果は思わしくないので、「ふるさと納税」を地方創生の切札として、強引に創設した。政府の失政を糊塗する策謀とも、勘ぐられても仕方がない。

　政府の役割は、卓抜した地方創生策の確立で、自治体の地方創生を正常な軌道に誘導することである。まして政府が、自治体がよその自治体の地方税を奪って、自己の財源的欲望を満たすような、本来あってはならない行為を煽動してはならない。

### 地域開発における失敗の要因

　第2の論点として、地域開発における失敗の要因をみてみる。第1に、経済至上主義の地域振興は、失敗するだけでなく、地方格差を拡大させた。新産業都市で地方経済が、浮上したとはいえない。なぜなら大都市圏もコンビナートを誘致し、3次産業も集積したからである。

　開発行政の裏側で、「消滅地域」の危機がふくらんでいったが、政府は地方分散という安易な幻想を振りまき、人口減少地域には、過疎対策法などの恩恵的措置で片付けてきた。

　第2に、国土デザインの拙劣性である。焦点である東京一極集中に対して、地方中核都市とか田園都市構想とか、さらにはコンパクトシティとかで、東京一極集中の流れをせき止めようとした。

　そこには東京一極集中の求心力阻止は、経済成長をそこなうとして、地方都市の強化・育成に力点をおく、現実感覚の希薄な机上演習論で、対応策を処理してきた。東京一極集中を抑制すれば、地方都市は自力で成長できるはずである。

　東京一極集中と政府は、真正面から対決して、東京抑制策を導入しなければ

ならない。地方振興ばかりでは、地方創生効果も半減し、地方の活力が萎縮すれば、やがて東京もまた衰退し、日本経済は危機に直面する。その時は全国的衰退で、日本は陥没するしかないであろう。

　第3に、増田寛也『地方消滅』で、若年女性増加率上位20市町村は、すべて外部依存型である。地域再生にとって実効性のある、内発的開発を無視・軽視してきた。

　今日やっと補助事業でもソフト施策が採用されたが、地域社会の財政力は、リゾート開発など過った政府施策のため疲弊している。リゾート開発は、財政後遺症だけでなく、町村の社会・精神の空洞化を、加速させていった。

　第4に、政府財政支援は、地域社会の地域再生意欲を、活性化させるより、政府施策による地方包摂をめざす性格が濃厚で、あいかわらず経済効果を成果指標とする誘導型である。

　地域再生策の実質的経済効果は、迂回方式となるが、地方の自主性を優先する財政支援システムのほうが、失敗のリスクは小さく、最終的には効果は大きい。すなわち地域で企業投資があれば、投資に応じて奨励金を支給する後払い方式がすぐれている。誘致策として産業基盤投資に補助をしても、成功するとは限らない。新産都市で実証済みである。

　第5に、中央省庁の地域再生策といっても、地域開発のリスクのある厄介な課題は、地方団体に押し付けている。夕張市の財政破綻にしても、産炭地崩壊後の地域再生を、夕張市が事業主体となってする羽目になった。

　そのための財政支援はなされたが、効果はなく、夕張市は手っ取り早い観光開発へと傾斜していき、夕張メロン生産といった地道な地域再生策を選択しなかった。政府・北海道は、夕張市を十分に指導しなかったし、夕張市も「都市の選択」をあやまった。東日本大震災の福島原発による地域再生も、自治体に転嫁している。

　第6に、今日でも地域振興策の失敗はみられる。東日本大震災の復興事業も、高台整備と中心街区整備と2極分化しているが、人口回復施策としては、求心力は弱まり、基盤整備先行で人口対策は軽視されている。

I 「地方消滅論」と「田園回帰論」の対立

　1993年に津波被害にあった、北海道奥尻町の悲劇の再現が憂慮されている。また工場・リゾートにかわって、大学・病院などが地域振興の牽引力として、誘致されたが、銚子・今治市など、おおくの都市で誘致戦略への不満が噴出している。

### 地方創生策の系譜と財政支援の欠陥
　第3の論点として、政府の地方創生策の系譜をたどると、まず田中角栄『日本列島改造論』（日刊工業新聞社1972年）が出版されたが、1979年に大分県平松守彦知事が、地域主義から一村一品運動を提唱し、『地方からの発想』（『岩波新書』1990年）を出版し、開発主義への対立思想を提示する。

　さらに竹下登が『素晴らしい国日本』（講談社1987年）を出版し、ふるさと創生論を提唱する。今日の地域再生策は、すでに一村一品運動で実施され、その思想は竹下登のふるさと創生で、政府施策で実現されたが、30年あまりたってやっと政府施策の主流となった。

　公共投資から人づくりへ、地域社会の自主的開発など、地方創生策は、おそくとも1990年代に実施されるべきであった。ちなみに竹下首相による「ふるさと創生」事業は、1988年であり、当時の公共投資主導の補助金行政に、漠然とした不安と疑問を感じていたのではないか。

　しかし、このようなソフト事業・地方主導性の動きは、テクノポリス・リゾート開発など、政府主導の開発施策によって、主導権を握れなかった。

　今日、地方創生で地域振興が、順調に遂行されるかというと、必ずしもそうとはいえない。政府財政支援がソフト化したため、地域再生策の乱立・錯綜によって、混迷の軌跡を迷走している。

　中央省庁の補助金行政運用をみると、制度の原則を無視し、補助金はますます増殖し、しかも精緻になり、地方自治体の政策自主性を奪いつつある。

　政府は内閣官房に「まち・ひと・しごと創生本部」を発足させ、地方創生政策の統合化・政策化をめざしたが、政府の対応は旧態依然たるものである。

　第1に、各省庁の地方創生補助金がある。国交・産経・文科・厚労省などに加えて、

事業官庁でない総務省も、過疎対策などの補助を保有している。本来の補助金・各省庁の交付金に加えて、総務省の地方交付税・政府資金融資・地方税措置など、おおくのシステムが存在する。

　問題はこれらの財政支援は、中央省庁がみずからが、事業遂行の実績をあげるため、地方団体に補助事業の成果指標を求めているが、ハードの建設事業と異なり、近年のソフト施策は測定そのものが困難である。地域コミュニティの育成指標といっても、ボランティア参加数などとなるが、活動実績・成果の算出は容易でない。

　第2に、地方交付税の財政調整機能も形骸化し、機能不全である。ふるさと納税では宮崎県都農町は、個人住民税収入の18.76倍の収入があるが、交付税の基準財政収入にはカウントされない。

　地方交付税が、原点に回帰し、交付税の補助化・財源補填化を抑制すべきである。地方交付税は本来、各地方団体の基礎的財政需要を、保障する財政措置である。ところが国の政策誘導の手段として乱用され、地方交付税の補助金化がすすんでいるが、交付税の堕落といえる。(3)

　「行政改革や経済活性化」などの「地方創生成果指標」によって地方交付税を上乗せする誘導措置が濃厚となってきた。これでは自治体は、真綿で首を絞められるようなものである。

## 虚構の地方創生と一括交付金

　第3に、内閣府の地方創生一括交付金は、廃止するか抜本的手直しをすべきである。補助金のメニュー化でなく、独自財源のシステムを創設すべきである。

　内閣府が交付金で事業を決定しても、同事業は元の古巣の補助事業として事業を処理するので、補助事業が廃止されたのでなく、交付金と名前をかえた採択システムが、屋上屋の手続きとして追加されただけである。(4)

　第4に、ただ地方創生事業は、申請する自治体も、審査する中央省庁も、行政手続はきわめてむずかしくなった。従来は各省庁の建設事業でも効果は、自治体の自己判断に委ねられていた。しかし、近年はソフト事業も多くなり、き

I 「地方消滅論」と「田園回帰論」の対立

わめて複雑である。

　しかも地方の「自主性」を尊重するといいながら、事前・事後にわたって、実施システムは方針・財源・計画・人材のすべてにわたって、中央指導であり、ことに数値目標・経済数値による努力目標・事業効果など、おおくの作業が発生する。

　地方交付税にあっても、地域再生費の補正係数などにみられるように、地方の自主性・成果実績と必ずしも合致するものでなく、過度の適用は地方再生事業そのものを、空洞化させる恐れが十分にある。

　第5に、政府の地方創生策をみると、過剰なまでの大盤振舞である。「過去の政策の検証も総括もなく、結局はこれまでと同じくお役所中心の皮相で、現場や住民の真のニーズとはズレたもの」[5]と批判されている。

　自治体にとって、切実なJRのロール線廃止・公共施設の耐震化という、財政需要を軽視し、地方存続の根幹的対策を棚上げにして、地方創生策として目先の地域振興を追い求める開発施策が優先されるのでは、地域振興は成功しないのではないか。

　政府は地方財政のセオリーを逸脱して、地方交付税の補助金化・国庫補助金の多様化・自治体への行政介入などを強化してきたが、根本的な施策はなされていない。

　このような地方創生策の混迷をよそに、クローズアップされているのが、「ふるさと納税」であるが、この不可解な変則的システムと、本来の政府財政支援をどう連携させるのか、その方針すら定まっていない。

　地方交付税で財政調整をし、「ふるさと納税」で財政力格差を拡大しいる施策の矛盾を、総務省はどう説明するのであろうか。

## 3　田園回帰論の現実

　地域社会の人口減少は深刻で、過疎社会の悲鳴が聞こえてくる。「地方消滅」論は、過疎地域の弱点を、ことさらに強調するが、過疎地域への先入観と偏見から、過疎「諦め論」をひろげている。さらに政治家・中央官僚、そして政府は、地方の財政貧困を強調し、地方の中央依存体質を浸透させている。

　地域再生にあって郡部自治体が、従来の地方貧困論・地域格差論を脱皮しなければ、地域再生は達成されないのではないか。「ふるさと納税」をみても、政府によって、地方被害者意識・大都市富裕論が増殖され、郡部自治体は寄付額獲得に熱中し、その術中にはまっている。

**地方格差論への反論**

　第1の課題として、経済指標による貧困・格差論からの脱却である。たしかに経済指標からみれば、所得・地域格差があるが、非経済指標の生活満足度からみれば、少なくとも一般住民の実質的格差はない。

　要するに何をもって格差とみなすのかで、1人当り住宅面積では、東京は最低であり、郡部の数値がはるかに高い。

　第1に、所得格差というが、生活指摘でみれば数値は逆転する。東京・地方の格差は、東京都の所得税水準は、多分に高所得者層が引上げている。さらに物価水準・通勤時間・生活環境など、生活総合指標では地方がすぐれている。

　第2に、高齢化についても、就業スタイルがことなる。2016年の過疎地区は、全国平均と比較して、65歳以上人口比率は32.8％と約10％高い、生産年齢人口も67.2％と約10％と低い。

　しかし、第1次産業・個人事業であれば、実質的な働き手としての年齢は、65歳以上でも問題はない。さらに第3次産業でも、事業規模・通勤時間などを

考慮すると、実際の就業能力は 65 歳以上でも対応でき、健康であれば生涯現役である。

第 3 に、貧困化というが、生活スタイルがことなる。農業・林業・水産業では自給自足・地産地消である。そもそも所得捕捉率が低い、農家の豪華な住宅をみれば、都市のアパートは劣悪そのもので、持ち家比率が低く、ストックでは農村の生活水準は高い。

第 4 に、生活サービス格差といっても、医療・教育・文化・福祉格差は、農村でもマイカーが普及し、近隣都市までいけば、サービスは充足できる。交通・買物難民は都市でも発生しており、コミュニティ・バスを、自治体・地域が創設するかどうかである。

水道・ガス・電気・道路など、過疎村でもサービスはすすんでおり、福祉などは都市よりすすんでいる。要するに相対的な差であって、都市との格差は余りない。

都市部では規模の利益が作用し、公共サービスも有利であったが、人口減がすすむと、割高に変貌していくだろう。今後、都市の道路・水道などの公共施設の維持費を考えると、規模の利益を発揮できないのではないか。

### 地方財政格差論の淘汰

第 2 の課題は、地方財政格差論の淘汰である。漠然とした財政指標で、格差を判定するのは、多分に「為にする理論」で、個人能力を年齢だけではかる暴論と同様である。

第 1 に、地方財政格差は、地方交付税の基準財政収入・需要によって調整され存在しない。さらに都市・農村の財政力は、地方税の財源委譲措置、補助金の傾斜配分などの措置で、十分に解消されている。

財政力指数は、交付税補填前の数値であり、補填後は全国すべての地方団体は、財政力 1.00 であり、財政力格差は存在しない。にもかかわらず政府・郡部自治体が、財政力格差を強調するのは、政府財政支援の拡充・導入を目論む、"為にする" 理論に過ぎない。

第2に、穿った見方をすれば地方格差論は、中央政府による地方への中央統制の口実とされている。郡部自治体はその呪縛にとりつかれ、その自立性を去勢させられ、地域再生への意欲すら喪失している。

　過疎地域といえども、財政的には立派に運営できるシステムになっており、過剰反応するのは禁物である。

　しかも真に貧困な地域を、救済する運営がなされていない。その最たるものが「ふるさと納税」である、過疎町村が、受け入れには面倒なシステムとなっている。過疎地域は、地方格差是正というスローガンで、逆に貧困へと追い詰められている。

　無視されてならないのは、ふるさと納税などは、虚構の財政格差論にもとづいて、モラル・ハザードがひろがっている点である。2015年のふるさと納税第1位の宮城県都城市は東京で祝賀会を開催しているが、果たして誇るべきことであろうか。

　大都市は、「豊富のなかの貧困」に泣かされているが、町村をみると、佐賀県玄海町のように、2015年度電源立地対策交付金17.4億円、財政力指数1.05であるが、「ふるさと納税」11.9億円を加算すると、超富裕団体である。

　今や、地方でもかなりの富裕団体化と、貧困団体化の分別化がすすみ、これまで陳腐な大都市・地方の格差が、唱えられ信じられてきたが、地方市町村間の財政力格差は、傍観できない事態となっている。

　第3に、地方貧困化をあまり強調することは、政府財政支援への依存症を正当化し、地域再生の自立精神をスポイルさせてしまいかねない。

　2015年度決算では、財政力指数は1万人以下町村0.27、1万人以上町村0.51で、小都市0.55、中都市0.79、中核都市0.78、指定都市0.86と格差があるが、地方税・地方交付税・国庫府県支出金の歳入構成比合計は全国平均70.9％、1万人以下町村70.6％、1万人以上町村70.9％で町村の財政力は遜色がない。

　第4に、過疎町村などの実際の財政運営指標でも、2015年度1人当りの財政支出額は、市町村平均44.1万円、政令市45.7万円、中核市38.4万円、中都市38.5万円、小都市48.1万円、町村（人口1万人以上）48.6万円、町村（1万人以下）

I 「地方消滅論」と「田園回帰論」の対立

96.3万円で、小規模町村が、もっとも大きな支出となっている。

ただ小規模団体は、行政コストの規模の利益がはたらかないので、割高であり実質的には財政支出水準が高くないが、全地方団体の支出水準は、平均化されている。平成大合併では、小規模町村の割高経費削減を狙って、町村合併が推進され、合併で行政コストが削減されたが、その分、地域の運営能力は脆弱化し、見えざる過疎淘汰がすすんでいる。

### 人口減少と「農山村存続」論

「地方消滅」への反対論のアキレス腱は、地域再生・農村復活への明確な統計的実証事実の欠乏である。ただ近年、「田園回帰」という現象は、地方の人口動態・形態における、新たな兆候として注目を集めている。

この田園回帰論は、島根県中山間地域センターの藤山浩氏が、島根県の2005年の国勢調査で、中山間地域の町村の人口異変に注目し、名ずけたネーミングである。

第1に、島根県の離島・山間の町村の人口状況である。海士町の20代・30代の人口増加である。25〜40歳人口は、2012年の266人、人口2,288人の11.63%、2015年は293人、人口2,349人の12.47%である。増加はI・Uターンの若者らで、しかも一時現象でなく、10年以上つづいている。

第2に、海士町人口動向は、1990年3,119人、2000年2,672人、2010年2,378人で低落がつづいたが、2012年2,288人を底に、2015年2,353人と増加に転じている。ただ2014年2,361人から8人減少である。

これは60歳以上人口が、2015年1,135人から1,128人に減少したからである。全体人口（表1参照）は、減少しているが、社会人口（表2参照）は、2010年26人減であったが、2015年には9人増となっている。

第3に、海士町人口の受け皿となったのは、地域の独自の再生策による雇用の創出であった。「田園回帰」は、海士町の人口分析から実証的数値でいえるが、全国動向は減少というきびしい状況である。

第4に、移住者は、いわゆる都落ちといった意識はなく、移住・転職の動機

はさまざまであるが、そこに雇用があり住宅があり、都市とは別の生き方を見いだしたからである。

表2　地域再生注目市町村人口動態　　　　　　　　（単位　人）

| 市町村名 | 2010年 | | | | 2015年 | | | |
|---|---|---|---|---|---|---|---|---|
| | 出生-死亡 | 増減 | 転入-転出 | 増減 | 出生-死亡 | 増減 | 転入-転出 | 増減 |
| 石川県川北町 | 68-60 | 8 | 212-116 | 96 | 78-40 | -38 | 148-183 | -35 |
| 群馬県南牧村 | 5-69 | -64 | 39-52 | -19 | 4-70 | -66 | 23-42 | -19 |
| 島根県海士町 | 6-37 | -31 | 79-105 | -26 | 18-40 | -22 | 121-112 | 9 |
| 徳島県神山町 | 22-125 | -103 | 123-152 | -29 | 22-137 | -115 | 119-152 | -33 |
| 徳島県上勝町 | 7-48 | -41 | 56-79 | -23 | 5-59 | -50 | 42-70 | -28 |
| 鳥取県智頭町 | 33-130 | -97 | 167-224 | -57 | 41-126 | -85 | 179-236 | -194 |
| 大分県姫島村 | 14-31 | -17 | 38-67 | -29 | 10-29 | -19 | 29-57 | -28 |
| 福井県鯖江市 | 693-636 | 54 | 1,759-1,071 | 688 | 588-642 | -54 | 1,649-1,606 | 43 |
| 岡山県真庭市 | 346-786 | -440 | 946-1,071 | 16 | 326-794 | -468 | 816-1,037 | -221 |
| 北海道ニセコ町 | 44-63 | -19 | 257-242 | 53 | 46-45 | 1 | 345-250 | 95 |
| 沖縄県恩納村 | 83-106 | -23 | 718-665 | 43 | 100-114 | -14 | 736-745 | -9 |
| 長野県小布施町 | 81-135 | -52 | 347-304 | -293 | 67-137 | -70 | 286-278 | 7 |
| 福岡県柳川市 | 574-867 | -293 | 1,689-1,982 | -36 | 478-901 | -423 | 1,730-2,039 | -90 |
| 長野県佐久市 | 865-1,068 | -203 | 3,012-2,976 | -293 | 795-1,179 | -384 | 3,019-2,929 | -90 |
| 香川県直島町 | 20-46 | -26 | 155-168 | -13 | 23-32 | -9 | 138-159 | -121 |
| 北海道泊村 | 13-49 | -36 | 64-77 | -13 | 7-41 | -34 | 62-89 | -27 |
| 福井県高浜町 | 99-120 | -21 | 300-390 | -90 | 80-151 | -71 | 268-369 | -101 |
| 愛媛県今治市 | 1,282-2,215 | -933 | 3,433-4,169 | -736 | 1,040-2,212 | -1,172 | 3,163-1,636 | -737 |
| 千葉県銚子市 | 365-1,007 | -642 | 1,325-1,748 | -423 | 292-963 | -671 | 1,114-1,636 | -522 |
| 北海道夕張市 | 41-230 | -189 | 284-467 | -183 | 27-195 | -168 | 226-423 | -197 |
| 北海道奥尻町 | 24-57 | -33 | 164-201 | -37 | 16-184 | -168 | 175-174 | 1 |

資料　東洋経済新報社『地域経済要覧』

「田園回帰」が一時的現象か、持続的傾向かを決定するのは、個人の移住性向にもよるが、移住の動向は、ここ数年で確実になったが、地方の努力といっても、やがて息切れする恐れがある。

「田園回帰」を持続させるのは、政府の移住促進策と自治体の空家整備・空家データバンクなどが連携して、移住者を呼び込む努力であるが、基本的には地域再生策での雇用創出にある。

### 社会人口動態への注目

全国・府県・市町村といった全国統計からみた動向は、地方消滅論を立証す

I 「地方消滅論」と「田園回帰論」の対立

るといえるが、「田園回帰」を裏付ける人口動態もみられる。2015年人口増減の要素を個別にみると、マクロの人口数が減少であっても、自然・社会人口の実態を分析しなければ、将来人口の予測はできない。

「地方消滅」論は、若年女性人口比率を重要視したが、「田園回帰」論が注目したのは、社会人口動態（表2参照）である。

第1に、市町村人口減のうち、自然人口減が大きく、社会減はそれほど大きくない。2015年府県別で市町村自然人口減は、岡山県5,310人、沖縄県4,811人であるが、社会人口減は、岡山県697人、沖縄県789人とごくわずかで、頑張れば社会増への転換が期待できる。

第2に、人口減少（表1参照）は、ほぼ全市町村でみられるが、例外として川北町・鯖江市・恩納村・ニセコ町・高浜町は、2010年と2015年対比で増加がみられる。人口減少がいちじるしいのは夕張市で、1885年3万1,665人であったが、2015年8,843人で30年間で72.07％減で、約4分の1になっている。

第3に、人口動態（表2参照）は、社会増は2015年では海士町・鯖江市・ニセコ町・奥尻町などみられる。奥尻町は人口減が底打ちしたのか、一時的動向かははっきりしない。もっとも社会増の市町村は、将来、自然減が縮小すると、全体としての人口増加も見込まれる。

しかし、全国的人口動向をみると、地域再生の前途は、きびしいだけでなく、悲観的にならざるをえない。「田園回帰」という抵抗論も、現実直視の消滅論を覆すことがでない。

### 農村存続論の展開

このような「地方消滅」論に対して、明治大学教授小田切徳美は、「農山村存続」論を展開する。農山村は滅ぼし難たき存在と反論している[6]。

第1に、限界集落・過疎地域・消滅都市などを、公共投資の投資効果だけで、選別するべきでない。その文化・環境・精神的価値という非経済的効果は、十分に尊重されなければならない。まず限界集落再生への処方箋を、熱意をもって描いているが、政策的には課題は残されている。

たとえば過疎対策をはじめ、地方への巨額の政府財政支援が投入されたが、なぜ人口減少に歯止めがかからないか。それは政府開発政策の失政で、過疎町村まで、政府の景気対策に引き込まれ、リゾート開発で無駄に公費を浪費させられ、今日でもその後遺症に喘いでいる。[7]

　極論すれば過疎地域は、政府の地域開発に翻弄され、過去の負債をかかえ、住民は流出し、過疎投資は壮大なムダと化していった。地域再生は、この後始末からのスタートで、肝心の地域振興策は、やっとはじまったばかりである。

　ただ地域おこしの事例として、過疎の島根県海士町、限界集落の鳥取県上勝町が、有名であるが、政府が模範村として、宣伝するのは、政策貧困の裏返しである。

　政府は補助金をばらまくのでなく、有効な「田園回帰」への条件整備を実施すべきである。たとえば休耕田とか不在農民とか農業法人化などの問題である。

　第2に、政府は新産業都市・リゾート開発などの都市型の工場誘致でなく、過疎・人口減少地域への第2次・第3次誘導政策を怠ってきた。たとえば人口減少率に対応した格差をつけた補助で、企業の設備投資額・雇用数に応じて立地奨励金を給付する企業立地施策などである。

　自治体に企業誘致を競争させ、先行投資だけを奨励するのでなく、立地した企業への奨励金交付に改めるべきで、投資先行型の全総模倣では地域の荒廃を、加速させるだけである。

　大都市におけるインナーシティの再生とか、過疎地域への企業創設による活性化とか、経済成長にあって大きなハンディキャップのある地域へのきめ細かな雇用創出であり、雇用さえ確保できれば、「田園回帰」はおのずから達成できる。

**田園回帰論と限界集落再生**

　第3に、「田園回帰」は、地域社会が頑張るだけでなく、企業などの地域誘導の全国ビジョンがあり、その誘導策の流れに沿って、地域社会が地域再生策を展開する条件整備が必要である。

　ただ郡部では外部依存でなく、内発的振興でなければ、成功の可能性は低い。

Ⅰ 「地方消滅論」と「田園回帰論」の対立

地域振興策をみると、消滅都市とか過疎町村は、中核・中心都市からの波及効果は期待できない。従来の政策をご破算とし、地域固有の産業振興を図っていく、内発的開発でなければならない。

農山村はこの反省にたって、外来型開発でなく、「内発性、総合性、多様性、革新性を意識して地域づくりが進められはじめた」(8)ばかりで、再生への意識改革・意欲涵養、さらには施策の体系化・戦略化が模索されている状況である。

第4に、地域再生の動きに呼応して、さすがの政府施策の変化がみられる。その最たる現象は、補助金のソフト事業への変貌であり、この変化の兆しをとらえて、自治体の政府財政支援への対応がみられる(9)。

問題は補助方式のソフト化に対応した、システムが政府・自治体に成熟しているかである。そのアキレス腱は、有能で実行力のある民間セクターの存在である。連携方式といわれるが、自治体が対等の立場で、協力し実施する経営ノウハウを、身につけているかである。

第5に、限界集落をすべて存続させる財政的余裕がないというが、それは従来の過疎対策費のようにハード中心の事業であったからである。要するに災害復興で、全被災者を公営住宅に入居させる硬直した対応と同じである。

限界集落の「選択と集中」は、地域・自治体が決定すべき問題で、市町村合併のように消滅への財政的インセンティブを付与して、早期強制淘汰を図っていくべきものでない。

「地方消滅」と「田園回帰」との対立は、ある意味では不毛の対立で、地域社会の創意・工夫よりも、政府の熱意・知恵が前提条件である。要するに過疎対策でも個別補助施策では使い勝手が悪く包括交付金といっても、ひも付きでは事業効果は半減する。「渡し切り補助」で地域社会が選別・選択できるシステムであれば事業効果は倍増する。

「地方消滅」論にせよ、「農山村存続」論にせよ、両論とも頑張れば成功するという楽観論を余り振りまくべきでない。現実は政府の過った補助の乱立・零細化によって、町村・過疎地域の生存・抵抗能力が減退している。

もっとも地域社会は、特産物開発でも、地域の持続存続に寄与するにはどう

すればよいか、問題意識として常に共有していなければならない。要するにお任せ地域再生では、施策成果は定着しないであろう。

### 農村価値論の提唱

　小田切徳美の「農山村存続」論は、「地方消滅」論の経済・財政効率化の「選択と集中」への反論であり、単純な効率論では、片付けられない農村価値論からの反論でもある。たとえば義務教育費・農業維持費・防災環境費など、直接的に生産所得創出能力などに関係がない分野を多く担っている。

　これら間接的経済・非経済効果として、小学校の生活拠点、生産物の品質保証、自然環境の保全維持など、無視できない効果を秘めているからである。

　農村独自の視点から、地域を評価すべきで、小学校統合は、大都市では跡地利用で活性化へのメリットがあるが、農山村では地域の拠点の喪失であり、限界集落消滅の引き金となりかねない。

　実際、政府の農村政策は、矛盾に満ちたものである。第1に、平成大合併で町村を消滅させながら、今度は地方創生補助で支援する。

　第2に、財源がないといいながら、電源立地対策交付金・地方交付税特例措置・東日本大震災・「ふるさと納税」でも浪費がみられる。

　第3に、政府の地域衰退・荒廃の原因究明が不十分のまま、政策の怠慢を棚上げして、新規施策を打ち上げている。すなわち国土構造施策の「失敗の本質」を、追求する姿勢がみられない。

　2017年度の内閣府「地方創生推進交付金の交付対象決定事業」をみると、都道府県・市町村合計で、861件、75.69億円となっている。1件当り879万円で、零細・総花的であり過疎町村は別として、府県・都市自治体が本来、自主財源でなすべき事業がほとんどである。

　擬似補助金の交付金方式は廃止し、成果実績の奨励金方式への転換がのぞましい。経済・福祉・環境などの行政成果に応じて、事後的に奨励金を給付するシステムにすれば、手続きは簡単で、拘束も受けることはない。

　さきにみたように地域格差是正を目指すのであれば、人口減少地区へ企業が

I 「地方消滅論」と「田園回帰論」の対立

新規投資すれば、雇用数に応じて奨励金を支給するシステムであれば、奨励金請求書送付だけですむ。社会福祉施設の運営費補助などは、すべて申請方式であり、虚偽申請があれば刑事告発すればよい。

**都市・農村共生論の形成**

「田園回帰」の兆しをふまえて、地域再生策も発想の転換が求められており、農村サイドの意見を集約した、全国町村会『都市・農村共生社会の創造〜田園回帰の時代を迎えて〜』(2014年9月、以下、町村会・前掲「報告書」)は注目すべき報告書である。

第1に、農山村の価値について、「国土を支える」「文化の基層を支える」「自然を活かす」「新しい産業を創る」の5項目があげられいる[10]。

第2に、農村の可能性について、「少子化に抗する砦」「再生エネルギーの蓄積」「災害時のバックアップ」「新たなライフスタイル、ビジネスモデルの提案の場」である。

第3に、農村のあるべき姿として、従来の農業政策は農業所得の格差是正が目的であったが、「今の農村志向は、自然に恵まれた良好な環境のなかで、心豊かな暮らしを求めるもの」[11]で、知恵と工夫で、都市並みの所得も維持できるのである。

もっとも農村が持続的の生活を維持できるためには、さまざまの条件・環境整備が必要であるが、農山村が自己努力と外部連携によって存続が可能である。都市・農村の交流、自然エネルギーの事業化、農村コンパクト化として道の駅活用などである。都市では難しい、環境・共生社会など、生活の維持・向上が可能なのである。

しかし、政策論として農村の存在価値は、認められるにしても、人口が減少してはじり貧となって、消滅をまぬがれない。政府の支援たのみでなく、地域が具体的で実効性のある施策を実施しなければならない。

再生策はあとでふれるが、具体的列挙をすると、第1に、特産品開発と6次産業化である。6次産業がすすめば、特産品所得効果は数倍になる。単なる販売

でなく、みやげ物として販売すれば、輸送費・宣伝費は不要で、利益はふくらむ。

　第2に、複合化・連携化といったシステム開発である。観光施設でも単独では吸引力は弱いが、広域・連携化すると強化される。瀬戸内ルートは芸術ルートであったが、個別の離島を連携したフルーツ海道に変貌しつつある。

　第3に、廃校校舎・自然景観・伝統文化財の活用である。地域文化・資源の再評価で、長野県阿智村の星座などは、その典型的事例である。

　第4に、地域リーダーの発掘である。首長が最大ポイントであるが、企業・団体・NPO法人などの人材も逸材が多い。さらに自治体職員・地域住民などのエネルギー・発想も貴重な戦力である。そのため地域学習で地域づくりを討論し、情報交換・政策論議から、優れたマンパワーを内外から集めることであろう。

## 4　地方再生策の再編成

　地域再生策は、その前提条件を政府が、創意と決断で改革を実行しなければ、地域社会がいくら頑張ってもどうにもならない。原発という地域滅亡のリスクを覚悟で、立地に協力した町村は、たしかに莫大な交付金を得て、公共投資を実施したが、人口は増加しなかった。

　銚子市では、なけなしの自己財源を身を切る思いで捻出し、誘致奨励金として大学誘致に成功したが、人口の長期低落は阻止できなかった。中央政府は、このようなきびしい現実を直視することなく、地方創生補助金の垂れ流しをつづけている。

**問われる政府・自治体のガバナンス**
　地域再生策にあっても、再編成は急務の課題である。第1の課題が、政府・自治体のガバナンスである。
　第1に、政策形成・実施能力の拙劣性である。補助金散布は地方再生への逆効果である。地方分権で、許認可・補助金を抑制すれば、中央省庁も政策形成に専念でき、さらに政府の補助行政コストもなくなる。しかも政府財政支援のバラマキをみれば、施策戦略の誤謬の選択で効果があがっていない。
　第2に、財政格差是正にしても、実施の過程で電源立地交付金、「ふるさと納税」寄付金、地域振興交付金などは、郡部町村で極端な財源偏在をもたらしている。
　地方自治体が自主財源で実施すれば、効果は倍増するはずであり、変態的財政措置ばかりがふえ、補助金改革は、常に焦眉の案件といいながら実現されていない。
　第3に、その根底にあるのは、政府・自治体のガバナンスである。政府財政支援をみると、問題が顕在化すると、構造改革でなく、補助金交付で問題を糊

塗しようとする。あとにみる原発周辺市町村が反対すると、交付金の範囲を拡大する、見え透いた懐柔策を導入している。

　効果のあがらない補助金について、地域の不満が蓄積され噴出寸前となると、「ふるさと納税」という飴をくばり、沈静化につとめるが、改革遂行から逃避するだけである。政府のガバナンスは、財政危機にあるのに財政改革はおくれ、政策の怠慢の付けを国債に転換している。

　第4に、補助行政の抜本的改革は、すすんでいない。その根底には中央省庁の補助という名の利権追求というセクショナリズムがある。自治体は三位一体改革では失敗し、補助金改革には臆病になっているが、改革の主導権を政府に握られ、複雑な制度改正操作で、自治体の意図と改革の結果は大きく食い違うこととなった。「渡し切り交付金」のような、より単純明確な改革でなければ、改革の過程で変質されてしまう。

　第5に、自治体では、依然として補助金依存症からの脱皮がなされていない。補助金は必要悪としても、限度をこすと自立精神を狂わす麻薬のようなもので、自己抑制をすべきである。国庫補助は断念し、補助裏財源だけで、自主事業での実効性の高い地域再生策を実施するべきである。

　もっとも個別自治体に補助断念を強いるのは、酷なはなしであるが、そろそろ発想の転換で補助金改革へ、地方六団体は取り組むべきである。

**国土構造形成への改革**
　第2の課題が、国土構造形成への改革である。第1に、従来のパターンである、中核都市を強化し、周辺町村の機能を集約して、人口流出のダムをつくる戦法であるが、これでは東京一極集中の強烈なメカニズムには対抗できない。

　むしろ周辺町村を強化して、中核都市の基盤を安定化させるほうが、ベターな選択である。地域再生のカギを握っているのは、地方の犠牲的精神による地域再生策の実践でなく、東京一極集中に対する政府施策である。

　第1に、地方創生にしても、マクロの政策として、首都圏の人口増加地域の給与に雇用税を賦課し、地方立地の雇用を支援する雇用調整システムを創設す

るなどの地方創生支援システムが前提条件である。

　地域振興策だけでは効果はうすく、首都圏人口増加地域への抑制措置との相乗効果でなければ、地域振興策は実効性はみられなく、いたずらに財源を散布するだけである。

　第2に、人口30万人以上の市税である事業所税を、人口増加都市にあっては超過課税で増収策を図っていき、人口減少市町村への立地企業への奨励金とすべきである。当然、人口減少率で補正係数を適用すべきである。

　第3に、地方税の配分にあって、府県事業税の都道府県配分基準も、本社従業員数で補正されているが、人口補正を適用すべきである。要するに人口減少という政策視点から、緊急対応策を実施しなければならない。政府も地方団体のふるさと納税の返礼品競争で浮かれている状況ではない。

### 補助金改革の失敗と「ふるさと納税」の浮上

　第3の課題は、補助金改革はまったくすすんでおらず、むしろ年々悪化している。第1に、補助金施策をみても、戦前から基本的システムは変わっておらず、竹下総理が実施した「ふるさと創生」方式の復権が急務である。

　拘束なき財政支援システムを創設しなければ、現行制度で補助を拡大させても、自治体は補助事業の消化に没頭し、有効な地域再生策を軽視してしまっている。

　「地方消滅」論は、地方都市消滅の危機感を煽ったが、政府は、なんら構造改革の実施は断行せず、「地方消滅」論の都合のよいとこだけをつかみ取りしている。要するに政府ガバナンスの水準は拙劣で、「ふるさと納税」の如き、欠陥施策を奨励し、なおかつ拡大している無神経さである。

　第2に、自治体をみても、補助金依存体質はかわらないだけでなく、東日本大震災復興事業をみても、国土強靱化政策のもとで、公共投資優先の復興であり、地域づくりは軽視されている。

　また自治体の地域施策の決定システムをみても、住民から遊離しており、住民投票・情報公開は必須条件である。地方創生における住民主導性を考えても、

自治体の施策決定システムの変革はさけられない。住民自治権が保障されれば、地域再生策の無駄も淘汰されるであろう。

　第3に、究極の選択が政策理念を粉飾し、制度効果を歪め過大評価した奇形的「ふるさと納税」の登場である。2016年度の「ふるさと納税」第1位は、宮崎県都城市で2年連続で、住民税倍率では受入額73.3億円、個人住民税所得割57.9億円の1.27倍である。宮崎県都農町は18.8倍と破天荒の数値で、しかも大都市との財政力格差是正より、実態は地方市町村間の財源争奪であり、格差はますます拡大している。

　『地方消滅』で代表的消滅都市と名指しされた、北海道函館市は、ふるさと納税で15年度収支赤字3,066万円で、財政的被害者となっている。中央省庁からみれば、函館市の努力不足というが、返礼品競争という馬鹿げた競争に狂奔する、政府・自治体の方が、正常な地方自治意識が欠落している。

　自治体の財源渇望という弱みにつけ込み、ふるさと納税という人参をちらつかせ、競争に駆り立てるシステムを編み出した、政府の政策意識の低さが、嘆かわしい。

　第4に、政府を非難しても、地方は再生しない。政府の狡猾さは、施策の失敗をしても、あたかも地方の成功例を自己の成功として宣伝し、地方を競わせ、自己犠牲を強いる、統治テクニックにすぐれているしたたかさで、「ふるさと納税」でも成功とみなしている神経の図太さである[12]。

　では地方はどうするのか、政府施策を見極め、中央依存を抑制することである。「ふるさと納税」をみても、恩恵をうけるのは一部の自治体であり、しかも他の自治体の犠牲によって達成されている。

　しかし、自治体が自己利益を優先して利権的行為に走るのを阻止するには、自治体が連携して、政府の失政を指摘し、追求するしか選択肢はない。

### 過疎町村・限界集落の救済・再生

　第3の課題が、過疎町村・限界集落の救済・再生である。過疎町村は、さらなる窮地に立たされている。第1に、過疎町村は平成の第2の試練をむかえて

いる。平成大合併で、1999年3月末3,232市町村が、2006年3月末1,821市町村(減少率43.7％)へと激減した。合併された町村は独自の再生策すら喪失した。

一方、中心都市への庇護というシェルターへの逃避を嫌って、独立自治体として存続の道を選択した町村は、三位一体改革で交付税削減をうけ、「ふるさと納税」で税源的に追い詰められている。

第2に、さらに『地方消滅』論で、「選別と集中」を強要され、逆境での地域再生となっている。しかも地方消滅の危機が、今日、去っていないのみでなく、むしろより現実化している。

「限界集落」の消滅が迫っており、小規模町村をどう救済していくのか、地域社会が衆知を集めて、特定戦略に絞って再生策を遂行するしかない。知恵・マンパワー・財源をどうするか、自治体として行政の手腕が問われる。ことに都道府県の補完機能の真価が、試されるのである。

注
(1) 毛受敏浩『限界国家』(朝日選書2017年)参照。
(2) 高寄昇三『政府財政支援と被災自治体財政』(公人の友社2014年)参照。
(3) たとえば2007年度から、「頑張る地方応援プログラム」(約3,000億円)として、基準財政需要算定にあって導入された。測定単位は人口・世帯数であるが、補正係数として農業産出額・製造品出荷額・事業所数・出生率・転入者人口・小売業年間商品販売額・若年就業率などであるが、制度としては複雑化した。このような政策的措置は、2012年には拡大され、地域経済・雇用対策(1兆7,400億円)、住民生活に光を注ぐ事業(350億円)、子育て支援サービス充実推進事業(1,000億円)、地球温暖化対策暫定事業(350億円)、活性化推進事業(6,100億円)の合計1兆4,950億円となる。星野菜穂子「新型交付税・頑張る地方応援プログラムと財源保障」地方自治総合研究所『自治総研』36号・2010年6月参照。
(4) 地方創生補助・交付金については、高寄昇三『「地方創生」で地方消滅は阻止できるか』(公人の友社2015年)41～55頁参照。以下、高寄・前掲「地方創生」。
(5) 小田切徳美・片山善博「真の地方創生とは何か」(『世界』2015.5)81頁。
(6) 小田切徳美『農山村は消滅しない』(岩波新書)217頁、以下、小田切・前掲「農

山村は消滅しない」。
(7) リゾート開発の財政破綻について、青森県大鰐町の事例が有名である。高寄昇三『自治体財政破綻か再生か』(『学陽書房』2001年)1～8頁参照。
(8) 小田切・前掲「農山村は消滅しない」218頁。
(9) この変化について、「①主体性を支援するボトムアップ型、②自由度の高い支援、③長期にわたり地域にかかわる支援」(同前219頁)といわれている。
(10) 町村会・前掲「報告書」4頁。(11) 同前6頁。
(12) この点について、金井利之東大教授は、「問題なのは、ある『成功事例』を地方全体に広げて、あたかも国が政策を進めているかのような演出をすることです。メディアを含め、人口減少・経済停滞社会の現状で奪い合いでの『成功』を称賛するのは、害悪にさえなります」と批判している。2017.10.18朝日新聞参照。

# II

# 「ふるさと納税」の虚像と実像

## 1 「ふるさと納税」の現実

　地域振興としては、地方創生補助が中心であったが、近年、変則的かつ奇形的な措置として、2008年の税制改正で「ふるさと納税」が創設された。国庫補助金でも地方交付税でも法定外普通税でもない、不可思議な財政支援制度である。

「ふるさと納税」の現実
　まず第1の課題として、「ふるさと納税」の戦略理念は、ふるさとへの養育費還元・財政力是正であった。当初から返礼品競争による過熱を想定していたが、稚拙な感性的意図をもって正当化されていった。
　政府は低迷する納税額を、かさ上げするため、控除額拡大・納税限度額引上げ・手続き簡素化などを実施し、地方団体も返礼品の拡大・還元率引上げなどで、寄付行為を煽った。
　政策的に欠陥が多い制度を、見直し正常化することなく、原理・原則を踏みにじってまで、なぜ拡充していったのか。結果として返礼品競争が熾烈化し、全国的に市民も巻き込んだフィーバーとなり、補助金行政より弊害は深刻化、悪質化していった。
　2015年には確定申告不要の「ワンストップ特例制度」の創設などで、さらに競争は過熱し、一気に前年度比1.7倍増とヒートアップしていった。政府の政策感覚が、如何にムード追随型で、お粗末な対応であるかが露呈された。
　しかも勝ち組の自治体は、寄付額の成果を誇示する無神経ぶりである。にもかかわらず政府も自治体も、地域振興の切札と錯覚しており、この幻覚をどう鎮静化するか、厄介な課題となっている。
　ふるさと納税の寄付金現状をみると、第1に、2008年81.4億円で、2013年でも145.6億円であったが、2014年388.5億円、2015年1,652.9億円、

2016年度2,844.1億円と前年度1.7倍と異常な膨張で、ますます特定団体への寄付金偏在で、地方格差は拡大している。

　寄付金獲得を、自治体の行政努力に対する報償として、評価するのは短絡で、自治体によっては、他の自治体の税金でもって、地域振興とか住民福祉に転用するのは、自治体の本旨に悖る行為として、寄付競争への参加を潔しとしないからである。

表3　2015年度ふるさと納税収支プラス・マイナスベストテン　（単位 百万円 %）

| 市町村名 | 差引収支 | 住民税比率 | 財政力 | 市町村名 | 差引収支 | 住民税比率 | 財政力 |
|---|---|---|---|---|---|---|---|
| 宮崎県都城市 | 4,208 | 72.7 | 0.59 | 神奈川県横浜市 | -2,808 | 0.95 | 0.97 |
| 静岡県焼津市 | 3,793 | 52.0 | 0.89 | 愛知県名古屋市 | -1,787 | 1.13 | 0.99 |
| 山形県天童市 | 3,219 | 125.8 | 0.64 | 東京都世田谷区 | -1,629 | 1.47 | 0.72 |
| 鹿児島県大崎町 | 2,718 | 719.0 | 0.31 | 東京都港区 | -1,540 | 2.38 | 1.17 |
| 岡山県備前市 | 2,709 | 194.5 | 0.47 | 大阪府大阪市 | -1,425 | 1.00 | 0.92 |
| 長崎県平戸市 | 2,598 | 273.2 | 0.24 | 神奈川県川崎市 | -1,222 | 1.02 | 1.00 |
| 長崎県佐世保市 | 2,593 | 24.9 | 0.51 | 兵庫県神戸市 | -920 | 1.00 | 0.79 |
| 長野県伊那市 | 2,569 | 79.4 | 0.48 | 京都府京都市 | -893 | 1.09 | 0.79 |
| 佐賀県上峰町 | 2,128 | 547.0 | 0.61 | 埼玉県さいたま市 | -887 | 0.97 | 0.98 |
| 島根県浜田市 | 2,083 | 88.7 | 0.41 | 福岡県福岡市 | -799 | 0.90 | 0.88 |

注　住民税は市町村個人住民税、住民税比率・財政力指標は追加。
資料「ふるさと納税の本末転倒」（『中央公論』2017年3月号）42.43頁。

　第2に、「ふるさと納税」の2015年度市町村別収支（表3参照）において、収支プラスの市町村を総額でみると、収支プラスの団体は、概して財政力指数の高い都市部の自治体が多い。上位10位は中小都市で、町村は2団体であるが、個人住民税対比で、寄付額をみると、大崎町7.19倍、上峰町5.47倍と驚異的数値となっている。

　第3に、なお寄付収入を基準財政収入とみなすと、都城市差引収支額42.08×基準財政収入算入率0.75=37.56億円となり、2015年度基準財政収入額168.94億円、基準財政需要額330.02億円から算定すると、財政力指数は62.48に上昇する。焼津市財政力指数1.08と不交付団体となる。鹿児島県大崎町財政力指数0.91、佐賀県上峰町財政力指数1.59となる。

しかも実質的財政力は地方交付税で、全国1.00に財源調整済みで、寄付金はその上のせであり、国庫補助金のように基準財政収入に、算入されることのない一般財源である。実質的財政力は、都城市37,56÷330.02=11.38で1.11となり、不交付団体とおなじ財政力余力11.38％が発生する。焼津市は1.16となる。鹿児島県大崎町実質的財政力1.60、佐賀県上峰町実質的財政力1.98となる。

　第4に、寄付収支のマイナス（表3参照）をみると、大都市は交付税で減収分が、補填されることもあり、返礼品競争には本格的に参入していない。しかし、横浜市は交付税で75％補填されても、7.0億円の減収となる。不交付団体の東京都港区は、15.4億円がまるまる損失となる。

　もっとも個人住民税比率では、横浜市ではマイナス0.95％に過ぎないが、待機保育の存在などを考えると、7.0億円の損失は無視できない額である。

　大都市自治体が、軒並みマイナスであるのは、寄付収入額に対する寄付流出額が、横浜市で9.14倍もある。2015年度で控除額（減収）・受入額（増収）をみると、横浜市31.53億円と3.45億円、港区5.41億円と23万円と極端な収支逆ザヤとなっている。

　このように大幅赤字となるのは、大都市では「ふるさと納税」の減免措置を利用して、実質的利得を懐にする高所得者層が多いからであろう。

　一方、都城市0.24億円と42.31億円、大崎町130万円と27.20億円と大幅な収支プラスとなっている。人口もすくなく寄付流出額が少額であるが、寄付額収集を精力的に努力したからであろう。

　寄付収入額上位の自治体は、高額寄付者に継続して寄付をよびかけているが、大都市としても市内大口寄付者に、寄付自粛を呼びかける自己防御策を実施するか、選択に迷うところである。しかし、大都市財政の窮乏を訴えるよき機会と考えれば、自粛を促がすべきであろう。

### 上位団体への寄付金偏在

　第5に、「ふるさと納税」は、寄付金は大都市から吸収するという、当初の予想どうりになったが、寄付受入団体が特定自治体に巨額の収入をもたらす、予

想外の結果となり、寄付受入収支額の偏在となった。

　約1,700団体の受入上位10位の収入収支合計（表3参照）プラスは、399.00億円であるが、収入収支マイナス合計（『中央公論』2017年3月42頁参照）の上位10位は139.10億円で、259.9億円の差がある。この差は、寄付額が必ずしも大都市から吸収できていない証拠である。しかも受入上位10位（全国1,741団体の構成比0.57％）が、寄付総額の24.1％を収集している。

　上位11から20位をみても、収支プラス合計155.70億円で、上位20位（団体構成比1.15％）のプラス合計額554.7億円で、寄付総額の33.56％をしめる。すなわち寄付受入額は、上位団体に偏在しており、大都市分を除外してみると、さらなる偏在となっている。

　一方、収支マイナス上位11から20位をみても、合計マイナス収支64.54億円で、上位20位で203.64億円でプラス収支20位合計554.7億円とは351.1億円の差がある。

　第6に、2016年度長野県（表6参照）の同規模・財政力の比較をみると、小谷村収入額27.62億円、大桑町5万円、また喬木村4.26億円、高山村147万円と雲泥の差である。

　北海道（表7参照）をみても、規模・財政力がほぼ同じの上位八雲町11.47億円、下位別海町174万円であるが、上位の古平町5.19億円、下位陸別町182万円と大きな差である。それぞれ住民税に匹敵する差が発生しており、「ふるさと納税」のＰＲ技術・収集努力の差で、処理されて済む問題ではない。

　第7に、「ふるさと納税」の2016年度の上位20位（表4参照）をみると、受入額の順位は、宮城県都城市73.33億円（前年度42.3億円）、長野県伊那市72.05億円（前年度25.8億円）、天童市33.5億円（年度32.3億円）は、前年度につづいてベストテン入りしているが、その他の都市は脱落している。

Ⅱ 「ふるさと納税」の虚像と実像

表4　2016年度ふるさと寄付額ベスト20位　　　　（単位 百万円 %）

| 市町村名 | 受入額 | 住民税比率 | 財政力 | 市町村名 | 受入額 | 住民税比率 | 財政力 |
|---|---|---|---|---|---|---|---|
| 宮崎県都城市 | 7,333 | 130.6 | 0.59 | 千葉県勝浦市 | 2,973 | 456.5 | 0.47 |
| 長野県伊那市 | 7,205 | 227.8 | 0.48 | 長野県小谷村 | 2,762 | 3,215.3 | 0.27 |
| 静岡県焼津市 | 5,121 | 73.6 | 0.89 | 岡山県備前市 | 2,744 | 217.3 | 0.47 |
| 宮城県都農町 | 5,009 | 1,873.1 | 0.28 | 静岡県藤枝市 | 2,649 | 35.3 | 0.85 |
| 佐賀県上峰町 | 4,573 | 1,192.9 | 0.61 | 長野県佐世保市 | 2,615 | 26.3 | 0.51 |
| 熊本県熊本市 | 3,686 | 10.6 | 0.71 | 大分県国東市 | 2,493 | 311.9 | 0.29 |
| 山形県米沢市 | 3,531 | 107.3 | 0.73 | 山形県寒河江市 | 2,327 | 145.0 | 0.52 |
| 大阪府泉佐野市 | 3,484 | 79.1 | 0.94 | 鹿児島県志布志市 | 2,253 | 249.3 | 0.35 |
| 山形県天童市 | 3,358 | 133.3 | 0.64 | 北海道上士幌町 | 2,125 | 736.9 | 0.20 |
| 北海道根室市 | 3,307 | 262.9 | 0.32 | 高知県奈半利町 | 2,040 | 2,458.3 | 0.18 |

注　住民税は市町村個人住民税、住民税比率・財政力指標は追加、財政力指数は2015年度
資料　2017年総務省市町村税課「ふるさと納税現況調査」

　もっとも2015年度の11位米沢市、14位上峰町、18位寒河江市、20位奈半利町は常連として、20位以内に食い込んでおり、上位団体の固定化がみられるが、上位脱落団体も多く激しい競争となっている。

　2016年4月、地震災害をうけた熊本市への、返礼品なき復興支援寄付は36億円で、「ふるさと納税」の貢献とみなされている。

　しかし、ふるさと納税でなくとも、1990年雲仙普賢岳噴火災害約234億円、1993年北海道南西沖地震約260億円、2004年新潟県中越地震372億円、2007年能登半島地震32億円と、小規模災害でもはるかに巨額の義援金がよせられており、むしろ熊本市は少ない。

　第8に、上位20位（全国市町村1,741団体の構成比1.15％）の寄付額合計608.42億円で、全国寄付額2,844億円の21.38％に達し、収入の偏在は歴然としている。上位50団体（構成比2.87％）では、合計1,043.06億円で構成比36.78％となり、大都市はみあたらず、熊本市を・ぞく中小市町村である。

　ちなみに最下位から20位の合計寄付額154万円で、構成比0.00054％、下位50位までをみても寄付額1,043万円で構成比0.0037％に過ぎない。

　なお上位50団体の財政力をみると、1.00の不交付団体は見当たらないが、0.80以上の焼津・泉佐野・藤枝市など7団体が存在する。いわゆる貧困団体は、北

海道上士幌町 0.20、高知県四万十町 0.21 の 2 団体のみで、概して財政力のある団体である。

**寄付金・市税比率の格差**

　第 9 に、なお寄付額／所得割の比率の上位 10 位（巻末付表参照）をみると、長野県小谷村 32.15 倍、寄付額上位では所得割 8,591 万円とすくないのでトップとなったが、財政力 0.22 で町村としてはやや貧困である。

　高知県奈半利町 24.58 倍で、やはり所得割が少ないので第 2 位となっている。宮崎県都農町 18.73 倍で財政力 0.28 と、町村としては富裕団体に属するであろう。佐賀県上峰町 11.92 倍で財政力 0.61 と富裕団体である。和歌山県北山村 11.87 倍で、所得割 1,534 万円、財政力 0.1 で貧困団体で寄付額ランク 330 位である。

　北海道市町村（表 7 参照）をみると、北海道上士幌町 7.36 倍で財政力 0.20 でいずれも貧困とはいえない。北海道古平町 6.96 倍、財政力 0.12、北海道寿都町 6.80 倍、財政力 0.13 しかなく貧困団体である。

　北海道北竜町 5.51 倍も財政力 0.11 である。注目すべきは小規模・貧困町村が健闘し、寄付金額を集めており、同様の町村が下位にも多く存在するが、このランク差がどうして発生したのかである。

　ちなみに全国下位 20 位（巻末付表参照）をみると、交付税不交付団体が目立つ、最下位愛知県飛島村・北海道泊村・静岡県長泉町・東京都港区・北海道伊達市など 5 団体が該当し、さらに財政力指数 0.65 以上の比較的富裕団体が 5 団体である。

　富裕団体であるため、寄付金獲得は自粛したのではないか。北海道泊村は原発立地町村であるが、寄付金ゼロで佐賀県玄海町と対照的な対応である。

　寄付額最低ランク（巻末付表参照）の貧困団体は、財政力指数 0.10 台が、東京都御蔵島村・青ヶ島村の 2 団体しかなく、財政力は 0.30 〜 0.40 台で平均的町村がみられるが、所得割額からみて小規模団体である。

　全般的に下位団体でも、富裕・大規模団体と貧困・小規模団体が混在してい

るが、概して貧困・小規模団体は下位に多い。

　上位団体をみると、焼津・泉佐野・藤枝・小田原・日立・磐田市などは中規模の富裕団体であるが、10～50億円の寄付を集めている。返礼品の有無か、意欲の差か、ＰＲ戦術の相違か、原因の解明が必要であるが、いずれにしても富裕団体が、上位と下位に分散しているが、当該自治体の「ふるさと納税」の寄付金への認識の相違がみられる。

### 「ふるさと納税」の変質

　第２の課題として、総務省の「ふるさと納税に関する現況調査」（2017.7）では、ふるさと納税も変化がみられる。

　第１に、ふるさと納税の受入実績・活用状況の公表はすすんでいるが、それでも半分程度である。返礼品送付は94.2％が実施している。返礼品費のコストは、2016年度1,485億円と38.4％である。

　第２に、返礼品競争を煽ったのは、政府が「地方創生」の一環として、減税対象寄付額を２倍に引上げ、寄付手続も簡素化したからである。2017年４月１日の総務省通知で、返礼品は寄付金の３割以下、換金性の高い返礼品はやめるよう指導があったが、総務大臣も政治家も本腰ではなさそうである。

　地域によっては、返礼品が激減すると、事業者は設備投資が無駄となり、経営目標も大きく狂い、経営損失が避けられない事態が発生し、特需抑制は事業者にとっては、死活問題と抵抗をしめしている。

　第３に、ふるさと納税の使途を特定したのは、さきの総務省の調査では、寄付者が使途を選択できるのは92.2％であるが、福祉・環境といった項目別で、具体的分野・事業を選択できるのは、11.2％に過ぎない。

　行政項目では無指定と同じで、「ふるさと納税」寄付でどのような事業をしたが、必ずしも正確に公表されていないのではないか。公表の実態をみると、事業の列挙だけで、総額の一部に過ぎず、他の財源がどこに転用されたか不明である。

　さらに充当事業をみると、補助事業とか自主事業で処理される事業であり、

生活救済・環境保全・文化保存といった、一般的に処理できない施策に優先充当されるべきで、これでは一般財源が節減さた分だけ、他の自由な費目に流用でき、ふるさと納税が財政補填策に利用されかれない[2]。

　横浜市の市民活動推進基金・東京都墨田区の「すみだ北斎美術館」など、返礼品なしの寄付がかなりの金額を集めている。欲をいえば、公共施設は、文化・福祉施設であっても、自治体でやり繰りすべきで、民間活動への支援優先が妥当な対応であろう[3]。

　第4に、ふるさと納税の返礼品は、次第にエスカレートしていき、特産品のない自治体は、商品券など換金性の高い返礼品、たとえば家電製品・iPadなどである。

　このような自治体の選択について、「自治体にしてみれば、背に腹は変えられないという事情もある・・・・よくそのようなアイデアを考えついた、そのビジネスセンスを褒めるべきかもしれないと」[4]肯定的にとらえられているが疑問である。

## 2 「ふるさと納税」の賛成論

「ふるさと納税」制度は、世にも不可思議な現象である。政府自らが、実質的脱税を暗に奨励し、しかもそのメリットは、高所得者層が圧倒的大きいという、不公平なシステムを助長している。自治体も仮想の格差是正・教育費還元などを大義名分として、皮相的賛成論が流布している。

**政策根拠薄弱の賛成論**
第3の課題として、ふるさと納税への賛成意見をみると、返礼品競争による制度の逸脱にもかかわらず、地域産業振興などの効果から、根強い賛成論がみられる。

第1に、地方財政格差の是正という大義名分を主張しているが、地方交付税ですでに格差是正は十分になされている。創設当初は、大都市などの富裕団体から寄付が多く、結果として財政力格差が縮小すると考えられた。

しかし、ふるさと納税の現実は、当初の目的からはずれ、大都市からの税源収奪という目的はある程度みられるが、寄付金が特定の自治体に偏在したので、郡部自治体間での地方格差拡大という、想定外の現象をひきおこしている。

第2に、郡部自治体の人材育成費還元論という費用弁償論である。地方創生大臣も歴任した石破茂は、「地方で生まれ育ち教育も受けて一人前になったにもかかわらず、税は都会で払う。少しは故郷に恩返ししてもいいのではないですか」[5]と不満をもらしている。

要するに子どもの出生から18歳まで、教育・福祉・医療などで1人あたり平均1,800万円の負担がかかっている。郡部自治体の心情はわかるが、その分、国庫補助金・地方交付税の傾斜配分で補填されている。

さらに大都市は地方税・交付税・補助金などで、郡部への調整財源を拠出しており、「ふるさと納税」での負担は二重払いになり、いまさら教育費還元でも

あるまいという心情である。

　しかもふるさと還元論は、今日では都市でもいわゆる二世が多くなり、ふるさとは都市部であり、郡部出身者のみが優遇されるのは、制度の根拠として浮上してくるのは、政策感覚からみれば、前近代の遺物である。

　人材育成費還元論は、都市部からすれば筋違いの理論で、人口流入で恩恵をうけているのは、企業とか国税であって、都市自治体の都市経済活動で、生みだす利益の還元率が10％以下で、国税・都道府県税が大半を占めており、実際は都市という"弱者"から、郡部は収奪しているのである。

　都市は流入人口があっても、保育所費・医療費無料化など都市財政の負担も大きい。税収も交付税で調整され利益をうけていない。地方財政の格差是正にかこつけて、議論するのは不毛の議論となり、人口動態対策の問題で、郡部は補助金などで十分に措置されている。

　しかも教育費還元という意図も、寄付金の使途からみると、返礼品購入など4割近くが充当され、残余も生活・教育費より、保育所整備・学校備品・イベント開催費など、一般行政の補填に傾斜配分され、還元の趣旨にそぐわない状況になってしまった。結果として、自治体の自己の財源獲得という、利益追求という行為に変質している。

**地域振興効果への疑念**

　第3に、ふるさと納税の競争によって、自治体の魅力をアピールし、増収による地域活性化などの自治体交流論である。

　すなわち自治体の地域行政が刺激をうけ、自治体と納税者との間に、地域社会の将来に関する話し合いの貴重な機会をうみ、地方自治も進化していくメリットが主張されているが、机上演習の空論である。

　当該自治体のPRには多少は貢献するが、遠隔地の納税者と心情的交流があったとしても、当該自治体の政策論議に参加できるシステムになっていない。地方自治制度として、居住住民の行政参加を制限しておきながら、市外の市民との交流を重視するのは、本末転倒で制度論として受け入れられない理屈である。

第4に、返礼品による地域経済振興効果が強調されている。たしかに地域経済振興効果はそれなりにあるが、いわゆる「ふるさと納税特需」である。制度・運用の変更で、この特需は激変するので、事業者にとってリスクの高いビジネスである。

　それでも「返礼品を提供している事業者とそれを買い上げている自治体の間ではれっきとしたビジネス、商売になっている」[(6)]といわれている。しかし、特産品では売り手が独占し、かりに複数の売り手がいれば、買手の自治体の独占となり、正常なビジネスが成立しがたのではないか。

　なによりも「ふるさと納税」の返礼品から、はずれた事業者にしてみれば、それでも真面目に営業努力をして、地道に営業をつづけている。しかし、返礼品業者が濡れ手で粟といった、特需景気を満喫している様子をみれば、事業をつづけるのも馬鹿らしくなり、事業意欲もなえてしまうであろう。

　なお自治体では返礼品の申請方式・競争入札など、さまざまの配慮がなされ、自由競争のメカニズムがはたらき、競争原理がいきているとしているが、返礼品の魅力からみて、特定品・特定業者に限定されるのではないか。

### 独自財源獲得効果への疑問

　第5に、特定新規財源論である。たしかに地方税でも補助金・交付金でも対応できなかった新規資金ができたので、自治体は政策的効果の大きい施策に投入でき、地域振興効果も大きいとされている。

　しかし、「ふるさと納税」寄付額でなくとも、地方税・交付税・補助金など、どのような財源であれ、自治体が財政運営で知恵を働かせば、それなりの財源は捻出できるはずである。「ふるさと納税」に安易に走るのは、自立的マインドの衰退という弊害もあり、ほめられた対応ではない。

　新規財源付与のシステムとしては、「ふるさと納税」は、財源獲得における偏在・寄付金の不公平な恩典など、制度として多くの致命的欠陥を内蔵している。このような"棚ぼた財源"を狙って利得を貪るのは、「公共性」に悖るのではないか。

　第6に、いわゆる「ガバメントクラウドファンディング」効果である。ふる

さと納税の使途指定によって、寄付者と自治体の意向をマッチングさせる効果をあげている。たしかに歴史的建造物の保存など、返礼品なしの寄付金を集める格好のシステムである。熊本地震でも巨額の寄付金を集めている。

「ふるさと納税」で、寄付金が容易にあつめられる条件整備がすすんだが、それならば、自治体は返礼品なしの公共性の高い特定事業方式に限定するなど、純粋な制度に回帰するべきで、返礼品方式に未練をもつべきでない。

地域特産物買上げで、地域経済活性化を図るのは、制度の趣旨からみで逸脱している。たしかに効果はあるが、財源は他の自治体の貴重な税源であることを忘れてはならない。どうせ富裕団体のあぶく銭と思われているが、現実は貧困団体の住民寄付も混在しているのである。

### 自治体改革効果は自画自賛

第7に、自治体の意識改革効果論が強調されている。池田宜永都城市長は、「担当職員も含めてた役所全体の意識改革に繋がっています」「目的は市のＰＲであって寄附金集めではない」(7)と効果を評価しているが、疑問がある。

職員の意識が、どう改革されたのが、民間の特産品販売競争と同類であって、自治体としての公共意識が、歪められるのではないか。注目されるのは、寄付金の収集能力について、「地方自治体のガバナンスとファイナンスのパラダイムシフト」(8)が始まったと、自治体経営の変革とみなされている。

要するに自治体の資金調達に、マーケティングの手法を導入したとか、自治体・地元業者は、地域・商品の魅力を高めていけば、資金調達ができるというインセンティブが、作用するようになったといわれている(9)。

しかし、自治体は、市場経済意識も必要であるが、それは公共経済意識が醸成され、定着していることが前提条件である。自治体が公共デベロッパーとして、開発事業を施行する場合、手段としての市場メカニズムを活用するが、究極の目的は公共福祉である。

「ふるさと納税」は、寄付収集・物品ＰＲが本来の趣旨でなく、寄付金をどう活用するかが問題であり、民間の物品・資金販売をベースにして、自治体経営

Ⅱ　「ふるさと納税」の虚像と実像

　改革とみなすには、皮相的見解である。公共セクターの自治体経営は、市場メカニズムをこえたものである<sup>(10)</sup>。

　さらに返礼品競争について、自治体関係者は、「何をもって返礼品競争と言っているかわかりませんが、各自治体が自分たちの地元の産物をお礼品にするというのは、ふるさと納税の流れのなかで必然的なこと」「がんばった自治体に税収を移転するふるさと納税は"自治体間競争"だ<sup>(11)</sup>」と、制度の趣旨を逸脱した弊害を気にとめていない。

　石破茂も「どうして自治体が競争してはいけないのか？<sup>(12)</sup>」と疑問視しているが、山間の小規模町村などは、どうしても寄付獲得能力で格差があり、競争条件平等（イコールフッティング）とはいえない。

　要するにふるさと納税制度について、高知県奈半利町は「自治体にも寄附者にも地元企業にもメリットのある『三方よし』の制度である<sup>(13)</sup>」と絶賛しているが、それほど立派な制度ではない。自治体は内蔵する歪みを認識し、自治体として節度ある対応が必要である。

## 3 「ふるさと納税」の政策論争

　第4の課題として、「ふるさと納税」制度の暴走をもたらしたのは、今日では「ふるさと納税」の古典的理論となった、総務省『ふるさと納税研究会報告書』（2007年10月）で、「ふるさと納税」創設・奨励の理論展開がみられるが、我田引水的な根拠を批判してみる。

### 「ふるさと納税」制度の暴走

　第1に、寄付の租税への変質である。「ふるさと納税」は、実質的には寄付であるが、納税とみなすことで、寄付者の心理的抵抗感を除去している。同報告書は、「自分の意思で納税先を選択するとき、納税者はあらためて、税というものの意味と意義に思いをいたすであろうし、それこそ、国民にとって税を自分のこととして考え、納税の大切さを自覚する貴重な機会となる」[14]と強調しているが、架空の理論である。しかも実態は寄付であり、税ではない。

　しかも「ふるさと納税」で心理的満足感は感じるとしても、税の意義を実感するのは、地元自治体から救急・ごみサービスなどをうけるとき、感じるのであって、報告書の「ふるさと納税」によって税を実感として感じるとは、常識的に考えてもこじつけである。

　第2に、納税義務の分割・選択である。「ふるさと納税」を税とすると、憲法で定めた納税義務の分割・選別ができるのかである。納税はサービスの対価として納税するのであり、自己の都合で外国とか居住地外の自治体に納税する、選択の自由はないはずである。

　これでは行政サービスのただ乗りを助長しており、原則論からいえば、居住市民は、寄付額相当分の行政サービスを拒否されても、我慢しなければならない。ところが寄付住民は寄付控除で納税額が減額され、課税所得水準が低下し、保

育所料とか高校授業料の軽減措置を、低所得者として受益する逆の不都合な事態が発生している。

　第3に、自治体徴税権の破壊であり、自治体システムの根幹をゆるがしかねない。「徴税権を持つ地方政府が他地域からの寄附に頼りかねず、自地域の住民と向き合わなくてもよい制度となっている」(15)と指摘されている。

　さらに市民は、まず自己が居住する自治体への納税義務を負い、納税をつうじて行政参加をする責務がある。寄付の減免は、それを上回る公共性があるとみなされる場合であって、ふるさと納税は該当しないであろう。

　寄付控除は、自治体より財政力の弱く、公益性の高い教育・福祉法人などの公益団体、さらにはNPO法人などが対象であり、自治体相互間では地方交付税で、財政力の均等化が達成されており、財政支援する必要がない。災害支援はこの均等性が、一時崩壊してたので、被災自治体へ非被災自治体から寄付がなされるのである。

　第4に、寄付文化の破壊をもたらす。寄付は災害復興寄付にみられるように反対給付を予定していない。ふるさと納税は、返礼品期待の寄付で本来の寄付といえない。田中良東京都杉並区長は、「長い目で見た時のモラルハザードを心配している」(16)と憂慮している。

　このような寄付がはびこると、ギャンブルと同様で、公共精神にもとづく寄付文化をスポイルしていき、ＮＰＯ法人などへの寄付減収となると危惧されている。また寄付をした市民も高額寄付者が、大きな控除利得をうけている制度のからくりに気付き、憤慨し、行政への不信感を増幅させている。

## 「ふるさと」の拡大解釈

　第5に、「ふるさと納税」は、当初の理念は、自分の出身地への「教育費補填」などの意味をこめた、純粋の寄付であったが、実際、出身者かどうか特定することは困難であった。

　さきの「報告書」は、「納税者がどこを『ふるさと』と考えるか、その意思を尊重することが『ふるさと納税』の思想上、より重要との見地に立ち、納税者が選択するところを『ふるさと』と認める」(17)と無理な詭弁を弄している。

このような強引な定義で、「当初の理念と現実の制度の間で齟齬が生じた」[18]結果、寄付先の複数化・返礼品選択の拡大などにくわえて、「ふるさと納税」制度の形骸化をもたらしている。

　第6に、地域再生への自主的意欲を阻害する。寄付をうける地方団体にすれば、いとも簡単に巨額の収入がえられ、地域振興を図っていけるので、真面目に地域振興を図っていく行政努力をする気持がスポイルされる。

　本来、自治体がどうしても、実施したいプロジェクトは、減量経営なり補助金で対応すべきで、ふるさと納税で獲得した財源では、どうしても支出はルーズとなり、事業効果も小さくなるのではないか。

**地方財政・地方税原則の崩壊**

　第7に、「ふるさと納税」収入の一般財源化である。「ふるさと納税」寄付金の使途をみると、行政サービスに上乗せ措置が目立つ、英語教育の拡充・福祉施設の修繕費・医療費無料化・地域イベント助成などであり、住民サービスはその分向上したことはたしかである。

　寄付金の運営としては基金方式で安定的に対応するべきである。当該自治体の財政をマクロでみると、本来、自治体がなすべき事業・サービスを、「ふるさと納税」寄付で処理すると、その分、余裕財源が発生し、極論すれば議員の歳費・職員のベア財源に流用されかねない。

　自治体財政運営は、市税・交付税・補助金などで運営され、臨時収入は福祉生活基金として特殊行政の財源とするか、緊急の対応策、たとえば公共施設耐震化工事費に充当するのが、賢明な選択である。

　しかも、政策的にみて人口増加・企業誘致といった、地域再生策への対応は、むしろ乏しい。移住者定着資金支援・誘致企業奨励金・新産業創設補助などへは、十分に措置されなかった。

　結論としては多額の「ふるさと納税」収入があった自治体は、「ふるさと納税」事業だけでなく、行財政全般について、高次の地域経営が求められ、財政運営全般の情報公開・財政分析・事業審査を実施する責務がある。これは電源立地

対策交付金とか地域振興支援金とか、政府財政支援措置についても同様である。

　第８に、地方サービスにおける受益者負担原則の放棄である。報告書は、地方税を「地域社会の会費」とみなしているが、「課税する側の論理だけでなく納税者の意思を尊重する必要があるのではないか、あるいは住所主義と結びついた受益者負担の原則は、人の移動が少なかった時代の税制であり見直す必要があるのではないか」[19]と疑問をていしている。

　しかし、今日の地方税は、戦前の戸数割とはちがって、移住の自由をみとめる構成となっている。納税義務は個人の意思と関係なく、原発立地反対の住民でも、原発推進の自治体に納税しなければならない、個人の主義主張で、納税義務が回避できない前提条件となっている。もしこの原則を認めなければ、地方自治の根底が覆される。

　また報告書は「受益と負担の関係については、寄付は個人の自由意思に基づくものであり、受益に対する負担という性格を有するものではないから、寄付者が地方団体に寄付を行う時点で当該地方団体からの受益があるかどうかは問題とはならない」[20]と反論している。

　この論理は、税と寄付を使い分けしているが、「ふるさと納税」は寄付で、受益と関係なく、個人の意思の問題である。したがって税としてほぼ全額免除するのは、租税原則を逸脱する行為である。

　そして寄付とすれば、市民の居住自治体への納税義務は、受益者負担として残っており、居住自治体の生活サービスと向き合わなければ、自己の生活すら破壊されかねないという、現実をまず認識すべきである。

　第９に、地方税減免の乱用である。報告書は突然、「ふるさと納税」の控除を拡充するため、税から寄付へと変貌させているが、なぜ「ふるさと納税」が、福祉・教育団体の寄付より優遇されなければならないかの論拠は提供していない。

　「ふるさと納税」は、納税といっているが、実態は寄付であり、税と寄付を都合よく使いわけているが、一般的寄付と同様にきびしく制限をされるべきである。国税では10万円をこえた分のみが、所得控除対象額となるが、「ふるさと納税」は2,000円だけで、しかも実質税額控除である。[21]

しかし、「報告書」は「納税者の『税』と『寄付』を合わせた負担は原則として増加させるべきでない」[22]とのご都合主義の論理にたっている。しかし、実質的に「寄付」であるものを「税」とみなしているが、租税秩序を破壊する強引な理屈である。[23]

「ふるさと納税」の相手は自治体であり、民間法人よりはるかに財政基盤は強化されているので、究極のところ納税のふるさとへ恩返しをしたいという心情だけであり、優遇する必要は微塵もない。寄付対象の自治体が貧困であることはなく、交付税で補填ずみである。むしろふるさと寄付収集に熱心な自治体は、大都市からの地方税奪還に使命を感じ、またより現実的理由は、返礼品による地元経済の振興であろう。

このような政策目標は間違っており、利用する制度が欠陥システムであれば、実施過程で弊害が肥大化し、事業の正当性も失うのではないか。

報告書は「ふるさと納税」の寄付最高限度・寄付控除額水準について、「ふるさと納税」について有利になるように、租税上の問題点について、詳しく論述しているが、政策的になぜ制限緩和をしなければならないかの根拠については、「ふるさと納税」がのぞましい施策であるからという理由しか提示されていない。

## 交付税運用の歪曲

第10に、報告書は、地方交付税について、寄付者の住所地の地方団体は、減収分の措置について、「これまでと異なる取扱いをすべき理由はなく、減少額の75％を基準財政収入額に反映することがのぞましい」[24]としている。

問題は、寄付をうけた地方団体の寄付も、これまでどうり「地方交付税が減少することがないようすることが望ましい」[25]としている。しかし、従来の寄付とことなり、政府が制度として推進した寄付であり、特定収入として、その75％は基準財政収入額に算定されるべきである。

なぜなら寄付額がマイナスの地方団体は、減収分の75％しか補填されておらず、全額補填されなければ不公平である。寄付受入額が多い自治体は、自分達は経営能力を駆使し、苦労して収集したのであり、その才覚と心労の報酬として、

寄付は全額自己財源として保護されるべきとの理屈である。

しかし、犠牲を払い、努力して企業誘致をしても、増税分は調整され、生命を担保にして、原発誘致をした電源立地交付金も、基準財政収入額に算入され、25％のメリットしか享受できない仕組みを甘受しているのである。

これらの自治体にしてみれば、さしたる努力・犠牲もみられない「ふるさと納税」のみが優遇されるのは、"えこひいき"が過ぎるのではないかという不満が禁じえないであろう。

地方交付税にあって、市税の事業所税などは、法定外普通税とみなされず、政府が政策として設定した目的税であるので算入されている。要するに法定外普通税のように、当該自治体が、特定財政需要の財源として自己努力をして、創設した収入でないからである。

「ふるさと納税」は、一般的寄付でなく、政策的制度的に優遇措置のある特定収入であり、寄付超過団体も75％措置で、交付税の基準財政収入額に算入し、25％のみの余剰分で辛抱すべきである。それは交付税の個別自治体の収入全額が大きく変動しないようにするのが、地方財政全体からみて望ましいからである。

### 権限乱用への未必の故意

第11に、さきの報告書は、返礼品拡大について、「地方団体が寄附者に対して特産品などの贈与を約束したり、高額所得者で過去に居住していた者などに対して個別・直接的な勧誘活動を強く行うなど『ふるさと納税』制度を濫用する恐れへの懸念もある。過度な濫用を防止するため、一定の制度的措置を講ずる必要があるとの意見もあった[26]」と懸念をしめしている。

しかし、報告書は、「このような事態は、基本的には各地方団体の良識によって自制されるべきものであり、懸念があるからといって直ちに法令上の規制の設定が必要とならないと考えられる。各地方団体の良識ある行動を強く期待するものである[27]」と、自治体性善説にたって、自治体の裁量としている。

しかし、政府は補助金行政では、自治体性悪説で拘束監視を強め、ふるさと

納税では性善説で大幅な自由をみとめているが、政府の好みで中央統制を、自在に操っては地方自治も成熟しないであろう。

　そもそも政府は、「ふるさと納税」制度について、郡部府県知事が連名で要望したからといって、都市部の意見を聴取することなく、実施するのは軽率の誹りは免れない。

　それにもかかわらず実施へと、政府をして動かしたのは、中央省庁の政策感覚の欠乏症か、郡部自治体への政治的迎合か、大都市への怨念にかられた地方の反発か不明であるが、もっとも慎重に対応すべきであった。

　自分のふるさへの恩返しという、伝統的心情を、納税という公的義務に転用するのは、時代錯誤ではないか。災害救助・福祉支援・文化振興といった、普遍的な公共性の高い寄付文化を涵養するべきである。

　政府は「ふるさと納税」の杜撰な制度設計を認識し、さらに野放図な運用を危惧していたはずで、制度創設を思い止まるべきであった。

## 4 「ふるさと納税」の弊害と改革

　第5の課題として、「ふるさと納税」の弊害をみると、メリットばかりが強調されている。しかし、デメリットの影響は、深刻で地方自治の精神のみでなく、地方財政の秩序・地方税の原則が侵害され、地域再生も根底からくずされかねない悪影響がある。

**返礼品競争の激化**
　第1の弊害は、返礼品競争過熱化の弊害である。どのような返礼品をしているかを2016年度の上位団体でみると、1位は宮崎県都城市の73億円である。返礼品は宮崎牛のステーキである。2位は長野県伊那市の72億円、返礼品は地元電子部品メーカーの部品を使うテレビなど約100品目の家電用品である。4位は宮崎県都農町で50億円であり、返礼品は特産品にくわえて、提携先の楽天ポイントが、寄付額に応じて特産品の10%が加算される特典がある。これではスーパーの還元セールと同じである。
　第1に、返礼品が地域産業振興に効果があるといわれるが、永続的機能はない。「他の地方政府がより魅力的な返礼品を用意すれば、ふるさと納税受け入れ額が急減してしまう可能性は十分ある」[28]との危機感から競争は激化している。
　しかし、返礼品による地域産業振興について、「正常な価格のついた市場取引を通じた販路の拡大が地方創生には不可欠であり、政策に依存した生産者が増えることは健全な地域振興とは呼べないだろう」[29]と批判されている。
　第2に、返礼品競争は、高所得者層が有利であり、返礼品の還元率のよい自治体に寄付をする。2015年4月、2016年4月に「返礼品（特産品）送付への対応についての総務大臣通知」が公表されたが、自治体は一向に自粛する意向はなく、金券を返礼品に追加する自治体が続出している。

このような実態は、合法的脱税を政府が奨励し、自治体が便乗している行為であるが、租税の負担公平原則からみて、許されてはならない行為である。高所得者層の事実上の節税対策として利用され、しかも高所得者層の所得税率が高いので、恩典は逆累進性となっている。

結果として、都市部の自治体・国の財政が圧迫されている。「故郷に限らない自治体向け寄付特例税制になってしまった」[30]と、中央官僚の机上演習的発想のスキをつかれたといえる。工場学校制限法・宅地開発税でも同様のミスがあった。

### 逆財政力格差の拡大

第2の弊害が、地方格差の課題である。「ふるさと納税」は、地方財政力格差是正が大きな目的であったが、都市部の自治体はマイナスとなったが、比率的には微々たるものであった。

むしろ郡部の自治体間では、極端な「ふるさと納税」富裕団体を生み出す一方で、ほとんど恩恵によくしない貧困団体という、あらたな地方財政格差を生み出した。従来の富裕・貧困団体の格差は、交付税で治癒されていったが、「ふるさと納税」の格差は、一般的には富裕団体はますます富裕となり、貧困団体はますます貧困となる。しかも財政調整メカニズムが機能不全という、悪性の格差である。

第1に、ふるさと納税は、逆格差是正となっている。2016年ふるさと納税2,844億円といっても、過疎自治体などへの寄付額はすくなく、一部自治体への寄付金の偏在を助長していった。本来、財政調整機能を発揮する補填機能を、ふるさと納税の運用で麻痺させている。

ふるさと納税における寄付収支損失額の75％は、交付税で補填するが、寄付差引収益額は、従来の運用を適用せず、交付税の基準財政収入額に算入しない。しかし、「ふるさと納税」は「税」として控除制度では優遇しており、交付税にあっても「税」とみなして、基準財政収入額に収益分は算入し、25％の収益分のみ認めるのが筋である。

現実は国庫・地方財政の関係をみると、「ふるさと納税」の収支損失は国庫で

補填し、収支収益分は地方財政の余剰財源となって、最終的には国庫の負担増となっている。しかし、この余剰財源は地方交付税の総枠査定にあって、早晩、課題となるであろう。

　第2に、「ふるさと納税」は、一部の自治体に偏在し、地方財政の格差を拡大している。しかも過疎団体といえる自治体が、「ふるさと納税」収支（表5参照）の赤字団体となっている。しかも小規模町村の多くが、寄付額ランク表（巻末資料）でも、所得割比率でも低く、下位に属している。

表5　人口減少市町村のふるさと納税赤字　　　　　　　　　　（単位 千円 %）

| 市町村名 | 差引収支 | 住民税比率 | 財政力 | 市町村名 | 差引収支 | 住民税比率 | 財政力 |
|---|---|---|---|---|---|---|---|
| 北海道函館市 | -30,657 | 2.75 | 0.46 | 香川県直島町 | -885 | 0.48 | 0.45 |
| 群馬県東吾妻町 | -1,852 | 0.33 | 0.41 | 福岡県みたま市 | -859 | 0.07 | 0.41 |
| 福岡県川崎町 | -1,787 | 0.43 | 0.29 | 北海道富良野市 | -820 | 0.09 | 0.33 |
| 熊本県水俣市 | -1,682 | 0.20 | 0.35 | 岩手県八幡平市 | -706 | 0.09 | 0.30 |
| 大分県豊後大野市 | -1,287 | 0.12 | 0.26 | 愛媛県大洲市 | -682 | 0.05 | 0.36 |

資料　差引収支は、『中央公論』2017年3月号41頁。

　ふるさと納税は、財政格差是正効果はほとんどなく、寄付額の偏在によって、あらたな格差をうみだしている。劣勢にたたされた自治体では、今後、返礼品競争に参加するとの意向を示しているが、「返礼品競争が市町村の良識を奪っていく」（葉山太郎）と疑問視されている。

　第3に、「ふるさと納税」の逆格差是正の実態をみてみると、ふるさと納税額と個人住民税額の比率は、函館市は2.75％と高いが、その他市町村1％以下であり、実質的被害は少ない。しかし、函館市人口26.8万人であるが、都城市人口16.8万人、伊那市人口6.9万人であり、本来ならば数十億円の寄付受入額があってもおかしくないといえる。

　要するに「ふるさと納税」の実態は、財政力格差是正には逆行する結果となっている。マイナスはきわめて軽微なものであるが、収支プラスの自治体は、比較的富裕な特定自治体に集中しており、貧困・小規模町村は、一般的にメリットは小さい。要するに地方の自治体間での財政力格差を一層拡大させている。

### 長野県・北海道の格差状況

また長野県における上位10位・下位10位の自治体（表6参照）をみると、例外はあるが財政力のよい自治体が多く寄付を受入れ、財政力の低い自治体の受入額が、少ないという逆財政調整となっている。

伊那市は全国第2位であるが、小規模団体でもかなりの寄付受入額がみられる。小谷村は、個人住民税比率で32.42倍である。下位団体をみると、住民税からみても小規模団体であり、財政力でも0.2以下の団体がすくなくない。

表6 2016年度長野県市町村上位・下位「ふるさと納税」収入額　（単位 千円 %）

| 市町村名 | 収入額A | 個人住民税B | A／B | 財政力 | 市町村名 | 収入額A | 個人住民税B | A／B | 財政力 |
|---|---|---|---|---|---|---|---|---|---|
| 伊那市 | 7,204,693 | 2,659,930 | 267.4 | 0.48 | 大桑町 | 50 | 142,892 | 0.03 | 0.25 |
| 小谷村 | 2,762,323 | 85,192 | 3,242.5 | 0.33 | 川上村 | 260 | 330,144 | 0.08 | 0.23 |
| 飯山市 | 1,101,890 | 710,852 | 155.0 | 0.64 | 朝日町 | 380 | 208,092 | 0.18 | 0.29 |
| 豊丘村 | 551,812 | 234,233 | 235.6 | 0.28 | 南相木村 | 460 | 38,953 | 1.18 | 0.92 |
| 諏訪市 | 540,647 | 2,659,930 | 20.3 | 0.75 | 南牧村 | 585 | 214,597 | 2.27 | 0.27 |
| 喬木村 | 426,918 | 220,000 | 194.1 | 0.24 | 中川村 | 770 | 175,645 | 0.43 | 0.21 |
| 高森町 | 383,052 | 507,068 | 75.3 | 0.40 | 平谷村 | 819 | 12,736 | 6.43 | 0.13 |
| 軽井沢 | 338,052 | 1,325,028 | 25.5 | 1.49 | 北相木村 | 1,282 | 29,116 | 4.40 | 0.15 |
| 飯田市 | 286,392 | 4,487,508 | 6.4 | 0.53 | 高山村 | 1,470 | 269,590 | 0.55 | 0.26 |
| 茅野市 | 248,193 | 2,628,808 | 9.4 | 0.64 | 山形村 | 1,483 | 385,261 | 0.38 | 0.41 |

注　2016年度納税額は、総務省市町村税課「ふるさと納税」調査、市町村個人住民税は、市町村課税状況調査、財政力指数は2015年度市町村決算カード。

さらに北海道市町村の上位・下位15団体（表7参照）、おなじ傾向がみられる。

上位団体の寄付受入額は、根室市33.1億円、上士幌町21.2億円と巨額で、15位の枝幸町でも3.85億円とかなりの額である。上位団体の寄付受入額は、15位でも3.9億円である。

下位15団体をみると、200万円以下の団体が多く、財政力指数も上位団体と比較してかなり低い。「ふるさと納税」が結局、富裕団体に有利となっている。最低団体は100万円以下で、15位でも200万円程度で、上位団体と数百倍の差がある。

Ⅱ 「ふるさと納税」の虚像と実像

表7 2016年度北海道市町村上位・下位15団体「ふるさと納税」収入額 （単位 千円 %）

| 市町村名 | 収入額 A | 個人住民税 B | A/B% | 財政力 | 市町村名 | 収入額 A | 個人住民税 B | A/B% | 財政力 |
|---|---|---|---|---|---|---|---|---|---|
| 根室市 | 3,307,434 | 1,258,197 | 262.9 | 0.32 | 泊村 | 0 | 1,064,632 | - | 1.81 |
| 上士幌町 | 2,124,829 | 288,354 | 736.88 | 0.20 | 京極町 | 10 | 119,339 | 0.01 | 0.36 |
| 八雲町 | 1,147,557 | 923,477 | 124.3 | 0.26 | 伊達市 | 137 | 1,351,570 | 0.01 | 0.38 |
| 稚内市 | 1,075,437 | 1,685,454 | 63.8 | 0.36 | 標茶町 | 380 | 381,468 | 0.01 | 0.19 |
| 森町 | 806,100 | 672,472 | 119.0 | 0.28 | 神恵内村 | 510 | 36,779 | 1.39 | 0.09 |
| 網走市 | 735,429 | 1,924,587 | 38.2 | 0.40 | 島牧村 | 437 | 43,411 | 1.01 | 0.08 |
| 寿都町 | 718,589 | 105,674 | 680.0 | 0.13 | 唐沢部町 | 830 | 140,955 | 0.59 | 0.18 |
| 白老町 | 589,580 | 556,704 | 105.9 | 0.36 | 福島町 | 1,030 | 135,798 | 0.76 | 0.18 |
| 当別町 | 583,894 | 615,765 | 94.8 | 0.35 | 音威子府村 | 1,336 | 38,626 | 3.46 | 0.10 |
| 古平町 | 510,477 | 73,344 | 696.0 | 0.12 | 中頓別町 | 1,270 | 48,626 | 1.87 | 0.09 |
| 増毛町 | 510,477 | 157,576 | 324.0 | 0.13 | 初山別村 | 1,270 | 48,626 | 2.61 | 0.09 |
| 浦河町 | 460,863 | 554,893 | 83.1 | 0.29 | 別海町 | 1,740 | 1,250,884 | 0.14 | 0.26 |
| 鹿部町 | 424,976 | 147,296 | 288.5 | 0.24 | 陸別町 | 1,817 | 106,766 | 1.70 | 0.09 |
| 池田町 | 431,317 | 278,801 | 154.7 | 0.22 | 北広島市 | 2,094 | 2,362,757 | 0.09 | 0.63 |
| 枝幸町 | 385,099 | 504,489 | 76.3 | 0.17 | 蘭越町 | 2,115 | 162,250 | 1.30 | 0.17 |

注　2016年度納税額は、総務省市町村税課「ふるさと納税」調査、市町村個人住民税は、市町村課税状況調査、財政力指数は2015年度市町村決算カード。

　「ふるさと納税」の勝組は、小規模の町村でも、公式ホームページの充実と民間のポータルサイトの連携を活用し、返礼品の還元率に関係なく寄付増額につながる努力をすれば増収につながると主張している。しかし、一般的に都市部と過疎地との寄付収集能力の差は否定できない。

　過疎町村によっては、特産品も少なく、企業の製品もなく、行政努力では寄付獲得はできない、ハンディの克服は困難である。大都市でも高所得者層が高額の返礼品目当てで、巨額の寄付金を他自治体にしており、この額に匹敵する寄付を確保するには、なりふりかまわず返礼品競争への参加となるが、自治体としてそこまで醜態をさらすことはできない。

### 注目される大都市の反転攻勢

　第6の課題として、注目されるのは、大都市の対応である。大都市自治体は軒並み収支赤字団体である。「ふるさと納税」の行き過ぎた弊害是正は、自治体自身か政府かに期待することになる。

　「ふるさと納税」の現状からみて、被害自治体は大都市か、過疎町村かである。

政治力では過疎町村がまさるかもしれないが、政策的には「ふるさと納税」の被害をモロにうけている大都市が、改革への口火をきるべきであろう。

大都市（東京都区）の寄付収支（表8参照）をみると、第1に、政令指定都市と東京都区に集中している。11〜20位まででも札幌市以外は東京都区である。2016年度の横浜市の差引額は55.5億円と2015年度の28.08億円より倍増している。港区の15.5億円から23,5億円と増加している。

第2に、差引損失額は交付税で75％は補填してもらえるが、それでも横浜市13.87億円と巨額になる。港区は不交付団体で23.5億円の減収となる。大都市の財政力指数は高いが、川崎市が1.00で、その他は交付税交付団体であり、裕福ではない。

第3に、京都・福岡・神戸市などは、名産品があり、徴収努力をすれば数億の寄付収入が容易に達成されるが、大阪城修復寄付をかかげた大阪市の5.21億円が最高である。東京都区部にしても、電化製品・事務用品など区内メーカーの製品を返礼品としてあげれば、巨額の寄付が見込めるが自粛している。

表8　2016年度大都市「ふるさと納税」寄付収支　　　　（単位 億円）

| 市区名 | 収入 | 拠出 | 差引 | 財政力 | 市区名 | 収入 | 拠出 | 差引 | 財政力 |
|---|---|---|---|---|---|---|---|---|---|
| 横浜市 | 0.83 | 56.33 | -55.5 | 0.97 | 川崎市 | 0.20 | 23.7 | -23.5 | 1.00 |
| 名古屋市 | 0.69 | 32.59 | -31.9 | 0.99 | 神戸市 | 1.83 | 18.63 | -16.8 | 0.79 |
| 世田谷区 | 0.25 | 31.05 | -30.8 | 0.72 | さいたま市 | 0.25 | 16.15 | -15.9 | 0.98 |
| 大阪市 | 5.21 | 29.31 | -24.1 | 0.92 | 京都市 | 1.77 | 16.47 | -14.7 | 0.79 |
| 港区 | 0.01 | 23.6 | -23.5 | 1.17 | 福岡市 | 0.92 | 15.52 | -14.6 | 0.87 |

資料　差引額『週刊朝日』2017.9.29 参照。

片山善博教授は、「日本の都市の自治体は、『ふるさと納税』で数億円の税収を失っても、びくともしない。『税は余っていたんですね』というふことを、この制度が証明してしまったという側面もある」[31]と、大都市の富裕団体ぶりを指摘しているが、誤解である。

一方で片山善博教授は「大都市の反撃」を憂慮している。「もともと力のある大都市が、強引に全国から寄付を集めまくるという、今とは逆の流れになるか

もしれない」のである。

　横浜市が都城市なみの寄付があったとすると、人口372.5万人で人口比で22.17倍であり、1,625.7億円となる。横浜市は潜在的にこれだけの寄付収集能力を秘めており、大規模自治体の対応が注目される。

　第1に、田中良杉並区長は、最終的には「物欲競争に参入するのはやめよう」と、馬鹿げた返礼品競争に参入するのを自己抑制している。一方、郡部は「都市に集中する税源の偏在是正」を「ふるさと納税」の目的とみなしており、ふるさと納税の肥大化にも正当性を付与している。

　しかし、租税の喪失は、金額の問題でなく、地方自治体として存立への侵害であり、「権利のための闘争」（イエーリング）として反撃をしなければならないのではないか。大都市が巨額の市税を喪失しながら、沈黙をつづけているのは不可思議である。

　大都市とて財源不足にあえいでいる。中小都市に虚仮にされて、なおかつ行動をおこさなければ、大都市は富裕団体との烙印をおされ、これからもさまざまの不利益をうける風土を培養することになる。

　第2に、大都市は、総務省が「ふるさと納税」の制度改正を実施しないのであれば、自己防衛のため、税源奪回の聖戦を宣告すべきである。財源返還でなく、制度改正への大義名分をかかげた、実力行動でなければならない。

　たとえば返礼品でなく特定テーマへの寄付とか、さらに戦時中集団疎開などで世話になった、過疎町村の特産品を返礼品にくわえるとかである。現状では横浜市のようにNPO法人支援基金とか、神戸市のように特定音楽会支援とかのように、返礼品なき特定民間支援に充当する、「ふるさと納税」の新しいスタイルの「ガバメントクラウドファンディング」拡充をめざすべきである。

　第3に、大都市が税源喪失について、寛容な潜在的要因は、行政目的を都市成長におき、市民生活を重視していないと邪推されても仕方がない。なぜなら大都市にとっても減収は痛手である。東京都23区の「ふるさと納税」減収額が2016年度129億円になり、特別区長会は、「ふるさと納税」是正の要望書を総務相に提出している。

「待機児童数が日本一の世田谷区の 16 億円、保育所 5 ヵ所分の整備費に相当するといい、17 年度はさらに 30 億円にふくらむ見通しだ」[35]と憂慮されている。このような不合理な事実を知れば、保育所待機児童などで、苦痛を強いられている市民としては、憤慨して税源奪取を自治体に求めるはずである。

「ふるさと納税」の勝ち組は、「寄付は都市部からのものが大半で、地方同士で取り合うことにはならない」[36]と考えている。しかし、都市部からでも奪ってよいものではない。過疎からみれば都城市も都市部であり、逆の立場になってみればわかる。

### 「ふるさと納税」の抜本的改革

　第 7 の課題として、ふるさと納税を存続させるとして、どう改善するかである。第 1 に、ふるさと納税で増収となった自治体には、交付税の基準財政収入額に算入することである．算入されても 25％のメリットはある。減収となった自治体も同様に 25％不算入と処理すべきである。

　第 2 に、控除制度の制限である。一般的寄付と同様にすべきである。折角の寄付文化が廃れるとの反対もあるが、寄付を必要とする団体は、公益法人・NPO 法人などの方が切実である。

　寄付控除は国税の一般寄付と同様の 10 万円とし、寄付制限を住民税の 1 割とし、税額控除ではなく、所得控除とするべきである。

　「ふるさと納税」で所得段階別の納税者比率・減免構成はどうなっているか、さきの橋本論文で 2013 年の所得税推計分析からみると、所得額 1,000 万円未満 7 万 9,093 人、20 億 3,451 万円、1,000 万円以上 1 億円未満は 5 万 5,430 人、55 億 1,049 万円、1 億円以上は、7,731 人、66 億 4,739 万円である。1,000 万円以上の階層が寄付金の 85％をしめ、減免の恩恵の大半をうけている[37]。

　第 3 に、返礼品は原則廃止とすべきで、ふるさと納税を特定目的の施策・事業への寄付として、地方創生への弾みとすべきである。歴史的建造物保全など特定目的でも寄付金をかなりあつめている。

　狂乱ふるさと納税をみると、地方創生策の主要施策とするのは疑問がある。

Ⅱ　「ふるさと納税」の虚像と実像

　しかし、野田総務相は、総務省の抑制通達について、「極端な例だけを見て抑え込むのでなく、転売をどう止めるかを考えたい」とのべ、「行き過ぎた返礼があったというが、一罰百戒でこの流れを止めるのは非常に問題がある」(38)と通達遵守には及び腰である。

　また「返礼品には地場産業、地元の農林水産業のものがある。（返礼品で）需要が起こることで、補助金を付けなくとも肉や野菜などが生産される余地ができる」(39)と、暗に返礼品競争を黙認している。

　自治体の対応はわかれている。第1に、他の自治体の様子をみてからきめる。第2に、通達を無視して返礼品をつづける。第3に、通達を遵守し、返礼品の寄付額の3分の1にする。しかし、岡山県備前市は、電子機器・自転車廃止、返礼品を3割以下にしたので、前年度比9割減となると予測している。(40)

　返礼品自粛の打撃は深刻で、野田総務相が返礼品に同情的様子をしめしたので、返礼品競争が再燃し、総務省は火消しに躍起となっている。個別自治体が自粛しても、結局は他の自治体に寄付金をもっていかれるだけという現状では、抑制は一部の自治体に止まる恐れがある。

　かって自治省は、自治体の給与抑制のため、ラスパイレス指数を考案し、超過団体には特別交付税をカットする強硬措置をとった。しかし、給与問題は当該自治体の内部運営の問題であるが、「ふるさと納税」の弊害は、地方財政における財政調整機能の形骸化という根幹的問題であり、総務省の地方自治への認識がためされる問題である。

　第4に、「ガバメントクラウドファンディング」の奨励である。すでに横浜市が民間NPO法人への財政支援基金の寄付金募集を実施し、東京都葛飾区の葛飾北斎美術館建設募金などがある。

　その他として、廃校小学校の観光・交流拠点整備（福島県昭和村）、低所得者層子弟への食品提供（東京都文京区）、ローカル鉄道存続への支援（愛知県犬山市）、会津駒ケ岳湿原木道建設（福島県檜枝岐村）、過疎小学校閉校回避の募金（高知県室戸市）などがある。

　自治体が事前に特定使途を設定し、その賛同者から寄付金をあつめる「ガバ

メントクラウドファンディング」は、災害募金の平常化といえ、「ふるさと納税」への改善には寄与するが問題がないわけでない。

第1に、返礼品競争からの脱皮が達成できたからといって、日本の未成熟な寄付文化の育成を期待するのは早計である。本来の寄付金控除より圧倒的に優遇された寄付であり、自腹をきったのではない。少額での一般的寄付で募金するのが、寄付金文化の育成である。

第2に、民間団体への寄付との関連からみて、「ふるさと納税」の優遇措置をそのままで、「ガバメントクラウドファンディング」を奨励するのは、寄付における競争平等条件（イコールフッティング）の原則に反する。本来、公共団体の寄付は戦前から旺盛であり、政策的に奨励すべきは民間公益団体への寄付である。

第3に、特定寄付といっても何を設定するか、手放しで賛成できない。現状をみると概括的項目が多いが、保育所整備助成など、最終的には一般財源とかわらず、本来、自治体が責務として措置すべきである。

さらに特定項目として、文化財修繕寄付も、政府補助があり、補助裏財源への財政支援となっているが、自治体が当然負担すべきで、当該自治体の予算配分の問題である。したがって自治体が公費で補助がむずかしい施策・事業への寄付金しかない。

該当するのは民間の社会的運動・事業などへの財政支援で、おなじ活動であっても、自治体が実施する場合は一般財源で支援するのが妥当となる。この問題は当分、試行錯誤をかさねて、もっともふさわしい事業・運動を、選定していくことになるだろう。

### 企業版ふるさと納税

第8の課題として、企業版ふるさと納税をみると、2016年度から「企業版ふるさと納税」が開始されたが、如何にも中央省庁体質を反映したシステムになっている。

第1に、企業寄付は、自治体が政府に申請し、地方活性化につながると国がみとめた事業が対象となる。昨年度の実績は、全国128自治体、事業158件（総

事業費103億円）への寄付7億4,692万円で事業費約7％に過ぎない。

　第2に、寄付企業は、国税法人税・地方法人住民税が、寄付額の最大6割程度の減免がうけられる。ただ寄付をする自治体内に本社があると寄付ができないなど拘束があり、事業実績はあがっていない。それでも夕張市がコンパクトシティー拠点整備事業（事業費12億円）などに、家具大手「ニトリ」（本社札幌市）から約5億円の寄付を受けることになっている[41]。

　企業も寄付である以上、何らかの寄付メリットをもとめることになるが、企業活動との関連事業を支援するのが、もっとも寄付しやすい事業といえるのではないか[42]。

　企業ふるさと納税の効用は、大きいともいえる。世界自然遺産・白神山地の啓発イベントを企業寄付400万円で開催にこぎつけている。秋田県サイドの意見は、「財政面で助かるだけでなく、行政と企業が協力して公益事業に取り組むこと自体が成果」[43]と強調している。

　また企業サイドの反応は、化粧品メーカー「アルビオン」は、「白神山地の良質な水を化粧品に使ってきた。恩返しとして、世界遺産維持に貢献したいと以前から考えていたので、良い機会だった」[44]とのべている。

　また上下水道コンサルタント業「オリジナル設計」は、「環境保全は会社の理念と一致する。会社のイメージアップにつながり、税負担が一部軽減されるので株主に納得してもらいやすい」[45]とふるさと納税の効用を指摘している。

　ただ企業寄付には問題点が多い。第1に、寄付企業が事業を落札したら、自治体への「利益供与」となる。それは個人ふるさと納税と異なり、内閣府令で、企業への経済的利益の供与が禁じられている。

　第2に、企業が寄付する以上、なんらかの反対給付を求めるのは当然である。国は副次的な利益までは、禁止しないとしているが、このグレーゾーンの線引きは不可能である。

　第3に、企業減税による減収は、地方交付税で穴埋めされるが、財政状況がよい東京都などへの補填はない。東京都の税制調査会は、「課税権の侵害」との答申をまとめている。

第4に、このような税制の優遇措置は、現在、広く行われいる自治体と企業の連携協定を、ふるさと納税化によって、財源捻出を画策する動きが、多発する可能性がある。たとえば連携による商品開発・イベント開催などである。<sup>(46)</sup>

　問題は自治体は、財源不足とはいえない。行財政改革とか施策選別でかなり財源は捻出できる。さらに企業寄付事業に該当する補助は、地方創生補助などでかなりある、企業は一般的寄付制度とか、公共施設の命名権売却などを活用して実施するべきで、無闇に減税措置を拡大適用すべきでない。

　ふるさと納税の今後については、本書では「ふるさと創生交付金」への転換を提案しているが、制度の改正をつうじて、特定寄付型の新しい寄付システムを形成していくべきである。


注
(1) ふるさと納税の誕生経過をみると、2006年3月16日の日本経済新聞の夕刊コラム・十字路の記事「地方見直す『ふるさと税制』案」(日本テクノロジーベンチャーパートナズ投資事業組合代表村口和孝)をきっかけとして、議論が活発化した。2006年10月に西川誠一福井県知事が、「故郷寄付金控除」の導入を提言し、以後、2007年5月、菅義偉総務相（当時）が創設を表明し、同年7月に宮城・山形・鳥取県知事が『「ふるさと納税」制度創設の提言』を提示、今日の「ふるさと納税」の構想が固まったといわれている。保田隆明・保井俊之『ふるさと納税の理論と実践』（業構想大学院大学出版部2017年）16頁参照。以下、保田・前掲「ふるさと納税の理論」。
(2) 都城市15年度事業をみると、法人立放課後児童クラブ事業5,000万円、ALTによる語学指導事業2,358万円、後方支援拠点都市推進事業1,902万円であるが、経常費経費といえ寄付の趣旨に沿っているか疑問である。総務省市町村税課『ふるさと納税に関する現況調査』（2017年9月30日）、以下、総務省・前掲「2015年ふるさと納税調査」
(3) 保田・前掲「ふるさと納税の理論」63頁参照。(4) 同前35頁。
(5) 石破茂・片山善博・田中良鼎談「そして、都市の逆襲が始まる・・。」『中央公論』2017年3月号31頁、以下、前掲「ふるさと納税の本末転倒」。
(6) 保田・前掲「ふるさと納税の理論」26頁。
(7) 池田宜永「目的は市のＰＲであって寄付金集めではない」『中央公論』2017年3月号61頁。

(8) 保田・前掲「ふるさと納税の理論」80 頁。
(9) それは 4 つの分野でおこっている。「行政ガバナンスのパラダイムシフト：ＮＰＭからＮＰＧへ」「財政規律のパラダイム」「地場産業振興の政策手段のパラダイムシフト；補助金からクラウドソーシングへ」「財務経営のパラダイムシフト：「大福帳」からバランスシートへ」といわれている。同前 81 ～ 85 頁参照。
(10) 自治体経営について、高寄昇三『地方自治の政策経営』（学陽書房 2000 年）、高寄昇三『新地方自治の経営』（学陽書房 2004 年）参照。
(11) 「ふるさと納税が地方にもたらした効果とは？」『中央公論』2017 年 3 月号 65 頁。
(12) 前掲「ふるさと納税の本末転倒」39 頁。
(13) 総務省・前掲「2015 年ふるさと納税調査」。
(14) 総務省『ふるさと納税研究会報告書』2 頁、以下、前掲「研究会報告書」。
(15) 別所俊一郎「地方財政の格差はいかに是正されるべきか」『中央公論』2017 年 3 月 83 頁、以下、別所・前掲「地方財政格差是正」。
(16) 前掲「ふるさと納税の本末転倒」33 頁
(17) 前掲・「研究会報告書」4 頁。
(18) 橋本恭之・鈴木善充「ふるさと納税制度の検証」（日本財政学会第 72 回大会報告書）45 頁、以下、橋本・前掲「ふるさと納税」。
(19) 前掲「研究会報告書」9 頁（20）同前 12 頁。
(21) 「ふるさと納税」の減免制度は複雑であるが、概要は、所得税控除は、寄付金－ 2,000 円＝所得税控除額×所得税税率で一般控除と同様である。住民税控除は、基本分（寄付金－ 2,000 円）× 10％を全額控除する。最後の特例措置として、（寄付金－ 2,000 円）×（100％－ 10％基本分－所得税率）で、最終的に 2,000 円の負担以外はほぼ全額控除してもらえる。一般的寄付が所得控除であるのと、本質的に大きく異なり極端な優遇となっている。
(22) 前掲・「研究会報告書」16 頁。
(23) この点について、「通常の寄付税制であれば、寄付金控除は寄付を促進するための補助金政策と考えられるため、控除割合は多くても 50％程度に設定されることになる」（橋本・前掲「ふるさと納税」44・45 頁）が、「ふるさと納税」は寄付を税とみなし特例措置を適用している。
(24)(25) 前掲「研究会報告書」21 頁。(26)(27) 同前 23 頁。
(28)(29) 別所・前掲「地方財政格差是正」83 頁。
(30) 片山善博・前掲「ふるさと納税の本末転倒」32 頁
(31) 前掲「ふるさと納税の本末転倒」39 頁。(32) 同前 33 頁
(33) 「ふるさと納税」の大きな揺り戻しが起きると、「問題だらけの制度だけれど、今

はそれでも財源が中央から地方に流れているという、地方財政からすれば多少評価できる側面があります。しかし、今後はそのごくわずかのメリットさえもが失われかねない」(同前33頁)と、指摘されている。
(34) 同前34頁 (35) 2017.10.5朝日新聞
(36) 前掲「ふるさと納税が地方にもたらした効果とは？」65頁。
(37) 橋本・前掲「ふるさと納税」19頁参照。
(38) 2017.8.9朝日新聞 (39) 2017.8.9朝日新聞 (40) 2017.9.15朝日新聞参照。
(41) 2017.8.30朝日新聞参照。
(42) 注目される寄付は、貸しビルのビルバンク(大阪市)の創業者の出身地京都府舞鶴市への寄付である。またアウトドア用品大手モンベル(大阪市)が、北海道東川町が開催するアルペンスノーボート国際大会に寄付する予定である。昨年度の主要認定事業は、北海道夕張市・地域資源エネルギー調査、秋田県湯沢市・自然エネルギー利用の植物工場、大阪府泉佐野市・りんくうタウン活性化プロジェクト、高知県四万十市・四万十流域サイクルロード整備、鹿児島県出水市・戦争遺跡の保存活用などである。2016.11.3朝日新聞参照。
(43) (44) (45) 2016.11.3朝日新聞。(46) 2016.11.29朝日新聞参照。

# III

# 原発・大学誘致の検証

## 1　原発誘致と地域振興効果

　地域振興を何に求めるか、誤謬の選択となると、そのダメージは大きい。それでも自治体は内発的地域開発は、速効性がなく効果が小さいので、政府の開発構想もあり、外部依存型開発に追随してきた。
　しかし、新産業都市のコンビナート、テクノポリスのハイテク団地、リゾート開発のレジャー施設などは、事業リスクをともなう選択に失敗した。もっとも施設誘致で成功した自治体もあるが、大都市圏が比較的有利であった。

**誘致施設のメリット・デメリット**
　第1の課題は、失敗回避の手順として、誘致施設(表9参照)のメリット・デメリットの分析である。第1に、高度成長期、工場誘致が一般的であったが、高度成長期がすぎると、誘致は困難となり、観光施設も余程、魅力的で吸引力のある施設でなければ、誘致しても経営破綻のおそれがある。
　いずれにしても集積メカニズムが弱い不利な地域では、行政・経営努力をしても、誘致に成功するとは限らない。もっとも原発は誘致リスクは小さいが、事故のリスクを勘定すると、必ずしもベストの選択とはいえない。
　第2に、経済効果では、新産業都市では生産・所得産出効果などが注目されたが、人口減少地域にとっては、雇用創出効果が切実な課題である。施設誘致は、イベントとことなり、持続性があり、成功すれば効果は大きい。

表9　地域振興施設誘致の効果

| 誘致施設 | リスク | 経済 | 財政 | 波及 | 誘致施設 | リスク | 経済 | 財政 | 波及 |
|---|---|---|---|---|---|---|---|---|---|
| 原子力発電 | ● | ○ | ◎ | ● | 大学・研究所 | ○ | ○ | ● | ○ |
| IT企業 | ○ | ○ | ○ | ○ | 自然エネルギー | ● | ○ | ○ | ○ |
| 観光施設 | ○ | ◎ | ○ | ○ | 医療施設 | ○ | ◎ | ○ | ○ |
| 文化施設 | ○ | ○ | ● | ◎ | 農業加工施設 | ● | ○ | ○ | ○ |

しかし、装置産業は、財政効果は大きいが、雇用効果は小さい。この点、ＩＴ企業は雇用効果もあり誘致リスクも小さく、観光施設は、一般的に地域経済への波及効果は、裾野が広く雇用効果も大きい。

昨今、話題となっているカジノをふくむ総合リゾート（ＩＲ）は、経済・財政効果は大きいが、犯罪・ギャンブル依存症などマイナス効果も大きい。

しかし、遊休地をかかえる自治体にとっては、土地利用・財政危機・雇用減少などを一気に解決する、起死回生策として、無理をしてでも誘致したくなる魅惑のプロジェクトである。

第３に、財政効果は、原発は電源立地対策交付金だけでも膨大で、立地自治体は、交付税の不交付団体となっても、固定資産税収入もあり、財政メリットは絶大である。

ただ大型広域施設となると、その誘致効果は周辺市町村へも拡散するので、国・府県が誘致すべきで、市町村が施設建設費補助をしても、地域外からの通勤者が多くては、効果は半減する。

また文化施設では建設費はともかく、公立施設では維持費がかなり必要で、観光施設として経済効果が求められるが、長期的にみて地域文化水準向上の拠点となれるかである。また研究施設などは、それ独自では経済効果は小さいが、大学・企業などとの連携で、産業クラスターを形成できるかである。

第４に、非経済の波及効果である。石油コンビナートなどは、波及効果がまったくなかっただけでなく、公害発生というマイナスの波及効果に悩まされた。原発は事故発生というマイナスの波及効果が無限大といえる。

観光・教育・医療・研究建設などは、情報発信をつうじて、地域のイメージアップ効果があり、人口の流入・定着、企業の誘致・立地、地域サービスの拡充・高度化に寄与するが、ケース・バイ・ケースであって、過大な期待は禁物である。

### 最適選択への手段

第２の課題は、施設誘致の決定システムで、自治体が誤謬の選択をしないためには、衆知を集め論議を重ね、誘致の経過を情報公開し、政策的視点から地

域コンセンサスを、固めることが必須条件である。適正な選択過程をたどることが、実際は最適選択への安全弁である。

　しかし、実際はこのルールを無視し、中央省庁の意向とか、政治家・首長・議員の利害・思惑で決定されている。自治体のガバナンスが拙劣であれば、必ず誤謬の選択となり、地域住民に多大の損失をもたらすといっても過言でない。

　第1に、行政の暴走を、どう阻止するかである。原発の場合、地域で賛成・反対があり、原発を断念した自治体もすくなくない。国土構造からみて不利な自治体としては、競合関係がなく立地が確実視される原発を選択したが、それでも政治・行政力学が働くことになる。

　開発にともなう利権的要素とか、費用効果を無視した政治的損得での施設誘致は、議会が首長の暴走を阻止し、説明責任を追求しないのであれば、住民が政治・行政的手段を駆使して、食い止めなければ、地域社会の悲劇となる。

　首長が誤謬の選択をして、数十億円の損害をもたらして、相済みませんでしたと、辞職して済む問題ではない。夕張市の市民をみれば、市長の暴走で塗炭の苦しみを、耐えている。

　第2に、住民主権で決定できるかである。アメリカのようにレフェレンダム制度はないが、住民投票請求権はあり、住民投票はできる。しかし、議会が否決すればそれまでで、最終的には首長に施設誘致・施設の決定権を、制度的には保障している。それでも原発は住民投票となった自治体もすくなくはない。それは財源問題ではなく、万一原発事故が発生すれば、地域社会・個人生命にかかわるからである(1)。

　地方自治法では、団体自治・住民自治が基本であるが、団体自治はともかくとして、住民自治の理念は浸透していない。しかし、政治的には住民は首長に行政を白紙委任しているのではない。地方自治法では、住民が主権者であり、本来、重要案件は住民投票で決定されるのが筋である。

　第3に、誘致効果を検証して、最適の選択ができるかである。行政は事前にメリット・デメリットを公表して、市民の意向を確かめる決定プロセスを遵守すべきである。施設誘致の戦略とか効果など、原発では外部自治体との競争より、

地域内部の賛成・反対の対立をどう調整し、コンセンサスを固めるかが課題であった。

　工場・学校・観光施設のいずれも、相手が勝手に進出するケースは問題がないが、自治体が自ら先行投資をするとか、誘致支援で財源支出をするとなると、誘致・経営リスクをともなうし、施設によっては効果に随分と差がある。卑近な事例では公害工場とハイテク企業では、経済・非経済効果が大きな相違がある。

　いずれにせよ高度成長期とことなり、安定成長期になると、進出・立地条件はきびしくなる。大都市圏ではそれでも、潜在的誘致条件はあるが、地方都市では国土構造でのハンディを、公共支援で埋めざるをえず、誘致施策の選択はきびしいものとなる。

## 2　原発再稼動と再生エネルギー

　高度成長期のコンビナート、テクノポリスのＩＴ企業、リゾート開発のホテルなども、低成長で誘致は困難となり、最後に登場したのが、原発と大学という両極端の施設であった。原発誘致は、地方団体にとって地域社会の危険性を、担保にした窮余の選択といえる。

　ただ今日、立地自治体と周辺自治体の利害対立、原発か再生エネルギーかの選択をめぐって、新しい争点から原発見直しが課題となっている。

### エネルギー政策と原発評価

　第1の課題は、原発のエネルギー政策での評価である。第1に、原発を立地した30・40年前は、オイルショック・原油価格暴騰などで、原発立地による電力供給は、国家施策として緊急課題であった。

　しかし、福島原発事故後、核燃料廃棄物処理コストが膨大な額にのぼり、原発の電力コストも割安といえないことが判明し、しかも処分技術・処理地も未解決であり、エネルギー政策として推進することに、疑問が高まっている[2]。

　第2に、一方、自然エネルギーによる地域再生への動きもあり、エネルギー政策の転換が求められている。原発のエネルギー政策における重要性は、政府・電力会社はともかく、一般論としては低下している。

　少なくとも新規原発の禁止・老朽原発の再稼動抑制の方針を貫くべきである。ことに地域再生にあって山間僻地の過疎町村にとって、再生エネルギーは、地域再生への有効な施策であり、原発は阻害要素になっている。

### 原発立地交付金の財源効果

　第2の課題は、エネルギー政策を別にしても、地方財政としても、特定の立

地地方団体には、さまざまの交付金が支給されているのは問題である。

第1に、2015年度では原子力発電施設等立地地域特別交付金（事例；福井県敦賀市など5億円）、原子力発電施設等立地地域基盤整備支援事業交付金（事例；鹿児島県薩摩川内市4.7億円）、原子力発電施立地地域共生交付金（事例；愛媛県伊方向町5.3億円）、核燃料リサイクル交付金（福井県高浜町15.3億円）などである。

2015年度電源立地対策交付金（火力発電をふくむ）は、全国209億9,797万円であるが、特定団体に限定されており、2015年度の1億円以上の市町村交付金（表10参照）をみても、住民税の2・3倍にもなっている。さらに固定資産税をみると、泊村24.0億円、六ヶ所村63.1億円、高浜町27.1億円と巨額である。

原発立地の地方団体（表10参照）には、莫大な固定資産税・核燃料税・電源立地対策交付金などがあり、さらに立地地方団体は電力会社に寄付・補助を強要している。一般的には立地自治体には、巨額の固定資産税収入があり、それで十分ともいえる。

第2に、電源立地対策交付金など、原発関連財源は巨額であるが、結果からみれば、原発立地自治体の人口・経済は、順調には成長しておらず、原発対策費とか箱物行政費などに充当されている。

原発は、新産業都市の石油コンビナートとおなじ装置型施設で、地域経済への波及効果は大きくはない。原発立地自治体の人口も減少気味であるが、電源立地対策交付金の使途は拘束があり、地域再生策への流用は難しい状況にある。

表10　2015年度電源立地対策交付金と地方税　　　　（単位　百万円）

| 市町村名 | 交付金 | 住民税 | 資産税 | 市町村名 | 交付金 | 住民税 | 資産税 | 市町村名 | 交付金 | 住民税 | 資産税 |
|---|---|---|---|---|---|---|---|---|---|---|---|
| 北海道泊村 | 748 | 116 | 2,399 | 福島県楢葉町 | 1,153 | 371 | 1,262 | 福井県おおい町 | 2,189 | 533 | 3,631 |
| 北海道幌延町 | 110 | 173 | 511 | 福島県川内村 | 1,028 | 78 | 317 | 福井県高浜町 | 2,222 | 650 | 2,707 |
| 青森県六ヶ所村 | 3,086 | 771 | 6,311 | 茨城県大洗町 | 427 | 894 | 1,568 | 愛媛県伊方町 | 1,263 | 375 | 2,080 |
| 青森県東通村 | 330 | 395 | 2,358 | 茨城県東海村 | 1,456 | 2,730 | 8,752 | 佐賀県玄海町 | 1,736 | 271 | 2,375 |
| 宮城県女川町 | 641 | 381 | 2,720 | 福井県美浜町 | 1,627 | 572 | 1,939 | 沖縄県中城村 | 176 | 812 | 1,008 |

資料　総務省「市町村決算統計」

原発の財政的メリットは、立地団体に限定され、周辺地方団体に及ばない。そのため周辺自治体は原発の被害は立地団体とおなじように被るが、交付金は交付されない不公平がある。

　もっとも道府県電源立地対策交付金は、周辺市町村にも散布されているが、金額はすくない。そのため政府は「エネルギー構造高度化転換理解促進事業」補助を創設し、原発立地周辺市町村にも補助散布を実施した、周辺自治体の原発アレルギーを"忖度"した懐柔策とみなされている。[(3)]

　第3に、原発運営問題である。原発事故の住民への補償措置は、当該自治体の電源立地対策交付金を、積み立てて対応するシステムになっておらず、電力会社が電気料金に上乗せして財源を調達している。

　要するに電源立地対策交付金は、政府も自治体も、そして電力会社も負担しないシステムとなっており、電気料金に転嫁できる。そのため電源立地自治体には、一般の補助では考えられない、野放図な交付金が交付されている。

　いわゆる迷惑施設といわれる施設設置について、説得よりも財源付与という懐柔策が政府の常套手段であるが、一定の節度が必要である。国費をばらまけばよいというものでなく、不必要に財政格差を肥大化させる、まずい結果を生みだすのである。

　このような不合理な原発立地交付金は、地方財政から見ても、地方財政の秩序を損なうシステムであり、地域再生の意欲を削ぐ、マイナス影響力を無視できない。

　かって戦災復興の名分で、競輪・競馬・競艇などギャンブルが認められたが、財源の偏在を当時の自治省は黙視できず、公営企業融資金利の軽減のため、利益の一定比率を拠出させた。要するに特定自治体への巨額財源の偏在は、是正されなければならないのである。

### 地方救世主の再生エネルギー

　第3の課題が、地域社会における再生エネルギーである。現在の原発政策は、エネルギー政策としても、地方財政政策として、好ましい施策とはいい難いが、

政府は原発政策の見直しはなく、むしろ推進の方針である。政治的に原発抑制が不可能であるならば、地域社会は再生エネルギーをすすめ、地域再生策と連動して拡充を図っていく選択をするしかない。

地域再生策からみて、再生・自然エネルギーは有効な手段である。2012年7月から再生エネルギーによる電気の固定価格買取制度（FIT）が導入されてから5年になり、2016年4月から電力小売の新事業が全面自由化された。

再生エネルギーの動きをみてみると、第1に、都市部では、ごみ工場での発電事業は、一般的に行われており、農村部では自然エネルギーによる電力事業が普及しつつある。

市区町村では再生エネルギーの利用促進は81％となる。新電力事業会社を設立しているのが、山形県・福島県など31自治体である。公共施設屋上の太陽パネルは市町村の77％、都道府県では44団体になる[4]。

第2に、注目されるのは、地域電力会社の創設である。市民・官庁・民間の共同出資企業体である。2017年7月に創設された奈良県生駒市の「いこま市民パワー」は、資本金1,500万円（市51％、残余大阪ガス・地元銀行）であり、市の65公共施設を利用する方式である。

電源も太陽光・水力だけでなく、北海道別海町は人より牛が多いので有名であるが、牛ふんなどを発酵させたバイオガス発電である。大分県九重町は地熱発電である。

第3に、売電事業収益の地域還元である。北海道当別町は地域バス運行補助（2015年度155万円）、埼玉県桶川市は省エネ機器設置（約200万円）、兵庫県佐用町は小中学生の副教材（1人当り年1万5,000円）、岡山県吉備中央町は子育て支援（2016年度8,500万円）などである。「ふるさと納税」と違い、自己財源培養による財政運営の成果として注目すべきである。

第4に、地域エネルギーは、事業収支効果だけでなく、地産地消によって、地域雇用の増加・公共施設の電気代軽減・災害時の自家発電・地域廃棄物の電源化などの地域貢献効果があげられる。

さらに将来的には市民出資の売電事業を盛んにし、市民が地域再生について

協力し、知恵をだし、成果を共有するシステムをひろげることであろう。

　第5に、地域エネルギーは、無謀な政府の原発政策・陳腐な地域再生策・官僚主導の地域づくりへの強烈なアンチテーゼを提示すべきである。将来的には地域エネルギー収支を化石燃料・電気代支払による大幅赤字から、地域が収支均衡をめざすべきである。

　さらに、ふるさと納税よりはるかに正攻法の地域再生策である。自治体はこれらの運動の先頭にたって、市民を啓発し、理解を求め、最終的には地球温暖化防止という遠大な目標にむかってすすむ責務がある。さらに長期的には異常気象による災害防止にも貢献できるのである。

　もし政府が電源立地対策交付金の削減・漸減方式を採用し、過疎地域へのエネルギー事業への支援交付金とすれば、雇用・財源をひろく生みだし、人口増加効果も期待できる。政府のちぐはぐな施策が、ここでも地域再生への阻害要素となっている。

## 3　大学誘致の効果と将来

　過疎地のみでなく、地方都市も人口減少の危機にさらされ、必死の回復策を模索したが、原発を誘致するわけにもいかず、観光施設の開発も失敗するなど、苦悩が深まっていった。大学立地の誘いは、地方都市にとって救世主的プロジェクトとして、選択を余儀なくされたといえる。

　大学の経済効果の一環としての人口定着・所得創出効果は、人口減少に悩む地方都市にとって魅力的である。地元高校生が流出せず、市域外からも学生流入が見込まれ、人口減少阻止から人口増加への転機になるとの、期待がもてるプロジェクトであった。

### 大学設置の地域論争

　第1の課題は、大学設置の地域論争である。大学の経営はきびしく、少ないパイをめぐって、東京都心大学の抑制論争が展開されている。この論争は、かっての大都市圏への工場・学校等制限法論争と同類である。

　反対論は、第1に、地方出身者の比率は、3割を占めるが、最近は比率は低下している。第2に、若者の東京移住は、就学より就職であり、地元に大学を設置しても、雇用機会がなければ、東京へと流出する。第3に、都心大学の意欲と活力が失なわれるなどである。

　賛成論は第1に、地方の大学が定員割れ・資金難に苦しんでいる。まず定員の確保である。第2に、経済的な理由で上京できない子が、進学する地方大学の存在意義は大きい。第3に、大学政策は経済的な自然淘汰・優勝劣敗で決定すべきでなく、副次・波及・複合効果もふくめなければならない。

　問題は、中央省庁の経済成長の視点から、東京一極集中を奨励・容認する一方で、再生補助施策で地方誘致・促進策を実施し、全体としてみれば政策効果は、

相殺されプラス・マイナスゼロとなっている。

　大学行政にあっても、国立大学の運営費交付金・私学助成金が、地方に傾斜配分されず、むしろ冷遇され、地方大学教育の質・水準の低下という悪循環に陥っている。ここでも教育政策と地方創生策の齟齬がみられる。

　結果として国土構造の集積メカニズムで、東京一極集中となっている。文科省も都心大学定員増不認可方針を打ちだしているが、現在の認可状況をみると必ずしも厳守されていない。

　法制実施は次年度からであるが、法律制定までの暫定措置として、2017年9月29日、文科省は東京23区の私立大学・短大の定員抑制を告示したが、東京都の反対もあり、実際どうなるか問題である。

　ただ都心大学抑制が実施されても、地方に雇用がなければ、最終的には卒業すると、東京へ流出することになる。地方での雇用創出は、地域再生策の根幹的課題といえる。

### 大学経営環境の悪化

　第2の課題は、大学経営環境の悪化である。大学経営環境は、次第に悪化しており、よほど有利な条件でなければ、立地しても定員確保はむずかしく、大学経営の環境は、構造的にみて悪化しつつある。

　第1に、18歳人口の減少である。1992年205万人、現在約120万人、2031年は100万人をわりこむと推計されている。日本私立学校振興・共済事業団の調査では、16年度全国私立大学の44.5％が定員割れである。

　第2に、実質的な私立大学の淘汰ははじまっている。私立から公立大学への移管である。2009年の高知工科大学をはじめ、8大学が公立化されている。

　第3に、このようなきびしい経営環境にもかかわらず、「自治体の選択」として大学誘致がおこなわれている。しかし、先行した2000年開学の立命館アジア太平洋大学（大分県別府市）などは例外的成功事例で、なかには撤去に追いこまれたケースもみられる[5]。

　要するに大学誘致は、地域振興策としては、すぐれた選択であるが、問題は

巨額の財政支援に対応する効果があるかである。

**千葉科学大学の誘致効果**

第1の事例として、千葉科学大学である。設置者は学校法人加計学園、所在地千葉県銚子市にある。大学の概要は、学部は、薬学部・危機管理学部・看護学部、研究科は危機管理研究科・薬学研究科である。

在学生は、1学年600人で4年で2,400人、大学院200人、教員・職員200人として、2,800人であるが、定員割をすると減員となる。

第1に、誘致の事業主体である学校法人加計学園の経営方針である。岡山理科大学・倉敷芸術科学大学などの大学にくわえて、専門学校・高等学校・中学校など、さらに教育関連事業を経営する、教育産業コングロマリットといえる。

さらに加計学園理事長加計孝太郎の姉が、理事長を勤める順正学園もグループであり、吉備国際大学を経営している。

加計学園グループの経営戦略で特筆すべき点は、人口減少地区への学校設置であり、土地・施設の巨額の寄贈を受け、次々と新設しているが自転車操業の不安がある。

順正学園が、南あわじ市に設置した吉備国際大学農学部（初年度定員60名、入学者56名）も、生徒減少で廃校となった志知高校の土地約5.5ha・時価約10億円、建物リフォーム費用20億円のうち約13億円を市が負担、その他設備費の合計約30億円が寄付されている。

学生が住民票を移せば、1人当り30万円の補助金をだすという魅力的条件で、吉備国際大学を誘致している。南あわじ市税収入は、年間60億円で約半分を拠出したことになる(6)。

第2に、千葉科学大学誘致への経過をみると、2002年の野平匡邦（岡山県副知事・岡山理科大学教授）が、市長選挙で千葉科学大学の誘致をあげて、2004年に開校している。

2003年に銚子市と加計学園の間で、開設協定書が調印され、市は、私有地9,8haと92億円の財政支援を決定している。2003年11月、設置認可がなされている。

注目されるのは、南あわじ・銚子・今治市といずれも、廃校敷地とか開発余剰地が存在しており、その有効利用として一石二鳥を狙って、大学誘致が決断されたことである。しかし、それだけでは不十分で、建設整備費の助成がなされているが、自治体としては用地は無償貸与・建設費は数分の1程度が、妥当なところではなかろうか。

　実際、銚子市では巨額の助成金を前提とした、大学設置に「市民への負担転嫁となる」との点から、市議会は紛糾し、市民も呼応し、2003年5月に「市民の会」を結成して、同年7月に設置に関する住民投票をめざす運動を開始し、1万7,635人の署名を集めたが、市議会は否決している。

　加計学園は、2004年3月に銚子市に、減額に応じることを表明し、4月に開学している。銚子市は同年4月に約22億円の減額を申し入れ、加計学園はこの財源が、市の借入金であるので、事態の紛糾を回避するため14.6億円を返還している。

　最終的には市助成金は、約77.5億円になった。この金額が大きいかどうか、判断はむずかしいが、一般的に施設誘致では文化庁の誘致でもかなりの地元負担が発生している(7)。

　第3に、誘致効果は、銚子市が当初見込んだ経済効果は「年間69億円」であったが、2013年に公表した数値は、約23億円とトーンダウンしている。

　大学学生数などから市内消費を推計すると、乗数を掛けて推計93.9億円となるが、市域外消費を半分として、補正すると46.5億円となる。なお人口増加効果は950人〜1,900人となり、財政効果は、交付税調整もあり7,000万円に過ぎない(8)。

　第4に、千葉県銚子市は、2004年に千葉科学大学の誘致に成功したが、人口・市財政は悪化の一途をたどっている。大学誘致の助成金負担もあるが、2010年に再開した市立病院の収支悪化もある。

　そのため「子育て支援」もままならず、隣接市町村への人口誘致競争にあって水をあけられている。「一度始まった人口減の歯車はなかなか止まらない」「このまま何もしなければ、財政破綻した北海道夕張市の二の舞いになりかねない」(9)と

の不安が広がっている。

　市財政は市立病院の経営悪化・大学誘致の負担にくわえて、人口減もマイナス要素で苦しい。2015年度銚子市市税79.5億円で、市債残高298億円、公債負担比率18.9％、実質公債比率13.9％、将来負担比率168.4％と高い水準である。

　第5に、「都市の選択」として、どうして大学誘致となったか、銚子市にはマリンリゾート計画があり、市が70億円の借金で手当てをした、用地・建物があり、その跡地利用としてであった。当初、選挙では、県・市の補助金折半と公約されていたが、実際は市が全額負担となった。

　銚子市の市長選挙が、2017年4月17日行われ、現職の越川信一氏が再選され、復帰をめざす大学誘致を、実現させた野平匡邦を破って当選した。

　しかし、財政悪化では強力な人口増加策は打てず、人口減と財政危機という二重苦のもとで、活路を見いだせるか、新市長の政治・行政手腕が問われるが、いずれにせよ茨の道となる。

**難航する岡山理科大学獣医学部**

　第2の事例として、最近、話題となった加計学園獣医学部が、地域再生として有効かどうか、今治市のケースも紛糾している。

　第1に、加計学園の今治獣医学部は、定員120名、6年制で在校生720名となり、教員・職員をふくめて800名前後となる。来春、開学をめざし、戦略特区の認可をえたが、文部科学省の学部設置認可という高いハードルが残されていたが、認可の見込みである。

　第2に、千葉科学大学と同様に今治市は、2017年3月、解除条件付土地16.8ha（36億円）の無償譲渡、キャンパス整備費192億円のうち最大建設補助96億円の、基本協定書をかわし、市会も承認した。

　建設補助は2016～23年の債務負担行為（県との合計限度額、うち市の上限額64億円）で対応する。加計学園はこの譲渡をうけた土地で建設に入った。なお市の建設補助は一応は学部設置認可後としている。

　また愛媛県が25億円負担し、残りを市が負担するとされているが、2017年

7月25日の記者会見で、中村愛媛県知事は県負担は、白紙と強調している。

　第3に、さらに深刻な問題は、特区の認可は2017年1月にあったが、学部の認可が得られたとしても、肝心の来年の学生募集に支障がでる事態となると経営収支に影響がでる。

　住民は、2017年6月に菅良二今治市長らが、獣医学部への財政支援を決定したことは違法として、監査委員に住民監査請求を提出した。ことに建設単価150万円が水増しで、80万円に過ぎないという疑惑がひろがっていたが、8月に棄却されている。2017年9月6日、土地返還取得（36億円）を不当利得として、返還請求を松山地裁に提訴した。

　第4に、大学設置の決定経過も曖昧で、どのようなルートで大学誘致が浮上し、市長がどのような積算根拠で、最大96億円の支援を大学に約束したか、またどういう条件で、いつ支出するのかも曖昧である。

　2017年9月6日、今治市議会で学園側からの申出で、文科省の学部認可保留問題について説明があった。1時間半の説明で、市長・特別委員長は大学サイドの説明で、来年への開学を確信したようであるが、傍聴市民は説明には不満で、疑問は解消されていない様子であった。

　問題はこのような説明は、誘致決定以前に審議すべきで、市の決定プロセスは余りにも杜撰といえる。これからも波乱含みの設置をめぐって、紛争がつづくが、学部のイメージダウンはさけられず、認可があっても入学定員が確保できるか。

　また確保できたとして専任教員最大70人を配置するとしているが、職員をあわせると100人をこえるが、経営収支があうのか、問題が山積している[10]。

　第5に、設置効果は、獣医学部は、定員120名、6年制、在籍定員720名で、千葉科学大学より小規模である。市の推計では年間3,000万円の市税増収がみこまれている。

　先の千葉科学大学の定員2,300人との対比31.3％から、比例配分で算出すると、乗数効果をふくめた消費支出額は17.91億円〜36.03億円、雇用効果61人、人口増加775人、財政効果2,378万円となる。ちなみに2015年度今治市のふ

るさと納税収支4.71億円である。

　第6に、市民が憂慮しているのは、第2の夕張となるのではないかという不安である。なお今治市は、銚子市の財政破綻と同様の風評被害を回避するため、『今治市の財政見通し』を発表している。財政指標から見る限り、あとにみるように財政破綻は考えられない。

　しかし、大学の定員割れが続くようであれば、誘致効果も縮小し、折角の支援金も実質的に無駄となりかねない。地域振興でよく見られる図式であるが、今治市は厄介な荷物を背負う羽目になった。

## 4　地域振興と財政危機

　地域再生をめぐって全国市町村は、地域崩壊を食い止め、地域再生をめざして施策展開をなした。人口推移についてみると、財政が疲弊しては、さらなる人口減少へと追い込まれる。

### 地域再生と注目市町村財政状況
　第1の課題として、地域再生の注目市町村の財政状況（表11参照）をみると、第1に、財政力指数は、当然、低い水準で、町村で 0.2 以下、市で 0.5 前後である。鯖江市は地場産業が、踏ん張っており 0.66 と高い水準である。もっとも原発立地町村は不交付団体でしかもきわめて高い水準である。

　第2に、市町村税は、町村では神山町などＩＴ企業の進出がみられたところでも 10％以下で、海士・上勝町などのように数％以下では、施設投資をともなう誘致策はできない。ニセコ町が観光産業のホテル事業などで、14.7％と高い水準で、設備投資を展開しているが、将来負担がふくらんでいる。

　今治・銚子市は、意外と銚子市の市税比率が高いが、1 人当り市税は、銚子市 12 万 3,435 円、今治市 13 万 8,072 円とあまり差はなく、交付税・補助金・地方債などの比率が今治市が高く、相対的に市税比率が低下したといえる。

　第3に、地方交付税は、地方税比率の低水準をほぼ完全に調整している。地方税・交付税の合計は、海士町 50.8％、ニセコ町 56.9％であるが、恩納村 32.6％、直島町 33.8％と低いのは、恩納村国庫支出金 30.6％、直島町地方債 25.2％という高い比率が、交付税数値を圧迫している。原発立地の泊村は、財政力指数 1.81、青森県六ヶ所村財政力指数 1.62 と不交付団体である。

　第4に、支出金は、市町村でばらつきがみられる。泊村・高浜町は電源立地交付金、大槌町は災害復旧補助、恩納村は沖縄振興交付金関連であるが、柳川市が高いのは

4　地域振興と財政危機

事業内容は不明であるが、普通建設事業 16.2％と積極的公共投資の補助であろう。

第 5 に、地方税・政府財政支援の合計（表 11 参照）は、例外はあるが、財政力に対応して補填されている。北海道泊村が、原発の固定資産税、原発交付金の国庫支出金の合計比率が高く 90.9％となっている。

一方、地域再生での優等生である、福井県鯖江市・沖縄県恩納村・長野県佐久市などは、60％と低いのは財政力指数が高いからと推測される。一方、財政力指数が 0.10 〜 0.20 以下の南牧村・姫島村の地方税・交付税・補助金合計の歳入構成比は 80％以上となっている。

表 11　2015 年地域注目市町村財政状況　　（単位：％）

| 市町村名 | 財政力指数 | 市町村税 | 地方交付税 | 国庫府県支出 | 小計 | 地方債 | 公債負担率 | 将来負担率 |
|---|---|---|---|---|---|---|---|---|
| 石川県川北町 | 0.61 | 31.5 | 19.3 | 17.6 | 68.4 | 14.0 | 13.3 | 0.0 |
| 群馬県南牧村 | 0.14 | 7.7 | 61.2 | 13.6 | 82.5 | 8.9 | 12.7 | 1.9 |
| 島根県海士町 | 0.09 | 3.9 | 46.9 | 18.1 | 68.9 | 21.5 | 28.2 | 167.1 |
| 徳島県神山町 | 0.21 | 3.9 | 46.9 | 18.4 | 74.8 | 11.3 | 11.7 | 0.0 |
| 徳島県上勝町 | 0.11 | 4.2 | 49.5 | 17.1 | 70.8 | 13.3 | 15.9 | 0.0 |
| 鳥取県智頭町 | 0.20 | 11.4 | 47.6 | 16.5 | 75.5 | 12.5 | 12.0 | 88.7 |
| 大分県姫島村 | 0.10 | 5.2 | 69.5 | 12.7 | 87.4 | 4.8 | 17.1 | 0.0 |
| 福井県鯖江市 | 0.66 | 33.1 | 17.6 | 13.3 | 64.0 | 10.0 | 16.6 | 7.2 |
| 山形県鶴岡市 | 0.42 | 20.3 | 32.8 | 18.0 | 71.1 | 8.3 | 18.2 | 61.5 |
| 岡山県真庭市 | 0.31 | 15.3 | 45.0 | 12.1 | 72.4 | 13.4 | 15.4 | 5.8 |
| 北海道ニセコ町 | 0.24 | 14.7 | 42.2 | 17.1 | 74.0 | 11.6 | 20.1 | 66.8 |
| 沖縄県恩納村 | 0.49 | 16.6 | 16.0 | 30.6 | 63.2 | 1.7 | 8.1 | 0.0 |
| 長野県小布施町 | 0.39 | 21.1 | 34.2 | 11.6 | 66.9 | 5.0 | 9.7 | 30.7 |
| 福岡県柳川市 | 0.45 | 19.3 | 29.8 | 25.2 | 74.3 | 9.7 | 16.7 | 28.9 |
| 長野県佐久市 | 0.51 | 23.9 | 25.5 | 14.2 | 63.6 | 14.8 | 19.2 | 0.0 |
| 香川県直島町 | 0.45 | 15.2 | 18.6 | 10.4 | 44.2 | 25.2 | 6.7 | 0.0 |
| 北海道泊村 | 1.81 | 63.8 | 0.6 | 26.1 | 90.9 | 0.0 | 0.3 | 0.0 |
| 福井県高浜町 | 0.95 | 29.9 | 2.2 | 44.9 | 77.0 | 6.8 | 5.5 | 0.0 |
| 愛媛県今治市 | 0.57 | 26.3 | 26.6 | 16.2 | 69.1 | 11.1 | 19.6 | 24.2 |
| 千葉県銚子市 | 0.58 | 32.9 | 22.4 | 17.5 | 72.8 | 9.1 | 18.9 | 168.4 |
| 北海道夕張市 | 0.18 | 7.0 | 43.1 | 16.0 | 66.1 | 6.8 | 40.3 | 632.4 |
| 北海道奥尻町 | 0.14 | 7.6 | 57.7 | 9.0 | 74.3 | 10.6 | 23.5 | 23.5 |
| 岩手県大槌町 | 0.24 | 1.6 | 16.6 | 46.7 | 64.9 | 1.1 | 3.9 | 0.0 |

第 6 に、地方債は単年度でみても、実態は把握でききないが、公債負担率とあわせてみると、海士町の比率が、過疎町村としてきわめて高く、将来負担率も高い。奥尻町は災害復旧事業の負担を、今日まで財政後遺症として引き継いでいる。

　当時、災害復旧も 100％補助でなかった。この点、東日本大震災の災害復興事業は実質的に被災自治体負担ゼロとなり、大槌町は公債負担率 3.9％に過ぎない。夕張市は 40.3％と再建計画 10 年目でも公債負担は大きい。

　第 7 に、将来負担比率は、夕張市 632.4％と断トツの数値であるが、銚子市 168.4％、今治市 24.2％と差がある。ただ今治市の加計学園への補助は債務として計上されていない。

**大学誘致と自治体財政危機**

　第 2 の課題として、銚子・今治市の大学誘致への財政支援が、巨額であるため、第 2 の夕張と騒がれ、市民の不安もひろがっている。今治市は市民不安を沈静化させるため、『今治市の財政見通しについて』を発表し、今治市の財政健全性をつぎのように主張している。

　2015 年度の地方財政健全化判断比率の指標をみると、第 1 に、実質公債費比率は 12.8％で、早期健全化基準 25％以上、財政再生基準 35％より低い水準である。

　第 2 に、将来負担比率 24.2％も、早期健全化基準 350.0％より低い水準で、2014 年度の 40.2％より低下している。

　第 3 に、類似都市との比較（表 12 参照）にあっても、積極的積立金によって、将来負担比率 24.2％は、類似団体平均 60.8％を大幅に下回り良好な指標となっている。

　第 4 に、地方債残額が大きいのは、町村合併の合併特例債で、市債償還財源の約 75.9％が、後年度交付税で算入される。今治市は、2015 年 1 月に朝倉・玉川・波方・大西・菊間・吉海・宮窪・伯方・上浦・大三島そして関前村の大合併を実施しており、合併による特別交付税が期待できる。

第5に、大学立地補助金を債務負担行為として、64億円を算入しても将来負担比率40.8％、96億円を算入しても49.1％と、類似団体平均60.8％を下回っている。

表12　今治市類似都市財政比較　　　　　　　　　　　（単位 百万円 %）

| 都市名 | 実質公債比率 | 将来負担比率 | 積立金現在額 | 地方債現在額 | 都市名 | 実質公債比率 | 将来負担比率 | 積立金現在額 | 地方債現在額 |
|---|---|---|---|---|---|---|---|---|---|
| 帯広市 | 9.5 | 116.0 | 4,292 | 97,521 | 尾道市 | 8.4 | 50.2 | 10,869 | 69,138 |
| 弘前市 | 9.1 | 50.9 | 9,182 | 83,633 | 東広島市 | 4.6 | ― | 28,656 | 84,727 |
| 栃木市 | 8.9 | 57.1 | 14,418 | 60,944 | 宇部市 | 8.9 | 53.8 | 11,615 | 75,225 |
| 高岡市 | 15.1 | 175.1 | 6,065 | 111,340 | 諫早市 | 6.8 | 23.4 | 22,511 | 64,443 |
| 上田市 | 4.9 | 47.3 | 19,893 | 69,549 | 都城市 | 6.4 | ― | 30,488 | 79,483 |
| 大垣市 | 1.7 | 19.3 | 9,771 | 61,616 | (類似団体) | (8.4) | (60.8) | (14,662) | (78,894) |
| 松阪市 | 5.0 | ― | 13,311 | 49,120 | | | | | |
| 出雲市 | 19.5 | 196.9 | 9,537 | 118,878 | 今治市 | 12.8 | 24.4 | 31,210 | 88,978 |

注　類似団体数値は2014年度総務省市町村決算数値
資料　今治市財政課

ただ将来財政について、予断をゆるさないが、第1に、積立金現在高は、財政調整基金137.4億円、減債基金77.1億円、特定目的基金97.6億円の合計312.1億円で、地方債残高は889.8億円とやや大きい。

第2に、2016年度・2015年度歳入決算をみると、市税218.3億円から219.3億円とわずかであるが上昇している。地方交付税は220.5億円から213.3億円と減少し、地方債収入は97.3億円から101.0億円と増加している。歳出公債費は112.0億円から113.4億円と増加している。悪化していないが、良好とはいえない。

銚子市の財政状況を2015年度で今治市との比較でみると、第1に、財政力指数は銚子市0.58、今治市0.57と同水準であるが、2015年人口は今治市16.6万人、銚子市6.7万人と、今治市は銚子市の2.47倍である。

第2に、2015年度市税は銚子市79.5億円で、今治市218.3億円で2.75倍と、人口比では今治市がやや水準は高い。しかも交付税は銚子市54.4億円で今治市220.5億円、銚子市の4.08倍で、今治市は合併などの特別合併交付税19.8億円であるが、銚子市は3.1億円しかない。

第3に、地方債収入は銚子市21.9億円であるが、今治市97.3億円で銚子市の4.44倍でかなり悪い。歳出の公債費は銚子市32.1億円、今治市116.5億円と銚子市の3.63倍と今治市の負担は重いが、合併特例事業の臨時支出であり、財源補填があるので負担は小さい。

　しかし、決定的な差は積立金で、銚子市は財政調整基金1.25億円、減債基金95.8万円、特定目的基金8.02億円の合計9.28億円しかなく、地方債残高298.2億円は基金の32.1倍である。

　今治市基金312.1億円、うち財政調整基金137.4億円、地方債残高889.8億円で、基金の2.85倍に過ぎない。銚子市のスットク会計はかなり劣化しており、経済衰退・人口減少が加速すると、財政危機の深刻化が憂慮される。

### 過酷な夕張市財政再建の実態

　もっとも両市とも財政指標はわるいが、この程度の財政状況で、破綻することはまずない。夕張市の破産の実態は、驚くべき数値であった。

　第1に、赤字返済額360億円という途方にない巨額で、市税収入9.4億円の38.3倍であった。連結実質収支比率も全国ワーストワンの364.5％（金額159.33億円）で、2位の赤平市69.3％（金額6.93億円）を大きく引き離している。

　第2に、財政再建計画の凄まじさで、2006年度歳出額568億円が、2007年度84億円と7分の1に激減している。2006年退職金（定年退職）2,000万円が、翌年には600万円の3分の1に減額されている。

　夕張市がどうして巨額赤字の財政破綻となったかは、第1に、産炭地の地域再生という重い施策を、押し付けられたからである。新規の開発プロジェクトならともかく、経済衰退地区での再生事業は、国家プロジェクトでも困難である。

　第2に、地域再生策として、夕張メロンなどの農業振興が選択肢としてあったが、観光開発といった、当時のリゾート開発というハード施策を選択してしまった。観光開発といっても、遊園地の類で人口集積地でなければ経営は無理であった。むしろ第1次産業の第6次産業化といった、地道な地域再生策がベターな選択であった。

第 3 に、財政危機が確実となってからも、給与引上げ・開発投資継続といった、財政膨張策を採用した。自治体として財政運営のガバナンスを完全に喪失していた。観光開発という第 3 セクターの経営失敗もさることながら、一時借入金で赤字を粉飾する悪質な行為であった。しかも市民への情報開示もなく、議会・職員も市長の暴走を阻止できなかった。

　第 4 に、財政破綻の処理も、夕張市には苛酷なものであった。ことに破産状況の夕張市に、巨額の一時借入金を貸し込んだ、金融機関の責任は棚上げされ、債務減額処理がなされていない。

　第 3 セクターの破産処理でも、債権放棄はなされており、自治体への貸付金には減額処理がなされるべきで、今後、金融機関が借入金を安易に融資し、財政破綻の要因をつくりだすことを抑制すべきである。[11]

　第 5 に、夕張市の現状は、10 年をかけて財政再建は着々とすすんでいる。政府は 2017 年の財政再建計画の変更に同意して、今後 10 年で総額 113 億円の地域再生事業がみとめられた。11.9 億円の特別税交付税を支給する方針で、うち 8.7 億円が地域再生事業補助に充当される。

　今後、10 年で認定こども園整備や豊富な炭層メタンガスを活用した新エネルギー開発など 46 項目事業が認められた。政府は夕張市をかっては放漫財政の反面教師として利用したが、今度は地域再生のモデルケースにしたい考えである。

　しかし、夕張市の前途はきびしい。2016 年 8 月、市は JR 北海道が地域振興に協力する条件に、石勝線夕張支線の廃止を提案し、鈴木直道市長は「攻めの廃線」だとして賛成している。しかし、「都市の選択」として、「駅がない地域は魅力も利便性も低い。『攻める』ならば廃止でなく、夕張支線をさらに利用しやすくするべきだ」[12]といわれている。

　鉄道は地域社会の生命線で、可能なかぎり存続への努力をすべきである。実際、徳島県海陽町と高知県東洋町を結ぶ阿佐東線 (8.5km) で、線路・道路も走れる「デュアル・モード・ビークル」（DMV）が、第 3 セクター「阿佐海岸鉄道」で実施へ動きだしており、開発元の JR 北海道への発注準備をすすめている。

　「阿佐海岸鉄道」は「地域の足を守り、豊かにしていこうと道なき道を走る思

いを持った人に来てほしい」[13]と望みを託している。ＤＭＶ自体が観光資源であり、地域コミュニティバスとなれるので、地域再生への救世主となれる。

　夕張市長は「負の連鎖」を断ち切るため、「企業版ふるさと納税」に期待し、さきにみたように家具大手の「ニトリ」から5億円の寄付が予定されている。コンパクトシティの整備費である[14]。

　夕張市の事例とともに参考とすべきは、北海道奥尻町の災害復興事業の状況である。東日本大震災も類似の様相を深めつつあり、数十倍規模の歪みで、施策の誤謬の選択が露呈するおそれがある。

　災害復興事業といえば、復興事業の財源負担が想定されるが、奥尻町・東日本大震災では、財源より人口減少による地域の衰退である。

　奥尻町は1993年7月12日に地震に見舞われ、死者198名、被害総額664億円に達した。しかし、義援金190億円をもとに、住宅再建に最大1,250万円、商店再建に4,500万円を補助した。また復興期間5年間で国・道・町あわせて760億円で復興事業が施行された。当時の町一般会計の17年分である。

　ただ事業はハード中心で、地域産業の復興には失敗し、人口も震災前4,700人が3,000人以下に減少し、地場産業の観光・漁業の衰退になやまされている。近年やっと水産物のブランド化を図って、通信販売に成功している。観光客のピークの5.3万人から6割程度に減少しており、回復が急務となっている[15]。

　財政運営として、町当局は「義捐金の一部を将来のため残しておくべきだった」[16]と後悔しているが、当時は「目の前の人口減を止めるための施策で精いっぱいだった」[17]であろう。

注
(1) 住民投票については、高寄昇三『住民投票と市民参加』（勁草書房 1980年）、高寄昇三『市民自治と直接民主制』（公人の友社 1996年）参照。
(2) 原発と自治体・原発と地方財政との関係については、高寄昇三『原発再稼動と自治体の選択』（公人の友社 2014年）参照。
(3) この補助は2016年度から原発立地自治体に限定して支給されてきた。廃炉が決まっ

た自治体や立地自治体が原発への依存度を減らせるよう、再生エネルギー関連事業を支援するための措置である。16年度予算45億円、実績3.6億円で立地12自治体が対象となった。17年度から原発から半径30kmの自治体も対象になった。17年度は周辺自治体分だけで16自治体約6億円が支払われる見込みである。この措置の効果は、原発再稼動への態度を保留してきた自治体が、補助金交付の3日後に容認へと変更するなど効果はてきめんで、政府の思惑は的中した。しかし、周辺自治体でも補助を申請せず原発反対の姿勢を崩していないところもある。また廃炉になった福井県美浜町は、「電源立地対策交付金」が15年度16億円が8億円程度減収となった。その他交付金で補填したが6.3億円で補填できていない。美浜町長は「観光振興や企業誘致など、廃炉で構造不況を生まないような財政支援」を要望してきたが、再生エネルギーでは効果が小さいと不満を表明している。2017年10月13日朝日新聞。立地促進交付金・廃炉補填交付金のいずれであれ、政府は国の都合だけで使途を限定しているが、地域の実情をふまえれば、寄付金は半額でも「渡しきり交付金」の方が実効性は大きいはずである。いずれにせよ原発立地促進のため、再生エネルギー促進というのは、どう考えても辻褄があわないが、中央官僚はさらに高次の政治的思惑を潜ませているのであろうか。2017.10.13朝日新聞参照。

(4) 2017.8.14朝日参照。

(5) 立地大学と地元自治体の財政支援の状況をみると、立命館アジア太平洋大学では、市有地42haの無償譲渡、大分県150億円・別府市42億円を負担し総事業費の3分の2負担である。学生・教員6,000人超で、市内経済効果年約211億円となっている。なお文科省調査では2008年度から10年間で自治体が開設時に補助した事例は27件に達する。総額約207億円で、10億円以上は5件である。2015年の国際医療福祉大学医学部（千葉県成田市）は、県35億円・成田市45億円、成田市が土地22.8億円を取得し無償譲渡している。2016年開設の東北医科歯科大学医科部（仙台市）には宮城県が30億円補助、2015年開学の鳥取看護大学（鳥取県倉吉市）は県・市などが約16億円を支出している。2017.9.13朝日新聞参照。

(6) 順正学園は岡山県高梁市に吉備国際大学を設置で約60億円、系列の九州保健福祉大学では立地自治体の延岡市から約90億円の支援をうけており、大学設置の常套手段であった。

(7) 中央省庁の地方移転は、従来から要望されていたが、文化庁の京都への全面移転がやっと決まり、京都府警本部本館に「遅くとも2019年度中」となった。ただ府警本部本館は1927年完成で、回収・増築工事に数十億円が必要となるが、事業費の負担割合は今後の協議となれている。職員は定員外職員をふくめ約360人の7割250人が京都に移る。17.7.25朝日新聞参照。

Ⅲ　原発・大学誘致の検証

（8）正確な経済効果は算出できないが、推計すると大学設置の経済効果は、2014 年 5 月、開学 10 周年で、卒業生 2,477 人、年間 248 人となる。新規学部の看護学部 1 期生 97 人を含めて 345 名となる。薬学部・看護学部は 6 年制であるが、全体平均 5 年として 345 × 5 ＝ 1,725 人となる。教員・職員数 200 人弱として約 1,900 人程度と推計される。全員市域内として、学生 1,725 人の生活費・下宿代年間 250 万円として 43.1 億円、教員・職員 175 人の生活・住居費支出 500 万円として 8.8 億円、大学運営費 10 億円として、合計 61.9 億円の消費支出となる。もっとも学生の定員割・市域外居住者・市域外消費を、半分とすると 31.0 億円となる。消費支出の乗数効果 1.5 として 46.5 〜 92.9 億円となる。なお雇用効果 200 人、学生もふくめて人口増加 1,900 人となるが、下宿管理の人員など関連事業の雇用の乗数効果も見込めるが、定員減・市域外居住などの補正で、半分とすると人口増加 950 人となる。財政効果は、市税還元率 4％と算定すると、平均値 70.2 億円× 0.04=2.8 億円、交付税調整で実質的 4 分の 1 の 7,000 万円と激減する。財政効果だけみれば、「ふるさと納税」2015 年度収支 1.17 億円で交付税の調整もなく、はるかに大きい。なお千葉県内の最高は、大多喜町の 18.54 億円である。

（9）「人口減に直面する銚子市の苦境」『週刊東洋経済』（2014．2．22）64 〜 65 頁参照

（10）2017.9.7 朝日新聞参照。

（11）夕張市財政再建については、高寄昇三『地方財政健全化法で財政破綻は阻止できるか』（公人の友社 2008 年）15 頁参照。

（12）2016.9.10 朝日新聞。

（13）2017.9.1 朝日。

（14）2017.8.30 朝日新聞参照。

（15）2017.12.12 〜 16 朝日新聞参照。

（16）（17）2013.7.27 朝日新聞。

# IV

# 地域再生への処方箋

## 1　地域再生成功の教訓

　地域再生策に普遍的妙案とか、万能薬的対応策があるはずがなく、まず地域再生の成功事例から学ぶのが無難である。再生策を活かすのも、無駄にするのも、所詮、自治体の発想・対応がカギをにぎっている。

　補助事業に執着していれば、実態を打開する異質の発想とか、卓抜した戦略はうまれない。なぜなら成功事例には、行政とは無縁の人間の絆があり、旺盛なエネルギーが、牽引力となっているからである。

### 地域再生のプロモーター

　要するに地域再生の施策には、実施の拘束も期限もなく、地域経営資源を融合させ、地域社会の団体を連携させる特性がある。ただ地域をまとめ、再生事業をたちあげる、プランナー・オルガナイザー・プロデューサーが必要なだけである。

　明治期、東京の渋沢栄一・大阪の五代友厚などであり、また神戸の村野山人などは、全国鉄道の創業に関与している。地域再生でもおなじで、島根県海士町が注目をあつめているのは、官民の仕掛け人・有限会社「エコカレッジ」社長尾野寛明さん（35）がおり、ビジョンを実現させたからである。[1]

　しかし、このようなプロモーターが、常にいるわけではない。どう見いだすかである。自治体内部では、民間人と比較すると、首長・職員といっても人的ネットワークは、補助がらみの利権集団に限定され、行動力も企画力も見劣りする。筋書きのない地域再生には、官僚は不向きである。

　もっとも突然変異でユニークな職員もいるので、首長・上司が、その才能を開花させる柔軟性をもっているかが、当該地域社会の将来を決定するといっても過言ではない。しかし、多くは官僚制の壁に阻まれ、才能が埋もれたままになるケースがほとんどである。

自治体は、まず他自治体の事業例の情報を集め、地域再生の戦略プロジェクトを練りあげていく、準備がいる。首長は世間体とか選挙目当てで、安易にプロジェクトに手を染めるが、一方、減点主義の公務員は、自己抑制で冒険はしない。しかも自治体自身の政策センスが、鈍感であればどうにもならない。

**地域資源活用の戦略**

自治体の原点に回帰した地域再生の事例は、行政の枠組みを離脱し、新鮮な印象をうけるはずで、成功のスタイルはさまざまであるが、自治体自身が鋭敏な感覚で、事例から発想・戦略・手法を、自分自身のものとしていけるかである。

第1に、岡山県真庭市は「木質バイオマス発電」を、地元製材業者がはじめたが、材料費は無料で、電気代1億円が節約でき、売電収入5,000万円の収入がえられ、従来年間4万トンの産業廃棄物処理費2億4,000万円が節約でき、約3億9,000万円のメリットがある。建設費10億円は3年で十分に償却できる。

真庭市は、この自然エネルギー事業を拡大していったが、人口増加には複合的事業展開が不可欠であった。それでも再生エネルギー事業は、過疎地をふくめて一般プロジェクトとして有効であり、公害・騒音などの問題があるが、実効性のある戦略的プロジェクトとして、もっと活用されてよいのではないか。

第2に、北海道ニセコ町は、観光施策の成功で人口減少を食い止め、人口増加に転じた、地域再生の模範生として、全国の注目をあつめている。パウダースノーという天与の良質の雪にめぐまれ、世界の冠たるスキー場と競っている。

しかし、観光産業の成功は、町と住民の協働による長期の努力があった。1990年代、バブル崩壊後、改革派町長が、当時では珍しい財政情報を全世帯に配布し、首長と住民の「まちづくり懇談会」を繰り返し開催した。

1994年、国道と観光地区とを結ぶニセコ大橋が開通した。商工会議所青年部・沿線住民が沿線の景観保全のため、「建築協定・ガイドライン」を関係者と結び、形成されたのが「綺羅街道」である。2001年、全国初の自治基本条例「ニセコ町まちづくり基本条例」を制定した。

このようにして観光への素地ができたので、2003年に町50％・住民50％と

の出資比率の株式会社ニセコリゾート観光協会が設立された。事務局長は公募で、観光事業に経験のある人物が、外部から採用された。

以後は積極的観光客誘致戦略で、観光事業を軌道にのせていった。日本全国だけでなく、世界各国からスキー客が、滞在するまでに成長した。またニセコ町の観光事業のアキレス腱である夏季観光も観光メニューを創出し、夏季入込客は、冬季を上回るまでになった。

ニセコ町として、観光と農業を二本柱としてきたが、農業凋落はいちじるしく、カンフル注射として、農業就業者には150万円の支援金を支給して定着化を図っていき、数十人の定着をみている。

ニセコ町の総合戦略は、結実し成長軌道に乗った感がある。「ニセコ町にはマジックはない。一見関係が薄そうな、世界に冠たるスキーリゾートと住民自治権の推進は、見えないところでつながっている」[2]のである。要するにパウダースノーという天然資源があっても、観光要素にするには、まちぐるみの観光への対応が、観光資源を地域産業として育成させていったといえる。

**知的産業育成と成果**

第3に、福井県鯖江市は、周知のように国産眼鏡フレームの9割を、生産する特産地である。しかし、グローバル化による中国製品の攻勢によって、生産額・従業員ともピーク時の半分ちかく激減した。

この苦境脱皮のため、企業は技術開発・販売革新・高付加価値化・ブランド化などの努力によって、特産地の地位を維持している。一方、行政も傍観していたのではない。ふくい次世技術産業育成事業補助金・ふくい産業支援センターなどで、技術革新をすすめていった。

グローバル化の波のもとでの特産産業は、「個々の企業が独自にイノベーションを起こし、自らの比較優位を創造し、維持する工夫をせねばならない」[3]といわれている。

福井・鯖江市より衝撃的な事例は、山形県鶴岡市のバイオベンチャー企業の「Spiber（スパイバー）」である。若い起業者関山和秀さんが、蜘蛛のDNAを微

生物に組み込んで、生まれた「夢の糸」で強さは鋼鉄の4倍、ナイロンよりずっと柔軟性があり、耐熱性は約300度という優れもので、企業も成長過程にある。

このベンチャー企業誕生の素地には、山形大学農学部・鶴岡工業高等専門学校などがあり、鶴岡市も将来をバイオサイエンスとして、大学誘致をめざし、広大な土地を市が提供し、慶応義塾大学生命科学研究所の誘致に成功した。

鶴岡市としては、将来これらバイオ研究を核として、バイオ産業のクラスターへと成熟させていくことが目標となった。

おなじケースが、東日本大震災で被害をうけた、宮城県山元町のIT企業のイチゴ栽培である。要するに温度・湿度・日照・施肥などを、ITで管理・生育させ、1粒1,000円のイチゴの生産・販売に成功した。

全国には特定産業で、地域社会をささえているケースは多くみられる。今治市のタオルもそうであるが、いずれもグローバル化の波におそわれ、苦戦をしいられていたが、ブランド化・品質改良で生き残りに成功している。

これら産業は地域イメージのアップへの貢献度も大きいので、事業者が誇りをもってはたらける環境整備を、自治体は配慮しなければならない。

**戦略的再生策の導入**

第4に、徳島県神山町は、IT企業進出であまりも有名である。神山町にIT企業が集積したのは、徳島県の全国随一というIT環境で、光ファイバー網・地上デジタル放送などの先行的投資で、安価な利用料である。

さらに90年代から活動してきた、NPO法人グリーンバレーの大南信也理事長のコーディネイターとしての役割である。地域外からの人材の受け入れで、職業訓練塾「神山塾」もその1つであり、空き家の斡旋など多彩な活躍で地域再生の潤滑的機能をはたしてきた。今後は「創造的過疎」への挑戦をめざしている。

しかし、地域再生の人口増加という面では、効果は限定的で、事業展開の多様化・塾生への起業化などの支援といった、第2ステージの転換期を迎えているのではないか。

第5に、長野県佐久市は、医療・空家バンクをセットにした、地域への移住

という戦略である。佐久市は、市内の賃貸・売却希望住宅の情報を集めた「空き家バンク」を2008年にスタートさせたが、成約件数は全国トップである。

さらにもう1つの誘因が、医療サービスの佐久総合病院である。地域健康体制も充実しており、高齢化の1人当り医療費は全国平均より2割低い。移住について、雇用・医療・教育が重要な要因であるが、雇用を今後どうするか気がかりな点である[7]。

福島県磐梯町は、英語教育と住宅斡旋という奇妙なセットで地域おこしをはじめて、会津若松市にちかいという利点があるが、人口推移をみても成功している[8]。

第6に、沖縄県恩納村は、リゾートと第1次産業が連携して人口増加に成功している。しかし、当初はリゾートホテルと漁業が対立していたが、1986年に「海面利用調整協議会」が設置され、「リゾートホテルによる漁業振興基金の拠出や、地産地消、伝統的な海面利用ルールの尊重などが確認され」[9]以後、観光開発も軌道にのっていった。

長野県小布施町は、観光地として魅力的地域ブランドを発揮し、年間120万人の観光客が訪れている。当初、浮世絵の葛飾北斎が晩年に滞在したので、その作品の散逸防止・保存展示のため美術館が建設された。

さらにまちづくり協定がむすばれ、「北斎館」の周辺にあわせて和風建築の町並みが整備されていった。このような施策によって、観光地としてのブランドが形成されていったが、「そのヒントとは、ヨコ並びでない地域を人々の知恵でつくり出そうという熱意と努力」[10]によってもたらされたといわれている。

### 限界集落の地域おこし

第7に、鳥取県智頭町の「ゼロ分のイチ村おこし運動」で、岡田憲夫らの『地域からの挑戦』（岩波新書2000年）に詳しく紹介されている。林業が主産業であり、急激な人口減少に見舞われたが、1996年に住民組織と行政職員が約2年間の議論を集約して「日本ゼロ分のイチ村おこし運動」の企画書を作成し、地域づくり方針とした。

「智頭町内に各集落がそれぞれ持つ特色を一つだけ掘り起こし、外の社会に開

くことによって、村の誇り（宝）づくりを行う運動である」[11]と宣言している。

具体的な地域再生事業でなく、地域再生への「国の地域づくりにとって、記念碑的文書」[12]と高く評価されている。

したがって人口・生産額増加をめざした戦略的要素より、ボトムアップ型の地域づくりへのシステム形成を提示したところに意義がある。

憂慮されるのは、平成大合併にも非合併を選択したが、小規模町村が地域主導の再生運動によっても、人口動態については苦境にあることである。

対応策としてさきの成功事例以外にも、社会・地域問題を解決していきながら、事業化し持続的経営を続けるソーシャル・ビジネスなどがある。

ソーシャル・ビジネスは、NPO法人が母体となった地域運動であり、コミュニティ・ビジネスとしても、全国に無数にある。地域再生と人口増加と連動させた事業として、広汎な魅力的分野であるが、問題は事業化・経営化・持続化へと事業を成長させる、マンパワーがどうしても必要である。

地域社会がどうみいだしていくかが課題であるが、再生エネルギー事業とおなじであり、資源・人材は存在するのではなかろうか[13]。

第8に、独自の発想で地域再生の成果を達成する知恵である。特筆すべきは、国土構造メカニズムとか地勢的環境の悪条件にもかかわらず、地域創生に成功している実例が少なくない事実である。たとえば岩手県北上市は高速道路の沿線にあるが、大都市圏ではないが、市長の経営センスによって、工業団地（127ha）の企業誘致に成功している。

また新潟県十日町市の「限界集落」では、総務省の地域おこし協力隊員が集落に定住し、6世帯13人だった人口を、11世帯24人に増加させている。これらは国の制度を活用しつつ、人の知恵と努力で地域再生を達成しており、地域再生のセオリーとは異例といえる[14]。

問題は地域再生に方程式とか正攻法といった、オーソドックスな方式は存在しないが、自治体が情報・システムを共有するNPO法人とか、自治体連携システムをつくり、ベンチャー事業への支援ルールを作り、実践していく、地域経営風土を普及させることである。

## 2　地域循環経済と内発的開発

　地域再生への成功事例を学んだとしても、人口増加・地域再生をどう実現していくかは、地域・自治体の発想・知恵・決断・努力の如何にかかっている。地域再生の秘策がどこにあるか、さきの成功事例でみたように、偶然的要素が多いが、地域の危機感がうみだした必然的結果でもある。

　地域・自治体にとって、劣勢を挽回する再生策が、どこにあり、どうしたら見いだせるか、方程式も処方箋もない。それは地域特性があり、その特性を活かす人々の問題であるからである。まず常識的な地域再生のオーソドックスな手法をすすめながら、その過程でみいだすしかない。

### 「地域循環経済」の形成

　第1の課題は、「地域循環経済」の形成である。自治体の発想として、まず自己の地域再生策があり、そのための財政支援を導入する戦略がのぞましい。その経営理念として、「地域循環経済社会」の形成・実践である。

　地産地消も「地域循環経済」の方策であり、地域産業の第6次産業化もすべて「地域循環経済」の実践である。また経済戦略としても、さきにみた再生・自然エネルギー活用は、「地域循環経済」の実践事例である。

　「地域循環経済の形成」にしても、地域社会は、多くの思想転換が必要であり、事業実施にあっても、実施戦略を支える地域精神、経営センスが乏しければ成功するはずはない。

　第1に、地域精神の「地域循環経済」化である。地域社会は、これまで人材・資金・資源のすべてを、都市に吸収されたとの被害者意識をもっていたが、このメカニズムを逆転させる発想・努力は欠落していった。

　また地域財政は貧困であり、よりおおくの政府支援がなければ、地域再生は

不可能といった、敗北的思考にとりつかれていった。発想さえ豊かであれば、人材・財源はいつでも、どこからでも調達できる。

　もっともコストがいらず、手元にあるのが当該自治体の職員で、かっては地域再生にあって、職員の独創的発想と強靭な実行力が、大きな成果をもたらす事例は、柳川市の疏水再生でみられた。

　当時、市の係長であった広松伝吉は、下水道計画に反対し、住民を巻き込んで疏水の浄化・再生運動をおこし、最終的には観光資源として復活させている。[15]

　最近の徳島県阿南市の事例では、外部の補助とか民間コンサルタントに依存しなくとも、地域マンパワーの発想が豊かであれば、外部環境は悪い条件でも、アイデアと市民協力で成功している。[16]

　第2に、地域再生へのアイデアが、自然発生的にうまれるものでない。問題意識、そして危機意識の形成である。問題・危機意識がなければ、経営資源も見逃してしまう。上勝町で葉っぱが経営資源とみなされたのは、自然資源の見直しがあったからではないか。

　ただ地域の経営資源といっても、無限にあり選別・選択するのは容易でない。発想のベースは、地域循環経済である。内発性・自立性；多様性・選択性；総合性・融合性の要素があるが、既存の概念の拘束されないことである。

　地域は独自の歴史・文化・自然があり、住民の精神をささえてきたが、地域衰退の危機にあって、まずこれらの資源を戦略化して、地域おこしを実施しなければならない。長野県阿智村は、2008年に環境省が実施した全国星空継続観察にあって、"星が最も輝いて見える場所"第1位に選ばれた。

　もともとスキー場のケーブルがあり、スキー客相手の旅館もあったが、オフシーズンの利用は閑散としていた。しかし、星空日本一でフルシーズン型の観光地となった。

　近年では数十万人の観光客がみられる。誰が仕掛け人かわからないが、観光資源は天空の星であるので、コストはゼロであり、施設も既存施設を利用するのでゼロである。

　第3に、地域経営資源の再生である。第1次産業の特産品など、地元経済資

源の活用・高付加価値化で、農産物など地域産業の6次産業化である。既存資源・施設もそのままでは、所得効果も小さいので、ブランド化などで高付加価値化が必要である。

地域社会が保有する経営資源は、自然資源をふくめれば、さまざまであり、再生エネルギーでは渓流・風力も資源となり、観光では棚田・朝市などの風物も資源となる。

第4に、人材活用にあっても、まず地域マンパワー優先である。それはコストがかからないだけでなく、地域社会を持続的にささえるマンパワーであり、そして「地域循環社会」形成の牽引力・結合力となりうるからである。

また首長が魅力あるプロジェクトを提案し、外部へ発信していけば、外部マンパワーも自然と吸引することができる。しかし、職員はなんといっても、最大の人的資源である。

首長は面倒な職員の意識改革・能力開発よりも、即戦力の外部人材の導入に走りやすい[17]。この衝動をおさえて、基本的には職員の能力を如何に涵養し、政策マンとして育成していくかである。

人材も6次産業化をすべきとの動きもみられるが。より切迫した課題は、意識改革である。地方公務員は、職制・職務にこだわらず、地域問題をみすえて、その能力を発揮し、地域に貢献する責務がある。与えられた管理行政に安住されては、市民は浮かばれないであろう。

### 内発的地域振興の効用

第2の課題が、経営戦略としては、内発的地域振興である。「ふるさと納税」で予想外の余裕財源が入れば別であるが、低成長下ではリスクの小さい内発的開発が無難である。

もっとも内発的開発は、施策の波及効果が小さく、地域全体としての生活維持機能に限界があり、大分県姫島村の車エビ、徳島県上勝町の葉っぱの事業をみても、事業は成功したが、地域全体の人口流出がつづいている。

したがって政策的には特産品開発を起爆剤として、広汎な6次産業化を展開し、

さらに第2・第3の特産品開発という、たゆまぬ努力が求められる。

これは観光産業でもおなじで、10年に一度は、魅力的観光資源の追加が必要といわれている。最終的に持続的成長をめざすには、政策的に若者の居住者がふえなければ、地域は死滅してしまう。

内発的開発（表13参照）は、外部依存開発とことなり、システムとして大きな利点がある。第1に、外部依存開発は、即効効果があるが、成長都市の周辺地域しか採用できない。内発的開発は、即効性がないが、全国普遍の手法である。実施過程で人材育成・地域連携・地元資源など、持続的選択への可能性をたかめていく効果がある。

表13　内発的地域振興へのシステム

| 区　分 | 従来の地域開発 | 将来の地域振興 |
|---|---|---|
| 政策主導理念 | 公共・経済・投資主導 | 共生・生活・サービス主導 |
| 政策目標 | 均衡ある国土・地域格差の是正 | 生活・環境・地域特性の重視 |
| 政策戦略 | 拠点開発構想・「選択と集中」 | 地域エネルギー結集・公共施策遵守 |
| 政策実施システム | 財源誘導による行政システム | 地域参加・連携による地域複合形態形成 |

第2に、内発的開発の多くは、生活サービス関連で自己資源活用型であり、複合・連携型開発となり、地域再生策に適合する方式である。道の駅などは、地域再生の拠点のみでなく、生活サービスのコンパクトシティの農村版として活用余地は大きい。

個別事業の効果は小さくとも、経営化・複合化をすることで、効果は増幅される。Ｕターンの若者が、介護補助サービスと市場生活サービスを融合化すれば、収支の目途はたてられる。

もっとも現実は、そんな生やさしくはないが、地域ぐるみで支え、外部支援のルートを開拓するなどの対応策を実施できれば不可能ではない。

第3に、既存制度・システムにとらわれない、連携型対応が可能である。補助事業ではシステムも固定されているが、自主事業であれば拘束はない。資金調達でも、近年、地域金融機関も、単なる地方債の購入、地域への融資だけで

なく、融資をつうじて地域振興を牽引する、企画力・支援力が求められる。

消去法で手段がなくなったといっても、学生出資のNPO法人とか、インターネットの募金など、さまざまの手法が活用でき、外部資金の動向で地域おこし事業への市民の期待度が確かめられる。

**実施システムの形成と実践**

第3の課題は、実施システム（表14参照）の形成である。経営資源を発見し、選択したとして、どう実施するかである。実施戦略の問題である。

表14　地域再生施策の要素・システム

| 意　識 | 経営資源 | 組　織 | 資　金 | 連　携 | 検　証 |
|---|---|---|---|---|---|
| 地域循環経済 | 人材・情報 | 公共セクター | 地方税・交付税 | 組織連携 | 成果分析 |
| 内発的開発 | 経済・自然資源 | 地域セクター | 補助・交付金 | 資金連携 | 改善立案 |
| 地域連携貢献 | ネットワーク | 官民セクター | 官民資金・寄付金 | 技能連携 | 事業再編 |

第1に、地域再生の実施システムは、公共セクターのみでも、第3セクターでも困難で、官民連携方式がひろがっているが、まず財政支援誘導型が主流で、事業創設型・地域プロモーター型が試行錯誤の段階といえる。

ただ補助事業の運営システムをみると、依然として机上演習的作業を偏重していることで、自治体にあたえる影響が無視できない[18]。補助事業が地方行政には浸透しているので、ほとんどの事業が補助システムを遵守して施行されるので、自由な発想が培養されない状況にある。

第2に、事業主体としては、公共・民間・官民セクターが考えられる。組織の連携で、実施システムは多種多様である。地域団体・NPO法人・地域自治会・区長会などさまざまの組織をどうまとめられるかである。

第3に、事業実施の担い手としては、首長・職員、地域企業・住民、外部企業・人材が考えられる。首長が施策の主導権を実際は掌握しており、原発・大学・テーマパーク・ふるさと納税であっても、積極的な動きがあれば、それなりに活路がある。

しかし、首長が平均的常識的行政しかしないのであれば、公務員として逆に失敗を覚悟で地域再生策を提案し、市長を洗脳し実施するかである。
　問題は自治体がもつ情報源・量は、限られており、民間団体・市民の提案をどう受け入れるかである。自治体自身が情報公開をして、積極的に受信するアンテナ網を配置するのも必要であるが、インフォーマルな情報をどう収集するかである。
　第4に、経営資金である。今日では大規模な開発プロジェクトでなければ、資金調達はさほど困難ではない。政府資金もあり、地元金融機関も低金利で運用に困っている。自治体の債務保証があれば問題はない。
　小規模な事業では、インターネットで募金は可能であり、地域貢献意識のある、市民資金は、将来的には地域活性化への大きなマンパワーとなる。
　第5に、地域再生事業が、持続性をもって発展するには、公私セクターに関係なく、特定財源として自治体補助とか、民間の出資金とかに依存することになる。事業収支に関係なく、事業経営分析が必要となる。
　補助事業の欠陥は、事後検証が不十分なことである。近年、さきにみたように検証・評価がシステム化されているが、補助対象事業の事業継続性までは、検証されていない。受け入れ団体には公益・NPO法人も多く、気まぐれな単発補助に止まらず、持続的発展への行政配慮が不可欠である。
　また自治体自身の失敗のプロジェクトを、隠蔽する官僚体質も淘汰されていない。結局、市民・マスコミの事実追求が、もっとも効果的であるが、自己検証によらなければ、失政のつけはますます肥大化することを、自治体がどれだけ認識するかである。

## 3 「ふるさと創生交付金」の復権

　地方創生補助は、雑多な補助の組み合わせで、政策目的も曖昧であった。しかも「ふるさと納税」のような異端児の出現は、政府施策の乱れを増幅させていった。しかし、政府官僚サイドから、卓抜した再編策が考案されたるわけでなく、旧態依然たる官僚意識で、補助・交付金を審査し付与すればよいだけである。
　一方、自治体職員は、中央官僚の意向に沿って、事業事業をまとめあげ、成果を誇示しなければならない。中央官僚より地方職員のほうが、はるかに困難な対応を迫られる。
　補助事業の消化だけで精根尽き果て、本来の自主事業をこなす意欲は枯渇している。このような政府財政支援の改革は、どうしても断行しなければ、地域再生が達成されるのぞみはない。

**再生補助と地域主義**
　補助金をめぐる中央省庁・自治体との関係をみると、政府財政支援との関係で、認可官庁と自治体は、上下関係にあり、自治体の事情が必ずしも、理解してもらえるとはかぎらないので、中央官僚の理屈に迎合しなければならない。
　しかし、同時に自治体の補助金受入の姿勢とか、政策意識の貧困とか、実施能力の不足とかの欠点もみられ、政府・自治体の相乗効果がマイナスに作用し、補助事業の成果は大きく目減りしてしまっている。
　第1の課題は、補助事業と自治体の自主性・独自性である。補助事業が乱立し交錯し、ハードからソフトへ変質し、自治体の補助消化能力の限界がみえ、補助金行政も制度疲労が顕在化してきた。しかも自治体は個別補助方式の弊害を、総合調整する機能は貧弱で、全体の行政すら麻痺症状が深刻化していった。
　第1に、自治体は、独創的な地域再生策がなければ、政府財政支援をうけて、

有効な施策への布石とはならない。補助事業を無難に完了できても、その成果をどう実施に結びつけるかは、次元のことなる課題として残されている。

たとえば観光実態調査・連携システムの補助をうけて、実態解明・実施戦略ができても、行政の知恵をはたらかせて、有効な実践ができなければ、補助事業は全くの無駄となる。

要するに政府の財政支援をうけるにしても、自立的地域再生という視点が欠落していれば、補助事業も補助金導入のための、知的遊戯の自己満足となりかねない。また自治体の自主性がなければ、補助事業をこなすだけで満足し、ミイラ取りがミイラになり、実質的な効果に寄与しないケースは珍しくない。

イベント事業補助をみると、華やかに開催され、地域交流があったと宣伝されているが、そこでえた情報とか人的コネクションを、つぎの地域再生に活かせるかどうか、自治体職員の素質・意欲にかかっている。

第2に、近年、地方創生策にも新しい動きがみられ、自治体が主体性をもって、選択していけば、それなりの効果が期待できる。しかし、自治体が困惑するのは、政府財政支援システムが、あまりにも多く、選択に困ることである。

自治体をみると、各部局が個別に補助事業を実施するが、全体の地方創生策として、どう関連しどう活用するのか、調整・実施機能は弱い。その要因は、事業部門では補助行政をつうじて、中央省庁の縦割りが、そのまま地方に浸透しているためである。もっとも市町村はそうでないといえるが、補助行政システムは、原則として府県経由方式で、府県の縦割り方式が市町村へ波及している。

交通サービスにしても、部局はさまざまで、コミュニティバスに成功しても、JRのローカル線が廃止されては、どうにもならないが、自治体の総合調整機能はあまり強力でない。

**政府財政支援と自治体の知恵**

第3に、政府財政支援の変化がみられる。ハードよりソフトへのスライドはかなりすすんでいる。その意味では、対策におけるハードとソフトの比率を、逆転させるという決断が避けられない。

Ⅳ　地域再生への処方箋

　しかし、震災復興でも、北海道奥尻町にみられるように、防災工事は完璧になされたが、人口減少で小学校・漁港もさびれ、公共投資の無駄がひろがっている。復興事業に忙殺され、地域復興・再生というマクロ・長期の政策視点が欠落してしまったのは痛恨の極みとなった。

　ソフトの地域再生策でも、さまざまの施策がなされているが、官民連携システムなど不慣れで、実績はあがっていない。

　もともと補助金の枠組みのもとで、期間・対象・方式を固定され、官民連携といわれても、円滑に形成できないが、この補助事業の限界・欠陥を補完・治療する総合調整機能を果たすのが、自治体の使命である。

　地方創生策は、小規模な施策を、メリハリをきかせて注入することで、移住者支援・地域おこし奨励・ベンチャー企業融資などで、焦らず急がず、"地域の力"を培養する経営能力は、補助を受ける以上、当然、自治体が保有していなければならない。

　第4に、自治体の政府財政支援への姿勢である。補助金のメニューをみてきめるのでなく、地域の事業需要を決定して、補助金をさがせば必ずある。地域需要があり、つぎに補助をみつけるので、発想が逆になると自治体の再生策は歪められる。

　地方創生補助は氾濫しており、補助事業を申請した結果、当該自治体の事業をほとんど網羅した補助となっており、自主事業への財源は枯渇する状況がみられる。

　地方創生策に深入りしないことである。人口増加施策として地方創生事業を導入したいが、意識が先走ると、無理な補助事業を選択してしまう。

　補助事業というお墨付きをもらったので、何が何でも成功させなければならないという事態はさけなければならない。それならば拘束のない「ふるさと納税」に切り替えるのも選択肢の1つである。

　第5に、補助事業のアフターフォローである。自治体は補助事業が完了すれば、行政責務は免除されたとして、放置してしまうが、補助事業が成果を発揮できるがどうかは、補助事業後にどう処理するかである。

　たとえば地域連携補助が花盛りであるが、団体選別・発想転換・事業経営化

などの、複合・融合的経営センスが求められる。

　いずれにせよ補助事業は、補助事業として処理すればよいが、自治体としては自主事業をはじめ、すべての施策・事業は、地域振興をつうじて住民福祉へと、収斂するよう自治体が誘導・調整していかなければならない。

　第6に、地域施策にあっても、当然、補助事業だけの単発的効果よりも複合的効果が期待でき、有効性でまさる。道の駅で地元農産物を売却するとか、地元名産物製造で障害者を雇用するとか、さらにこれら事業に政府支援・外部資金を導入し、企業化・融合化するほど効果は大きい。

　しかし、補助方式では、このような融通無碍の組み合わせはできないが、自主事業で補完することで、補助事業も甦り本来の事業効果を、発揮することができるようになる。

　「ふるさと納税」は、拘束なき自主財源獲得を願っていた、自治体の要求が反映された補助といえる。しかし、現実は巨額の使途が特定されない自主財源が自治体に転がり込んできた。

　ひるがえって考えてみも人口1万人前後の町村に年間数十億円の寄付金が転がり込んできたのである。災害復興寄付でなく、有効な支出といっても経験もノウハウもない。「ふるさと創生交付金」1億円でも困ったが、数年たつと200億円にもなる。下手をすれば、放漫財政の引き金にもなりかねない。

　このような「ふるさと納税」の欠陥を淘汰していくには、制度枠組み内では不可能で、金額は同じであっても、政策意図がまったく異質の新「ふるさと地方創生交付金」への転換しかない。

### 「ふるさと創生交付金」の創設

　第2の課題が、「ふるさと創生交付金」の創設と補助金改革との関係である。自治体は補助金改革を、常に行動の目標としてきた。最近では三位一体改革に挑戦したが、失敗に帰した。政府・自治体とも切開手術が不可欠であるが、政府・自治体の本音は、国庫補助にぶら下がって、行政処理をするのが、一番、居心地がよいのであるまいか。

Ⅳ　地域再生への処方箋

　第1に、政府財政支援における補助金の経常収入化・交付税の補助金化がすすみ、自治体としても補助・交付金の消化に忙殺され、その手続きの煩雑さに悲鳴をあげている状況にある。

　さらに「ふるさと納税」という異物も混入し、政府財政支援は撹乱され、地方格差論も空洞化し、中央主導性の施策も混迷状況に陥っている。

　発想をかえて、中央省庁のセクショナリズムにとらわれない、政府財政支援を考案・実施するしかない。補助は各中央省庁がセクショナリズムで、比較的固定された、公共投資とか、義務教育・生活保護行政などに限定すべきで、自治体が自主事業でその空白を事業化をするとか、ソフトのサービス行政とかを負担するのが、ベターなシステムである。

　第2に、国庫支出金は、2015年度では、目的別決算では12.5兆円であるが、交付税も補助金化しており、ふるさと納税も実質的には隠れた交付金であり、補助裏の地方債補填措置などをくわえると、「ふるさと創生交付金」の財源は、容易に捻出できる。

　第3に、現状では補助事業の権威と魅力に惹かれて、自治体では補助事業を優先させるが、政府補助の補助裏で、自主財源すら枯渇し、地方自治体がもっともやりたい事業すらできない、不都合な非効果的な財政運営となっている。

　補助金行政の積弊は、自治体の末端にまで侵食している。この政府財政支援の乱立・増殖をみると、その旺盛な繁殖能力に驚嘆し、補助金淘汰は容易でないことがわかるが、その秘策がないことはない。

### 竹下「ふるさと創生」交付金の評価

　補助金・交付金の乱立を淘汰し、同時に政府財政支援改革を、断行する策は、極論であるが、竹下登首相の「ふるさと創生」方式しか選択肢はない。

　1988年から1989年の2年間、全国市町村（交付税不交付団体除外）に資金1億円を交付した。バブル経済のさなか竹下登首相が設定し、交付税措置であったので、使途は限定されなかった。

　各市町村に人口規模に関係なく、1億円を配付したが、事業対象は自由選択で

あり、使途はまったく拘束がなく、ある意味では究極の"バラマキ"であった。

　第4に、日本の国土構造ビジョンが、列島改造論・田園都市論・過疎対策論をへて到達したビジョンである。田園都市論は実効性がなく、テクノポリス・リゾート開発に主導権をゆずってしまったが、さすがの開発至上主義もすたれ、今日、地方創生事業が主流であるが、そのルーツは、「ふるさと創生事業」である。

　竹下登は、自民党幹事長時代に政策ビジョンとして、『私の「ふるさと創生論」素晴らしい国日本』（講談社 1987 年）を刊行しており、その後総理大臣に就任している。

　「素晴らしい国日本」には、高度成長施策への批判として、「産業構造における過剰依存」「需給構造における輸出への過剰依存」「文化における若者文化への過剰依存」「地域構造における東京圏への過剰依存」への対応策をまとめたのが「ふるさと創生策」であった。

　バブル経済によって交付税会計も、約 1 兆円の余裕財源が発生したので、うち 3,000 億円を流用し「ふるさと創生交付金」を創設した。つぎに「ふるさと創生事業」方式が、従来の地域振興方式とどう異なるかである。

　第 1 に、高度成長期の開発至上主義による公共投資が、地域開発として戦略機能を喪失したことを踏まえて、地域振興の新政府財政支援のシステムとして設定された。

　強引であり暴挙であったが、市町村一律 1 億円というばらまきを断行した。そこには自治体の自主性の尊重、ハードよりソフトへの転換、住民参加による施策選択といった、さまざまの願望がこめられていた。

　第 2 に、政治による強烈な官僚機構への挑戦であった。バラマキと批判されたが、中央省庁による補助・交付金も、ある意味では、壮大なバラマキであり、大きない相違はない。

　「ふるさと創生交付金」が、バラマキと揶揄されたのは、その使途・効果が住民にも容易にわかり、マスコミの分析が容易であったからある。この点、補助事業は形式的には数値を操作し、効果があがっているように粉飾しているだけで、実質的には「ふるさと創生交付金」とあまり相違はない。

Ⅳ　地域再生への処方箋

　むしろ合理的配分方式にすれば、「ふるさと創生交付金」は、補助金より大きな効果が、見込めるのではないか。
　第3に、棚ぼたの1億円は、市町村はどうつかったのか、地域活性化の観光事業に投入した市町村もあったが、箱物・モニュメント建設に浪費をしたので、無駄使いとして批判された。[19]使途に困った市町村では基金・金塊などで使用を見合わせた。
　第5に、ふるさと創生事業で、災害避難・観光振興・地域文化に貢献した事業もおおく、一概にばらまきとはいえない。[20]
　その後、制度の永続化として、地域づくり推進事業（1990〜1992年）、ふるさとづくり事業（1993〜2001年度）が行われた。財源措置としては、約5,000億円〜1兆円が交付税でなされた。しかし、特定交付金と交付税措置ではまったく異なるので、「ふるさと創生事業」方式とすべきである。

### 「ふるさと創生交付金」の特性

　第3の課題が、新「ふるさと創生交付金」の特性である、「渡しきりの交付金」に対する評価論争である。中央省庁からの猛烈な反対を覚悟しなければならない。
　どのような「ふるさと創生交付金」を創設するかである。一律1億円という方式は、臨時措置ではよいが、交付税・補助金の機能を、一部吸収して制度化するとなると、政策的に合理性のあるシステムでなければならない。
　第1に、このような国庫財源の一般財源化のアキレス腱は、自治体が最適の施策選択をするというのが絶対条件であるが、現行の「ふるさと創生交付金」の実態をみても、自治体が必ずしも適正な事業選択をする保証はない。
　「渡しきり交付金」を、政府は拒否反応を示すが、「ふるさと納税」は究極のバラマキ補助であり、しかも政府が懸命に擁護し、育成しようとする補助である。したがって政府が、新「ふるさと創生交付金」に反対する資格はない。しかも「ふるさと納税」より合理的な配分であり、市民監視も容易な自主財源である。
　第2に、中央省庁としても、政策の遂行という視点からみて、一般財源方式では、政策奨励効果がなく、補助金としてインセンティブが欠落しては、政府財政支

3 「ふるさと創生交付金」の復権

援の効果がなくなり、補助の意味をなさないという、伝統的に中央省庁の地方統制という権限欲は根強く、拒否反応が強い。

しかし、政府財政支援をつうじて、施策を遂行するという発想は、基本的に地方自治の理念に反する措置である。しかも一般財源方式であるが、交付金方式であれば施策費となり、実効性のある事業ができる。

第3に、地方配分における合理基準という点からみれば、地方税・交付税・譲与税・交付金・補助金となる。地方税は法律で課税基準まで決定されているので、配分基準の客観性・透明性がすぐれている。

もっとも交付税は、法律で配分基準の大枠はきめられているが、交付税の運用で補助化・特別財源化・地方債補填化がすすむと、補助金より政府の裁量権は大きくなり、特別交付税などは、当該自治体に配分方式・内容すら不明である。

交付金（譲与税類似）は、個別財源補填方式でも、配分基準は地方税と同様にかなり客観的といえる。しかし、電源立地対策交付金をみても、特定目的の交付金で実態は補助金より窮屈で、単一目的で地方ニーズを充足できないという欠陥がある。

第4に、補助金・交付税・交付金・地方債など、あらゆる財政支援システムが形成されているが、支援政策が錯綜し、しかも支援による費用効果分析はなされていない。多く補助金・交付金・交付税を、一括交付金に代替したが、メニュー化だけで、拘束性はさらに強化されていった。

この点、新「ふるさと創生交付金」は、各政府財政支援の欠点を一挙に駆逐し、地方自治の原点に回帰し、自主財源の確保を図っていくことになる。ただ地方税方式では、財源の配分がかたよるが、交付税方式では、政府に預託するだけで、配分の主導権が中央省庁に握られる。そのため、簡単な「渡しきり交付金」として、市民監視のもとでの財源として運用するシステムがのぞましい。

### 新「ふるさと創生交付金」と人口・財政力補正

第4の課題は、どのような新「ふるさと創生交付金」を創設するかである。一律1億円という方式は、臨時措置ではよいが、交付税・補助金の機能を、一部吸

Ⅳ　地域再生への処方箋

収して制度化するとなると、政策的に合理性のあるシステムでなければならない。

　地方税・交付税・交付金・補助金の改革には、どこかで決断しなければならないが、完璧な配分制度がないので、地方団体は、少々の配分不公平は辛抱し、改革を断行すべきである。しかし、三位一体改革のように、政府の老獪な戦術に誤魔化され、改悪とならないよう、慎重さが必要で、前車の轍を踏まないことである。

　本来、地方交付税も、基準財政収入額の4分の1は、自治体の自由財源として留保しているが、実際は補助裏財源などに流用され、財源不足が慢性化している。窮余の策としての「渡しきり交付金」の導入となる。

　第1に、「ふるさと創生事業」は、補助金の拘束はなく、自主的事業であり、バブル経済のさなか、従来のハード主流の方式でなく、ソフト優先の施策を主導していった。

　今日では経済成長はないが、政府財政支援は「ふるさと納税」で様相は一変し、バブルの様相を呈しているが、この症状を完治させるのは、発想の転換をもたらす、「ふるさと創生交付金」方式への組み換えしかないのではないか。

　「ふるさと納税」の地方団体間の寄付額のバラツキを調整し、妥当な額（表15参照）の「ふるさと創生交付金」に転換されるのが妙案である。

　第2に、地方の自主財源保障と中央の事業効果を確保する意図と、自治体の使途の裁量と財源配分の公平性確保との妥協として、交付金方式として、人口減少率・財政力・人口規模を補正係数として採用するのはやむを得ない。

　地方財政2014年度交付税・国庫補助金合計33.8兆円のうち、地方振興費約2兆円を配分するとして、市町村1兆円で人口増加団体・交付税不交付団体を減額すると、市町村で1人当り約1万円、1万人で1億円を単位費用とする。

　しかし、人口増減率と財政力指数を補正係数として適用するが、人口増減は重要ファクターであるので2倍として、財政力は逆数をかけるが、不交付団体にも付与されるべきで、100分の1×（2－財政力指数）とする[21]。

　第3に、交付金の配分状況（表15参照）は、「ふるさと納税」と対比すると、都城市は7.95億円と急落するが、全国的にみれば妥当な水準である。横浜市も11.07億円は、人口規模からみれば少ないが、人口増加・財政力からみて調整機

3 「ふるさと創生交付金」の復権

能で抑制されているが、全国的配分から辛抱すべきである。

神戸市は、人口規模は横浜市の半分以下であるが、人口・財政力補正で32.64億円と配分額は大きくなっている。上峰町は人口は小規模であり、人口補正はマイナス、財政力も相対的に高いので、4,000万円となっている。交付税と同様の算定方式で適正な水準といえる。

表15 「ふるさと創生交付金」配布状況

| 市町村名 | 人口 万人 | 増減率 % | 財政力 | 交付金 億円 | 市町村名 | 人口 万人 | 増減率 % | 財政力 | 交付金 億円 |
|---|---|---|---|---|---|---|---|---|---|
| 都城市 | 15.8 | -0.6 | 0.50 | 7.95 | 横浜市 | 372.4 | 0.2 | 0.97 | 11.07 |
| 焼津市 | 14.2 | -0.7 | 0.89 | 1.57 | 名古屋市 | 226.9 | 0.4 | 0.99 | 2.26 |
| 天童市 | 6.2 | -0.0 | 0.64 | 2.23 | 世田谷区 | 88.3 | 3.0 | 0.72 | 24.0 |
| 大崎市 | 1.3 | -6.9 | 0.31 | 0.95 | 東京都港区 | 24.9 | 1.4 | 1.17 | 0.15 |
| 備前町 | 3.5 | -7.0 | 0.47 | 5.30 | 大阪市 | 268.9 | 0.4 | 0.92 | 21.3 |
| 平戸市 | 3.2 | -8.6 | 0.24 | 2.64 | 川崎市 | 146.0 | 1.0 | 1.00 | 1.10 |
| 佐世保市 | 25.5 | -2.2 | 0.51 | 12.77 | 神戸市 | 154.8 | -0.4 | 0.79 | 32.64 |
| 伊那市 | 6.8 | -4.8 | 0.48 | 3.71 | 京都市 | 142.0 | 0.0 | 0.79 | 29.82 |
| 浜田市 | 5.8 | -5.8 | 0.41 | 4.08 | 福岡市 | 150.1 | 1.0 | 0.88 | 17.82 |

「渡しきり交付金」のメリット

第5の課題は、新「ふるさと創生交付金」には反対もあるが、「渡しきり交付金」のメリットはきわめて大きい。このメリットは仮想の空論とみなされるか、実施されば現実に改革効果を発揮するかどうかは、自治体の如何にかかっている。

第1に、補助金の存在は、補助金行政も、次第にハードよりソフトへ、さらに中央主導より地方主導へとスライドしつつある。国庫補助金と地方財政ニーズとのギャップは、次第に大きくなりつつある。「渡しきり交付金」は、このギャップをうめる機能が期待できる。

第2に、自治体の最適選択ができる。補助金では自治体内部でも、議論の対象にもならないが、議会だけでなく、住民参加が容易である。住民への事業効果が容易に説明できる。

増田寛也は、「地方は自由に使える交付金を求めている。そういうものが必要だと思うが、自由に使うためには、結果について国民にきちんと説明していく責任を果たすことが必要だ。事前にどのような指標を用いて検証していくかを

明らかにする必要がある」(22)と問題点を指摘しいる。

この点、従来の補助金・交付金は、中央省庁と自治体の間だけで、検証されるが、市民への情報公開はない。「渡しきり交付金」では、交付金が独立した特定の交付金として交付されるので、「ふるさと創生交付金」と同様にマスコミの対象となり、市民に十分に内容・運用・効果について開示される。

第3に、地域社会のガバナンスを、向上される刺激剤となる。制度の趣旨からみて、自治体・市民が自ら考え、実践するシステムとなりうる。関係するマンパワーも地域社会のマンパワーがまず活用され、外部マンパワーはその後の利用となる。

地方創生交付金などは、当初から人材派遣として、民間コンサルタント・中央若手官吏などを、首長の独断で安易に受け入れているが、疑問である(23)。

派遣された者にとっては、良い経験となるが、地域再生事業のような分野では、経営・政策センスと現場経験・説得能力が必要であり、短期赴任では成果はあげられないであろう。

第4に、市町村長・議員の選挙などの判定基準を提供する。自治体の情報公開・住民投票が、不十分である現状では、「渡しきり交付金」の施策は、具体的評価材料を提供する。「子育て支援」を拡充するという、抽象提言ではなく、具体的事業実績をふまえて明確な判断データを提供する。

自治体が、国政委任事務事業の処理団体であれば、内容的にも処理方式も限定されているので、極論すれば市民参加・監視の必要はない。しかし、「渡しきり交付金」となると、自治体が高次の政策選択能力をもち、経営意識をもって事業実施をすることになる。

当然、事業の決定・実施・結果について、市民監視の洗礼をうけるシステムとなる。その意味では、地方自治における市民主権を実現する契機となるはずである(24)。

最後、「ふるさと納税」は悪しき制度であるが、政治家・官僚・自治体・地域事業など、すべての関係者が廃止には二の足を踏み、改善でお茶を濁そうとしている。この廃止には「ふるさと創生交付金」が有効な手段である。自治体の

自主財源として、財政力・規模におうじて公平に配分されるからである。


　注
(1) その活動ぶりをみると、「隠岐諸島にある海士町。廃校寸前の高校を『魅力化』して生徒数をＶ字回復させ、新たな移住者まで呼び込んだ」。また「高校魅力化の中心人物、岩本悠さん（37）を東京から海士町に連れてきて町長に引き合わせた」のも尾野さんであった。コーディネーターの役割だけでなく、島根県内の市町村でおおくの事業を手がけ、地域活性化に成功している。尾野寛明さん自身も、東京の古本業を同県川本町でも創業し、「就労継続支援Ａ型事業所の認可をうけ、最低賃金を保証して計 22 人を正規雇用し」地域福祉にも貢献している。2017.8.5 朝日新聞参照。
(2) 五十嵐智嘉子「住民自治が守ったパウダースノー」『中央公論』（2015 年 2 月号）47 頁。
(3) 中村圭介「眼鏡産地の苦闘と『個』の時代のイノベーション」『中央公論』（2015 年 2 号）53 頁。
(4) 増田寛也監修『地方創生ビジネスの教科書』（文芸春秋 2015 年）15 ～ 31 頁参照。
(5) 同前 34 ～ 491 頁参照。
(6) 「福祉と人の交流がカギ」『週刊東洋経済』（2014．2．22）72 頁参照。
(7) 同前「東洋経済」58 ～ 59 頁参照。
(8) 五十嵐源市「道路整備より人づくり」『中央公論』（2015 年 2 月号）54 頁。
(9) 地域計画建築研究所『レターズアルパック』204 号 6 頁。
(10) 本間義人『地域再生の条件』（『岩波新書』2007 年）131 頁。
(11)(12)　小田切・前掲「農山村は消滅しない」60 頁。
(13) コミュニティ・ビジネスについては、高寄昇三『コミュニティビジネスと自治体活性化』（学陽書房 2002 年）参照。
(14) 2017.10.18 朝日新聞参照。
(15) 広松伝『ミミズと河童のよみがえり』河合文化研究所 1987 年、広松伝「水郷柳川・掘割の再生」森野美穂編『地域の活力と魅力』（ぎょうせい 1992 年）。
(16) 徳島県阿南市の「野球のまち」（草野球）である。立派なＪＡアグリあなんスタジアムの完成を機に市の福祉関連担当だった田上重之氏が、プロ野球でなく裾野の広い草野球チームを呼び込む提案を市長にして、採用された。ただ徳島県で野球といえば、池田高校のある池田市で阿南ではといわれた。しかし、牟岐通観光によびかけ、2009 年からツアーを実施して、少年野球・70 歳以上の古希野球大会を企画し、「野球のまち」を売り出し成功させていった。草野球以外にも 2011 年から高校野球合宿、さらに中国プロ野球合宿もみられるようになった。成功の影には、各地のマラソン大会と同様に市民ぐるみの「おもてなし」サービスがあった。市によると、2015 年の野球関連消費は、

Ⅳ　地域再生への処方箋

宿泊客3,252人、日帰り客6,721人で、飲食もふくめた経済効果は1.2億円と算出されている。今秋には190室のホテル開業が予定されている。2017.8.4朝日新聞夕刊参照。

(17) 愛媛県八幡浜市は地方創生の人材支援制度を活用し、財務省のキャリア今岡植（29歳）を企画財政部長として受け入れた。市長は「若いアイデアで八幡浜市に活力を与えていただけると期待している」とのべ、今岡氏は「新しいことにチャレンジしたい」と抱負をかたっている。2017.7.4朝日新聞参照。

(18) 政府は2014年12月27日「まち・ひと・しごと創生長期ビジョン」とこれを実現するための今後5ヵ年の「総合戦略」を設定した。政府に呼応して、地方団体も総合戦略の策定を義務づけられ、各府県は作成している。総合戦略は、事業目標・成果を測定する重要業績評価指標（ＫＰＩ;Key Performance Indicator)を設定し、ＰＤＣＡによって事業進行の効果を検証し改善するシステムの実施を迫られる。「計画を立て（Plan）、実行し（Do）し、その評価（Check）にもとづいて改善（Action）をおこなう」ことで、事業成果を高める。注目されるのは、交付金審査・評価方式である。第1に、ＫＰＩ指標の設定で、基本指標は人口で、人口増加・雇用創出数・社会増減・合計特殊出生率などである。各分野の指標は、「仕事・雇用」は、企業立件数・産官学連携事業数・観光客数・新規就農者数など、「UIJターン」ではUIJターン就職者数・公的支援による移住者数など、「結婚・子育て」では、結婚支援センター婚姻者数・男性育児休業取得数などである。このような作業過程で、肝心の補助事業は形式事業へと変質し、事業成果の形式的指標で満足するといった結果となる。

(19) 北海道・函館市;いかモニュメント、青森県・黒石市;純金こけし（オークション1.9億円で落札）、つるが市;巨大土偶、秋田県・美郷町;村営キャバレー、茨城県・つくば市;つくば音頭、群馬県・東村;預金（15年間の利子6,000万円）、高知県・北川村;中岡慎太郎館（住民投票で決定）、愛媛県・久万町;第3セクター林業会社、佐賀県・背振村;「百円宅地」（200人増加）などである。

(20) 福島県葛尾村は、役場から全世帯に一斉通知できるIP告知放送網を、ふるさと創生事業で整備していたので、福島原発事故では国の指示をまたず、村民全員が町長の独自判断で緊急避難し、2号機から放出された大量の放射性物質の通過以前に避難し、間一髪でのがれている。その他福井県勝山市の県立恐竜博物館の下地となった、恐竜化石保存事業、岐阜県八百津町の外交官杉原記念などは、観光・文化に貢献している。

(21) 「ふるさと納税」の表15をベースに算定すると、都城市は、15.8万人×人口補正（1.00＋0.6）×財政力補正（1－0.50）=7.95億円、横浜市は372万人×人口補正（1.00－0.4）×財政力補正（1－0.97）=10.73億円、港区は24.9万人×人口補正（1.00－2.8）×財政力補正0.01（2－1.17）=0.15億円となる。人口規模に人口増減・財政力を補正係数として採用すると、実態との遊離は縮小するが、余り

多くの補正係数を導入すると、交付税のように主導権が、中央省庁に移行する恐れがある。
(22) 増田寛也「主役は市町村、総合戦略への4つの視点」『中央公論』(2115年2号) 31頁。
(23) 本来、「覇気をなくしている地域に、外部人材を派遣するのはよいが、片道切符で地域に骨埋める覚悟での派遣でなければならない。もちろん特定事業への特定人材が、制度にもとづいて派遣されるのは、一種のヘッドハンターで容認されるが、基本的には地元人材の有効活用が、まず前提条件である」(高寄・前掲「地方創生」43頁)といえる。
(24) 地方主権・市民主権・市民統制については、高寄昇三『地方自治の再発見』(勁草書房 1973年)、『地方主権の論理』(勁草書房 1977年)、『市民統制と地方自治』(勁草書房 1980年)参照。

〈巻末資料〉

# 平成 28 年度
# 全市区町村「ふるさと納税」額
# ランキング表

表 平成28年度 全市区町村ふるさと納税額ランキング（所得割・財政力対比） （単位 千円）

| 団体名 | | 順位 | 収入金額 | 所得割額（税額控除・減免後） | 金額／所得割額(%) | 財政力指数 |
|---|---|---|---|---|---|---|
| 宮崎県 | 都城市 | 1 | 7,333,161 | 5,615,794 | 130.58% | 0.50 |
| 長野県 | 伊那市 | 2 | 7,204,693 | 3,162,556 | 227.81% | 0.48 |
| 静岡県 | 焼津市 | 3 | 5,121,281 | 6,963,406 | 73.55% | 0.89 |
| 宮崎県 | 都農町 | 4 | 5,008,695 | 267,397 | 1873.13% | 0.28 |
| 佐賀県 | 上峰町 | 5 | 4,573,292 | 383,382 | 1192.88% | 0.61 |
| 熊本県 | 熊本市 | 6 | 3,686,310 | 34,755,643 | 10.61% | 0.71 |
| 山形県 | 米沢市 | 7 | 3,530,993 | 3,292,277 | 107.25% | 0.54 |
| 大阪府 | 泉佐野市 | 8 | 3,483,582 | 4,403,783 | 79.10% | 0.94 |
| 山形県 | 天童市 | 9 | 3,357,549 | 2,518,631 | 133.31% | 0.64 |
| 北海道 | 根室市 | 10 | 3,307,434 | 1,258,197 | 262.87% | 0.32 |
| 千葉県 | 勝浦市 | 11 | 2,973,339 | 651,401 | 456.45% | 0.47 |
| 長野県 | 小谷村 | 12 | 2,762,323 | 85,912 | 3215.29% | 0.22 |
| 岡山県 | 備前市 | 13 | 2,743,585 | 1,262,324 | 217.34% | 0.47 |
| 静岡県 | 藤枝市 | 14 | 2,649,010 | 7,501,795 | 35.31% | 0.86 |
| 長崎県 | 佐世保市 | 15 | 2,615,444 | 9,930,398 | 26.34% | 0.51 |
| 大分県 | 国東市 | 16 | 2,492,675 | 799,312 | 311.85% | 0.29 |
| 山形県 | 寒河江市 | 17 | 2,326,978 | 1,604,483 | 145.03% | 0.52 |
| 鹿児島県 | 志布志市 | 18 | 2,253,398 | 903,754 | 249.34% | 0.35 |
| 北海道 | 上士幌町 | 19 | 2,124,829 | 288,357 | 736.87% | 0.20 |
| 高知県 | 奈半利町 | 20 | 2,040,115 | 82,990 | 2458.27% | 0.18 |
| 福岡県 | 久留米市 | 21 | 2,014,300 | 14,022,011 | 14.37% | 0.65 |
| 佐賀県 | 唐津市 | 22 | 1,940,827 | 4,221,965 | 45.97% | 0.42 |
| 静岡県 | 小山町 | 23 | 1,828,293 | 1,011,136 | 180.82% | 0.93 |
| 佐賀県 | 嬉野市 | 24 | 1,796,171 | 864,277 | 207.82% | 0.39 |
| 神奈川県 | 小田原市 | 25 | 1,752,403 | 10,999,196 | 15.93% | 0.96 |
| 茨城県 | 境町 | 26 | 1,721,150 | 1,085,001 | 158.63% | 0.67 |
| 鹿児島県 | 大崎町 | 27 | 1,674,606 | 376,346 | 444.96% | 0.31 |
| 島根県 | 浜田市 | 28 | 1,655,364 | 2,173,430 | 76.16% | 0.41 |
| 長崎県 | 平戸市 | 29 | 1,652,835 | 942,761 | 175.32% | 0.24 |
| 鹿児島県 | 南さつま市 | 30 | 1,621,881 | 988,301 | 164.11% | 0.28 |
| 佐賀県 | 小城市 | 31 | 1,577,227 | 1,687,692 | 93.45% | 0.42 |
| 佐賀県 | みやき町 | 32 | 1,476,279 | 907,437 | 162.69% | 0.47 |
| 山形県 | 上山市 | 33 | 1,465,872 | 1,038,207 | 141.19% | 0.46 |
| 滋賀県 | 近江八幡市 | 34 | 1,460,159 | 3,933,010 | 37.13% | 0.68 |
| 鹿児島県 | 鹿屋市 | 35 | 1,429,950 | 3,597,102 | 39.75% | 0.46 |
| 佐賀県 | 伊万里市 | 36 | 1,395,020 | 1,941,229 | 71.86% | 0.59 |
| 福岡県 | 福智町 | 37 | 1,371,934 | 577,575 | 237.53% | 0.26 |
| 茨城県 | 日立市 | 38 | 1,347,190 | 9,907,481 | 13.60% | 0.83 |
| 山形県 | 東根市 | 39 | 1,327,859 | 1,943,619 | 68.32% | 0.59 |

| | | | | | | |
|---|---|---|---|---|---|---|
| 群馬県 | 草津町 | 40 | 1,325,813 | 261,544 | 506.92% | 0.78 |
| 岡山県 | 総社市 | 41 | 1,283,579 | 2,812,204 | 45.64% | 0.58 |
| 山形県 | 山形市 | 42 | 1,254,354 | 12,583,104 | 9.97% | 0.74 |
| 高知県 | 四万十町 | 43 | 1,226,445 | 458,402 | 267.55% | 0.21 |
| 山形県 | 河北町 | 44 | 1,214,730 | 686,836 | 176.86% | 0.43 |
| 北海道 | 八雲町 | 45 | 1,147,557 | 923,477 | 124.26% | 0.26 |
| 宮崎県 | 川南町 | 46 | 1,126,416 | 480,898 | 234.23% | 0.36 |
| 静岡県 | 西伊豆町 | 47 | 1,125,027 | 246,292 | 456.79% | 0.34 |
| 長野県 | 飯山市 | 48 | 1,101,890 | 710,852 | 155.01% | 0.33 |
| 静岡県 | 磐田市 | 49 | 1,079,382 | 8,859,596 | 12.18% | 0.86 |
| 北海道 | 稚内市 | 50 | 1,075,437 | 1,685,454 | 63.81% | 0.36 |
| 宮崎県 | 小林市 | 51 | 1,055,462 | 1,389,227 | 75.97% | 0.36 |
| 愛知県 | 幸田町 | 52 | 1,014,030 | 2,442,733 | 41.51% | 1.17 |
| 鹿児島県 | 曽於市 | 53 | 1,007,448 | 921,523 | 109.32% | 0.28 |
| 宮崎県 | 綾町 | 54 | 997,518 | 185,247 | 538.48% | 0.24 |
| 高知県 | 須崎市 | 55 | 996,617 | 717,362 | 138.93% | 0.39 |
| 岐阜県 | 美濃加茂市 | 56 | 974,901 | 2,692,366 | 36.21% | 0.76 |
| 山形県 | 酒田市 | 57 | 966,464 | 4,064,853 | 23.78% | 0.46 |
| 和歌山県 | 湯浅町 | 58 | 956,072 | 395,123 | 241.97% | 0.34 |
| 群馬県 | 中之条町 | 59 | 885,393 | 623,537 | 142.00% | 0.39 |
| 佐賀県 | 玄海町 | 60 | 829,578 | 196,461 | 422.26% | 1.05 |
| 山口県 | 山口市 | 61 | 820,515 | 9,268,932 | 8.85% | 0.65 |
| 北海道 | 白糠町 | 62 | 817,553 | 258,542 | 316.22% | 0.24 |
| 長野県 | 安曇野市 | 63 | 814,874 | 4,314,329 | 18.89% | 0.57 |
| 北海道 | 森町 | 64 | 806,100 | 672,472 | 119.87% | 0.28 |
| 静岡県 | 浜松市 | 65 | 790,234 | 45,549,126 | 1.73% | 0.89 |
| 三重県 | 志摩市 | 66 | 786,729 | 1,688,527 | 46.59% | 0.42 |
| 山梨県 | 富士吉田市 | 67 | 766,431 | 2,528,285 | 30.31% | 0.65 |
| 宮崎県 | 西都市 | 68 | 765,650 | 879,976 | 87.01% | 0.36 |
| 和歌山県 | 有田市 | 69 | 753,513 | 1,094,121 | 68.87% | 0.49 |
| 兵庫県 | 洲本市 | 70 | 752,273 | 1,782,667 | 42.20% | 0.46 |
| 佐賀県 | 太良町 | 71 | 741,851 | 255,019 | 290.90% | 0.23 |
| 北海道 | 網走市 | 72 | 735,429 | 1,924,587 | 38.21% | 0.40 |
| 長崎県 | 松浦市 | 73 | 734,417 | 669,894 | 109.63% | 0.40 |
| 岩手県 | 北上市 | 74 | 723,410 | 4,029,488 | 17.95% | 0.67 |
| 広島県 | 広島市 | 75 | 723,174 | 70,322,926 | 1.03% | 0.83 |
| 佐賀県 | 有田町 | 76 | 719,646 | 609,422 | 118.09% | 0.37 |
| 北海道 | 寿都町 | 77 | 718,589 | 105,674 | 680.01% | 0.13 |
| 香川県 | 三木町 | 78 | 710,913 | 1,185,179 | 59.98% | 0.54 |
| 山形県 | 村山市 | 79 | 710,878 | 829,618 | 85.69% | 0.35 |
| 福岡県 | 春日市 | 80 | 695,005 | 5,729,865 | 12.13% | 0.72 |
| 福岡県 | 宗像市 | 81 | 687,028 | 4,515,053 | 15.22% | 0.59 |

平成28年度　全市区町村「ふるさと納税」額ランキング表

135

| | | | | | | |
|---|---|---|---|---|---|---|
| 山形県 | 新庄市 | 82 | 681,263 | 1,357,202 | 50.20% | 0.49 |
| 青森県 | 青森市 | 83 | 676,860 | 11,475,798 | 5.90% | 0.54 |
| 静岡県 | 吉田町 | 84 | 676,690 | 1,447,878 | 46.74% | 0.95 |
| 山形県 | 鶴岡市 | 85 | 676,666 | 4,893,691 | 13.83% | 0.42 |
| 山梨県 | 甲州市 | 86 | 646,169 | 1,286,031 | 50.25% | 0.48 |
| 山形県 | 舟形町 | 87 | 624,460 | 158,601 | 393.73% | 0.21 |
| 高知県 | 室戸市 | 88 | 617,806 | 372,580 | 165.82% | 0.21 |
| 茨城県 | 守谷市 | 89 | 616,032 | 4,457,349 | 13.82% | 0.98 |
| 鹿児島県 | 垂水市 | 90 | 613,921 | 432,454 | 141.96% | 0.26 |
| 岡山県 | 吉備中央町 | 91 | 611,251 | 353,430 | 172.95% | 0.25 |
| 山形県 | 庄内町 | 92 | 605,991 | 677,286 | 89.47% | 0.31 |
| 鳥取県 | 倉吉市 | 93 | 600,715 | 1,732,086 | 34.68% | 0.43 |
| 福岡県 | 大川市 | 94 | 600,679 | 1,174,785 | 51.13% | 0.52 |
| 神奈川県 | 箱根町 | 95 | 596,817 | 622,482 | 95.88% | 1.41 |
| 北海道 | 白老町 | 96 | 589,580 | 556,704 | 105.91% | 0.36 |
| 北海道 | 当別町 | 97 | 583,894 | 615,765 | 94.82% | 0.35 |
| 新潟県 | 燕市 | 98 | 581,087 | 3,458,622 | 16.80% | 0.68 |
| 宮崎県 | えびの市 | 99 | 580,662 | 521,921 | 111.25% | 0.33 |
| 宮崎県 | 高鍋町 | 100 | 578,541 | 717,795 | 80.60% | 0.50 |
| 佐賀県 | 基山町 | 101 | 571,709 | 748,505 | 76.38% | 0.68 |
| 愛知県 | 碧南市 | 102 | 571,671 | 4,663,367 | 12.26% | 1.08 |
| 鹿児島県 | 肝付町 | 103 | 562,544 | 367,597 | 153.03% | 0.27 |
| 鹿児島県 | 指宿市 | 104 | 562,410 | 1,233,963 | 45.58% | 0.38 |
| 山形県 | 三川町 | 105 | 561,893 | 249,859 | 224.88% | 0.38 |
| 香川県 | 東かがわ市 | 106 | 556,210 | 1,127,847 | 49.32% | 0.46 |
| 兵庫県 | 加西市 | 107 | 554,574 | 1,958,484 | 28.32% | 0.63 |
| 長野県 | 豊丘村 | 108 | 551,812 | 234,233 | 235.58% | 0.28 |
| 兵庫県 | 太子町 | 109 | 548,590 | 1,555,922 | 35.26% | 0.69 |
| 三重県 | 鳥羽市 | 110 | 546,615 | 698,704 | 78.23% | 0.46 |
| 福岡県 | 新宮町 | 111 | 541,906 | 1,693,873 | 31.99% | 0.85 |
| 長野県 | 諏訪市 | 112 | 540,647 | 2,659,930 | 20.33% | 0.75 |
| 熊本県 | 南阿蘇村 | 113 | 539,401 | 302,916 | 178.07% | 0.30 |
| 静岡県 | 掛川市 | 114 | 535,183 | 6,194,935 | 8.64% | 0.91 |
| 長崎県 | 時津町 | 115 | 532,272 | 1,189,523 | 44.75% | 0.66 |
| 群馬県 | 榛東村 | 116 | 532,132 | 626,186 | 84.98% | 0.53 |
| 広島県 | 神石高原町 | 117 | 531,445 | 242,358 | 219.28% | 0.22 |
| 愛媛県 | 今治市 | 118 | 523,496 | 6,318,899 | 8.28% | 0.57 |
| 大阪府 | 大阪市 | 119 | 521,147 | 140,048,588 | 0.37% | 0.92 |
| 岐阜県 | 池田町 | 120 | 518,740 | 1,036,379 | 50.05% | 0.63 |
| 北海道 | 古平町 | 121 | 510,477 | 73,344 | 696.00% | 0.12 |
| 北海道 | 増毛町 | 122 | 505,750 | 157,576 | 320.96% | 0.13 |
| 山形県 | 南陽市 | 123 | 505,133 | 1,186,115 | 42.59% | 0.44 |

| | | | | | | |
|---|---|---|---|---|---|---|
| 茨城県 | 古河市 | 124 | 502,303 | 6,808,386 | 7.38% | 0.76 |
| 大分県 | 佐伯市 | 125 | 489,321 | 2,328,076 | 21.02% | 0.31 |
| 鳥取県 | 米子市 | 126 | 478,440 | 6,696,417 | 7.14% | 0.66 |
| 長崎県 | 大村市 | 127 | 477,285 | 3,776,493 | 12.64% | 0.60 |
| 佐賀県 | 江北町 | 128 | 476,780 | 347,856 | 137.06% | 0.36 |
| 千葉県 | 千葉市 | 129 | 471,560 | 64,049,746 | 0.74% | 0.95 |
| 静岡県 | 湖西市 | 130 | 466,534 | 3,323,364 | 14.04% | 0.99 |
| 島根県 | 出雲市 | 131 | 465,783 | 7,217,765 | 6.45% | 0.51 |
| 愛媛県 | 八幡浜市 | 132 | 463,681 | 1,295,533 | 35.79% | 0.35 |
| 北海道 | 浦河町 | 133 | 460,863 | 554,893 | 83.05% | 0.29 |
| 長崎県 | 長崎市 | 134 | 460,449 | 18,777,007 | 2.45% | 0.56 |
| 長崎県 | 島原市 | 135 | 459,966 | 1,437,415 | 32.00% | 0.42 |
| 新潟県 | 糸魚川市 | 136 | 451,762 | 1,647,562 | 27.42% | 0.43 |
| 鳥取県 | 境港市 | 137 | 449,397 | 1,324,237 | 33.94% | 0.52 |
| 新潟県 | 新発田市 | 138 | 445,129 | 3,832,804 | 11.61% | 0.49 |
| 大阪府 | 大東市 | 139 | 441,299 | 5,364,012 | 8.23% | 0.76 |
| 兵庫県 | 南あわじ市 | 140 | 439,092 | 1,829,755 | 24.00% | 0.41 |
| 岐阜県 | 関市 | 141 | 438,698 | 4,057,645 | 10.81% | 0.64 |
| 北海道 | 池田町 | 142 | 431,317 | 278,801 | 154.70% | 0.22 |
| 長野県 | 喬木村 | 143 | 426,918 | 220,000 | 194.05% | 0.24 |
| 北海道 | 鹿部町 | 144 | 424,976 | 147,296 | 288.52% | 0.24 |
| 新潟県 | 魚沼市 | 145 | 423,325 | 1,264,235 | 33.48% | 0.30 |
| 宮崎県 | 新富町 | 146 | 422,760 | 581,227 | 72.74% | 0.40 |
| 北海道 | えりも町 | 147 | 421,617 | 213,869 | 197.14% | 0.15 |
| 岩手県 | 陸前高田市 | 148 | 420,585 | 600,984 | 69.98% | 0.26 |
| 石川県 | 輪島市 | 149 | 417,682 | 807,442 | 51.73% | 0.22 |
| 和歌山県 | 高野町 | 150 | 414,966 | 147,584 | 281.17% | 0.19 |
| 山形県 | 尾花沢市 | 151 | 412,957 | 498,191 | 82.89% | 0.26 |
| 宮崎県 | 串間市 | 152 | 408,543 | 510,464 | 80.03% | 0.25 |
| 宮崎県 | 宮崎市 | 153 | 406,279 | 17,491,352 | 2.32% | 0.64 |
| 千葉県 | 大多喜町 | 154 | 404,014 | 318,514 | 126.84% | 0.43 |
| 福岡県 | 朝倉市 | 155 | 400,111 | 1,876,861 | 21.32% | 0.55 |
| 滋賀県 | 高島市 | 156 | 398,733 | 1,892,223 | 21.07% | 0.40 |
| 大阪府 | 熊取町 | 157 | 396,825 | 2,110,154 | 18.81% | 0.64 |
| 静岡県 | 南伊豆町 | 158 | 396,678 | 232,194 | 170.84% | 0.32 |
| 福井県 | 小浜市 | 159 | 390,046 | 1,252,427 | 31.14% | 0.42 |
| 愛知県 | 春日井市 | 160 | 389,450 | 18,336,340 | 2.12% | 0.97 |
| 新潟県 | 三条市 | 161 | 386,034 | 4,334,683 | 8.91% | 0.62 |
| 北海道 | 枝幸町 | 162 | 385,099 | 504,489 | 76.33% | 0.17 |
| 岐阜県 | 各務原市 | 163 | 384,769 | 7,841,358 | 4.91% | 0.86 |
| 長野県 | 高森町 | 164 | 383,252 | 507,068 | 75.58% | 0.40 |
| 兵庫県 | 淡路市 | 165 | 383,101 | 1,617,521 | 23.68% | 0.34 |

平成28年度 全市区町村「ふるさと納税」額ランキング表

| | | | | | | |
|---|---|---|---|---|---|---|
| 宮崎県 | 木城町 | 166 | 382,512 | 123,320 | 310.18% | 0.99 |
| 群馬県 | みなかみ町 | 167 | 381,740 | 614,610 | 62.11% | 0.45 |
| 愛知県 | 東浦町 | 168 | 380,769 | 3,044,373 | 12.51% | 0.95 |
| 秋田県 | 大館市 | 169 | 379,111 | 2,513,369 | 15.08% | 0.42 |
| 茨城県 | 土浦市 | 170 | 375,870 | 7,666,345 | 4.90% | 0.88 |
| 鳥取県 | 鳥取市 | 171 | 375,101 | 7,578,791 | 4.95% | 0.51 |
| 茨城県 | 石岡市 | 172 | 373,966 | 3,243,339 | 11.53% | 0.61 |
| 宮城県 | 多賀城市 | 173 | 373,298 | 2,959,410 | 12.61% | 0.68 |
| 鹿児島県 | いちき串木野市 | 174 | 371,681 | 875,333 | 42.46% | 0.40 |
| 鳥取県 | 北栄町 | 175 | 370,141 | 485,000 | 76.32% | 0.31 |
| 北海道 | 札幌市 | 176 | 364,428 | 95,489,682 | 0.38% | 0.72 |
| 島根県 | 安来市 | 177 | 363,842 | 1,491,367 | 24.40% | 0.37 |
| 新潟県 | 弥彦村 | 178 | 359,462 | 320,854 | 112.03% | 0.41 |
| 長崎県 | 諫早市 | 179 | 354,036 | 5,359,043 | 6.61% | 0.51 |
| 岐阜県 | 川辺町 | 180 | 352,848 | 433,705 | 81.36% | 0.46 |
| 兵庫県 | 朝来市 | 181 | 351,405 | 1,139,157 | 30.85% | 0.42 |
| 熊本県 | 上天草市 | 182 | 342,655 | 767,730 | 44.63% | 0.25 |
| 長野県 | 軽井沢町 | 183 | 338,052 | 1,325,028 | 25.51% | 1.49 |
| 鳥取県 | 琴浦町 | 184 | 331,891 | 517,394 | 64.15% | 0.33 |
| 熊本県 | 菊池市 | 185 | 331,569 | 1,547,207 | 21.43% | 0.43 |
| 神奈川県 | 湯河原町 | 186 | 331,265 | 1,170,756 | 28.29% | 0.72 |
| 岡山県 | 笠岡市 | 187 | 329,025 | 1,923,084 | 17.11% | 0.54 |
| 宮崎県 | 高原町 | 188 | 328,764 | 242,491 | 135.58% | 0.23 |
| 福島県 | 湯川村 | 189 | 328,252 | 115,328 | 284.62% | 0.25 |
| 長野県 | 駒ヶ根市 | 190 | 326,203 | 1,512,421 | 21.57% | 0.57 |
| 鹿児島県 | 薩摩川内市 | 191 | 324,268 | 3,296,344 | 9.84% | 0.48 |
| 愛知県 | 小牧市 | 192 | 321,378 | 9,090,213 | 3.54% | 1.15 |
| 兵庫県 | 丹波市 | 193 | 321,086 | 2,473,941 | 12.98% | 0.43 |
| 熊本県 | 益城町 | 194 | 320,793 | 933,210 | 34.38% | 0.56 |
| 愛媛県 | 新居浜市 | 195 | 319,636 | 5,475,786 | 5.84% | 0.75 |
| 京都府 | 京丹後市 | 196 | 317,118 | 1,736,630 | 18.26% | 0.31 |
| 鹿児島県 | 南大隅町 | 197 | 315,049 | 147,463 | 213.65% | 0.16 |
| 高知県 | 高知市 | 198 | 312,591 | 15,695,535 | 1.99% | 0.57 |
| 大阪府 | 和泉市 | 199 | 312,492 | 8,924,748 | 3.50% | 0.70 |
| 北海道 | 夕張市 | 200 | 312,212 | 258,577 | 120.74% | 0.18 |
| 埼玉県 | 鶴ヶ島市 | 201 | 309,521 | 3,904,846 | 7.93% | 0.88 |
| 北海道 | 北竜町 | 202 | 308,591 | 55,919 | 551.85% | 0.11 |
| 北海道 | 安平町 | 203 | 308,458 | 767,113 | 40.21% | 0.39 |
| 北海道 | 音更町 | 204 | 307,564 | 2,018,808 | 15.23% | 0.47 |
| 愛媛県 | 宇和島市 | 205 | 307,025 | 2,585,216 | 11.88% | 0.33 |
| 宮崎県 | 日南市 | 206 | 306,883 | 1,770,037 | 17.34% | 0.38 |
| 岐阜県 | 飛騨市 | 207 | 306,625 | 985,450 | 31.12% | 0.31 |

| | | | | | | |
|---|---|---|---|---|---|---|
| 鹿児島県 | 鹿児島市 | 208 | 306,560 | 27,337,067 | 1.12% | 0.70 |
| 三重県 | 明和町 | 209 | 305,855 | 952,592 | 32.11% | 0.56 |
| 秋田県 | 湯沢市 | 210 | 304,795 | 1,253,790 | 24.31% | 0.29 |
| 三重県 | 桑名市 | 211 | 298,393 | 8,571,470 | 3.48% | 0.86 |
| 岐阜県 | 高山市 | 212 | 298,269 | 3,891,471 | 7.66% | 0.52 |
| 静岡県 | 牧之原市 | 213 | 297,203 | 2,030,008 | 14.64% | 0.82 |
| 埼玉県 | 深谷市 | 214 | 296,013 | 7,083,411 | 4.18% | 0.77 |
| 長野県 | 中野市 | 215 | 293,867 | 1,831,434 | 16.05% | 0.49 |
| 北海道 | 釧路市 | 216 | 293,861 | 6,984,593 | 4.21% | 0.44 |
| 岐阜県 | 七宗町 | 217 | 292,702 | 138,839 | 210.82% | 0.29 |
| 宮城県 | 大崎市 | 218 | 291,368 | 5,125,922 | 5.68% | 0.51 |
| 山形県 | 長井市 | 219 | 287,330 | 1,031,653 | 27.85% | 0.44 |
| 長野県 | 飯田市 | 220 | 286,392 | 4,487,508 | 6.38% | 0.53 |
| 北海道 | 沼田町 | 221 | 285,149 | 127,572 | 223.52% | 0.14 |
| 宮崎県 | 日向市 | 222 | 282,231 | 2,142,244 | 13.17% | 0.49 |
| 岐阜県 | 神戸町 | 223 | 282,110 | 866,780 | 32.55% | 0.71 |
| 青森県 | 平川市 | 224 | 281,279 | 824,531 | 34.11% | 0.27 |
| 福岡県 | 那珂川町 | 225 | 278,485 | 2,107,359 | 13.21% | 0.69 |
| 北海道 | 幕別町 | 226 | 276,504 | 1,139,155 | 24.27% | 0.33 |
| 群馬県 | 前橋市 | 227 | 276,446 | 17,945,164 | 1.54% | 0.79 |
| 愛媛県 | 西条市 | 228 | 275,056 | 4,177,201 | 6.58% | 0.71 |
| 北海道 | 羅臼町 | 229 | 273,303 | 282,906 | 96.61% | 0.26 |
| 大阪府 | 貝塚市 | 230 | 273,097 | 3,810,859 | 7.17% | 0.68 |
| 静岡県 | 富士宮市 | 231 | 272,008 | 6,653,246 | 4.09% | 0.91 |
| 鹿児島県 | 日置市 | 232 | 269,799 | 1,518,607 | 17.77% | 0.37 |
| 鹿児島県 | 東串良町 | 233 | 269,031 | 175,868 | 152.97% | 0.39 |
| 北海道 | 豊富町 | 234 | 268,147 | 166,688 | 160.87% | 0.16 |
| 千葉県 | 富津市 | 235 | 264,711 | 1,973,666 | 13.41% | 0.93 |
| 静岡県 | 東伊豆町 | 236 | 261,945 | 403,938 | 64.85% | 0.65 |
| 佐賀県 | 白石町 | 237 | 261,623 | 843,573 | 31.01% | 0.34 |
| 北海道 | 礼文町 | 238 | 260,137 | 165,597 | 157.09% | 0.13 |
| 熊本県 | 宇土市 | 239 | 257,487 | 1,274,314 | 20.21% | 0.49 |
| 大阪府 | 岬町 | 240 | 257,009 | 621,292 | 41.37% | 0.53 |
| 岐阜県 | 大垣市 | 241 | 256,761 | 8,555,831 | 3.00% | 0.89 |
| 新潟県 | 湯沢町 | 242 | 255,838 | 294,201 | 86.96% | 1.00 |
| 岡山県 | 新庄村 | 243 | 254,019 | 23,339 | 1088.39% | 0.21 |
| 和歌山県 | 白浜町 | 244 | 253,082 | 704,377 | 35.93% | 0.47 |
| 山梨県 | 南アルプス市 | 245 | 252,686 | 3,127,038 | 8.08% | 0.57 |
| 北海道 | 紋別市 | 246 | 251,541 | 1,097,277 | 22.92% | 0.29 |
| 島根県 | 大田市 | 247 | 250,908 | 1,159,571 | 21.64% | 0.28 |
| 長野県 | 茅野市 | 248 | 248,193 | 2,628,808 | 9.44% | 0.64 |
| 茨城県 | 龍ケ崎市 | 249 | 247,239 | 4,007,323 | 6.17% | 0.74 |

平成28年度 全市区町村「ふるさと納税」額ランキング表

平成28年度 全市区町村「ふるさと納税」額ランキング表

| 都道府県 | 市区町村 | 順位 | 金額 | 税収 | 割合 | 指数 |
|---|---|---|---|---|---|---|
| 熊本県 | 八代市 | 250 | 246,686 | 4,409,213 | 5.59% | 0.48 |
| 北海道 | 芦別市 | 251 | 245,732 | 404,070 | 60.81% | 0.25 |
| 岩手県 | 西和賀町 | 252 | 241,412 | 149,877 | 161.07% | 0.15 |
| 宮城県 | 名取市 | 253 | 240,915 | 3,900,320 | 6.18% | 0.79 |
| 福島県 | 飯舘村 | 254 | 240,621 | 94,254 | 255.29% | 0.22 |
| 神奈川県 | 山北町 | 255 | 240,474 | 503,389 | 47.77% | 0.64 |
| 愛媛県 | 松山市 | 256 | 240,131 | 23,135,389 | 1.04% | 0.73 |
| 兵庫県 | 養父市 | 257 | 239,647 | 829,141 | 28.90% | 0.25 |
| 長野県 | 阿南町 | 258 | 238,657 | 134,176 | 177.87% | 0.17 |
| 山形県 | 鮭川村 | 259 | 238,580 | 121,354 | 196.60% | 0.17 |
| 長野県 | 岡谷市 | 260 | 236,837 | 2,560,652 | 9.25% | 0.63 |
| 佐賀県 | 武雄市 | 261 | 236,627 | 1,749,996 | 13.52% | 0.47 |
| 鹿児島県 | 霧島市 | 262 | 235,279 | 4,659,023 | 5.05% | 0.54 |
| 大阪府 | 千早赤阪村 | 263 | 233,597 | 203,866 | 114.58% | 0.32 |
| 東京都 | 墨田区 | 264 | 233,098 | 20,148,369 | 1.16% | 0.39 |
| 山形県 | 最上町 | 265 | 232,725 | 256,630 | 90.69% | 0.23 |
| 神奈川県 | 秦野市 | 266 | 231,272 | 8,834,729 | 2.62% | 0.90 |
| 長野県 | 塩尻市 | 267 | 230,094 | 3,367,306 | 6.83% | 0.65 |
| 岩手県 | 奥州市 | 268 | 229,635 | 4,247,823 | 5.41% | 0.41 |
| 兵庫県 | 市川町 | 269 | 229,273 | 463,756 | 49.44% | 0.39 |
| 兵庫県 | 三田市 | 270 | 229,244 | 7,011,219 | 3.27% | 0.83 |
| 兵庫県 | 豊岡市 | 271 | 229,043 | 3,083,592 | 7.43% | 0.39 |
| 奈良県 | 奈良市 | 272 | 228,456 | 21,269,270 | 1.07% | 0.75 |
| 高知県 | 香美市 | 273 | 226,442 | 851,839 | 26.58% | 0.29 |
| 栃木県 | 那須塩原市 | 274 | 225,601 | 5,542,255 | 4.07% | 0.82 |
| 鳥取県 | 大山町 | 275 | 224,775 | 483,253 | 46.51% | 0.26 |
| 石川県 | 羽咋市 | 276 | 224,402 | 853,490 | 26.29% | 0.42 |
| 静岡県 | 伊豆市 | 277 | 224,071 | 1,222,303 | 18.33% | 0.56 |
| 岐阜県 | 八百津町 | 278 | 222,742 | 467,325 | 47.66% | 0.41 |
| 福岡県 | うきは市 | 279 | 221,481 | 917,102 | 24.15% | 0.37 |
| 石川県 | 七尾市 | 280 | 220,810 | 2,089,546 | 10.57% | 0.43 |
| 滋賀県 | 東近江市 | 281 | 220,476 | 5,167,841 | 4.27% | 0.67 |
| 福岡県 | 柳川市 | 282 | 218,049 | 2,319,303 | 9.40% | 0.45 |
| 静岡県 | 静岡市 | 283 | 217,262 | 39,889,936 | 0.54% | 0.91 |
| 群馬県 | 渋川市 | 284 | 215,788 | 3,296,654 | 6.55% | 0.62 |
| 埼玉県 | 秩父市 | 285 | 214,960 | 2,575,037 | 8.35% | 0.59 |
| 埼玉県 | 戸田市 | 286 | 213,701 | 9,424,568 | 2.27% | 1.20 |
| 北海道 | 厚真町 | 287 | 211,800 | 218,883 | 96.76% | 0.47 |
| 北海道 | 砂川市 | 288 | 210,178 | 667,127 | 31.50% | 0.31 |
| 静岡県 | 菊川市 | 289 | 210,063 | 2,240,566 | 9.38% | 0.75 |
| 静岡県 | 袋井市 | 290 | 209,041 | 4,462,205 | 4.68% | 0.86 |
| 長崎県 | 南島原市 | 291 | 208,123 | 1,158,818 | 17.96% | 0.26 |

| | | | | | | |
|---|---|---|---|---|---|---|
| 山形県 | 真室川町 | 292 | 208,008 | 213,757 | 97.31% | 0.19 |
| 新潟県 | 村上市 | 293 | 207,823 | 1,973,993 | 10.53% | 0.37 |
| 山梨県 | 富士河口湖町 | 294 | 205,877 | 1,458,317 | 14.12% | 0.69 |
| 大分県 | 杵築市 | 295 | 205,744 | 871,380 | 23.61% | 0.34 |
| 高知県 | 宿毛市 | 296 | 205,369 | 662,204 | 31.01% | 0.34 |
| 秋田県 | 秋田市 | 297 | 205,106 | 14,395,615 | 1.42% | 0.65 |
| 北海道 | 栗山町 | 298 | 204,931 | 431,701 | 47.47% | 0.29 |
| 山形県 | 遊佐町 | 299 | 204,897 | 422,152 | 48.54% | 0.28 |
| 静岡県 | 下田市 | 300 | 204,505 | 829,548 | 24.65% | 0.49 |
| 栃木県 | 那須町 | 301 | 203,898 | 896,022 | 22.76% | 0.77 |
| 神奈川県 | 厚木市 | 302 | 203,379 | 13,889,488 | 1.46% | 1.09 |
| 鹿児島県 | 南種子町 | 303 | 201,644 | 168,947 | 119.35% | 0.25 |
| 北海道 | せたな町 | 304 | 199,240 | 236,784 | 84.14% | 0.14 |
| 長野県 | 白馬村 | 305 | 199,143 | 295,299 | 67.44% | 0.44 |
| 石川県 | 能登町 | 306 | 197,718 | 559,733 | 35.32% | 0.20 |
| 北海道 | 赤平市 | 307 | 196,387 | 303,523 | 64.70% | 0.20 |
| 北海道 | 岩見沢市 | 308 | 194,220 | 3,090,064 | 6.29% | 0.38 |
| 北海道 | 猿払村 | 309 | 191,390 | 441,862 | 43.31% | 0.17 |
| 熊本県 | 天草市 | 310 | 191,329 | 2,394,147 | 7.99% | 0.27 |
| 北海道 | 厚岸町 | 311 | 190,858 | 444,543 | 42.93% | 0.21 |
| 高知県 | 田野町 | 312 | 190,472 | 82,990 | 229.51% | 0.19 |
| 熊本県 | 山都町 | 313 | 190,210 | 356,439 | 53.36% | 0.20 |
| 岡山県 | 津山市 | 314 | 189,693 | 4,148,653 | 4.57% | 0.54 |
| 沖縄県 | 那覇市 | 315 | 187,678 | 13,961,381 | 1.34% | 0.75 |
| 兵庫県 | 小野市 | 316 | 187,315 | 2,016,140 | 9.29% | 0.68 |
| 鹿児島県 | 長島町 | 317 | 187,129 | 280,364 | 66.75% | 0.18 |
| 宮城県 | 石巻市 | 318 | 186,352 | 5,868,017 | 3.18% | 0.49 |
| 茨城県 | 水戸市 | 319 | 186,069 | 15,390,435 | 1.21% | 0.84 |
| 茨城県 | 小美玉市 | 320 | 186,062 | 2,261,919 | 8.23% | 0.63 |
| 長野県 | 栄村 | 321 | 185,471 | 45,261 | 409.78% | 0.13 |
| 静岡県 | 沼津市 | 322 | 183,827 | 11,097,648 | 1.66% | 0.96 |
| 兵庫県 | 神戸市 | 323 | 183,516 | 89,241,440 | 0.21% | 0.79 |
| 北海道 | 北見市 | 324 | 183,504 | 5,105,954 | 3.59% | 0.45 |
| 富山県 | 射水市 | 325 | 183,251 | 4,408,507 | 4.16% | 0.65 |
| 富山県 | 氷見市 | 326 | 182,373 | 1,967,233 | 9.27% | 0.44 |
| 山口県 | 長門市 | 327 | 182,328 | 1,236,611 | 14.74% | 0.33 |
| 北海道 | 旭川市 | 328 | 182,256 | 13,597,404 | 1.34% | 0.49 |
| 和歌山県 | 北山村 | 329 | 182,203 | 15,338 | 1187.92% | 0.10 |
| 長崎県 | 五島市 | 330 | 180,240 | 1,148,160 | 15.70% | 0.24 |
| 神奈川県 | 南足柄市 | 331 | 179,555 | 2,256,451 | 7.96% | 0.93 |
| 千葉県 | 芝山町 | 332 | 178,085 | 333,908 | 53.33% | 0.97 |
| 京都府 | 京都市 | 333 | 177,161 | 80,762,991 | 0.22% | 0.79 |

平成28年度　全市区町村「ふるさと納税」額ランキング表

| | | | | | | |
|---|---|---|---|---|---|---|
| 福岡県 | 糸島市 | 334 | 176,944 | 3,769,387 | 4.69% | 0.53 |
| 長野県 | 千曲市 | 335 | 176,761 | 2,525,083 | 7.00% | 0.53 |
| 北海道 | 留寿都村 | 336 | 176,640 | 91,914 | 192.18% | 0.22 |
| 福岡県 | 飯塚市 | 337 | 176,052 | 4,858,823 | 3.62% | 0.50 |
| 宮崎県 | 高千穂町 | 338 | 175,808 | 335,265 | 52.44% | 0.22 |
| 栃木県 | 矢板市 | 339 | 175,019 | 1,437,561 | 12.17% | 0.68 |
| 神奈川県 | 鎌倉市 | 340 | 175,016 | 15,306,873 | 1.14% | 1.03 |
| 京都府 | 亀岡市 | 341 | 173,904 | 3,763,904 | 4.62% | 0.58 |
| 山梨県 | 山梨市 | 342 | 173,684 | 1,451,895 | 11.96% | 0.42 |
| 茨城県 | 大洗町 | 343 | 172,317 | 695,891 | 24.76% | 0.73 |
| 福岡県 | 行橋市 | 344 | 171,810 | 3,070,041 | 5.60% | 0.62 |
| 長野県 | 山ノ内町 | 345 | 170,313 | 398,116 | 42.78% | 0.45 |
| 兵庫県 | 三木市 | 346 | 169,508 | 3,460,952 | 4.90% | 0.70 |
| 岩手県 | 花巻市 | 347 | 169,113 | 3,480,630 | 4.86% | 0.45 |
| 徳島県 | 鳴門市 | 348 | 168,489 | 2,485,524 | 6.78% | 0.66 |
| 千葉県 | 鴨川市 | 349 | 168,023 | 1,460,010 | 11.51% | 0.53 |
| 群馬県 | 昭和村 | 350 | 167,942 | 359,949 | 46.66% | 0.41 |
| 埼玉県 | 飯能市 | 351 | 167,510 | 4,217,125 | 3.97% | 0.79 |
| 群馬県 | 富岡市 | 352 | 167,170 | 2,162,987 | 7.73% | 0.63 |
| 北海道 | 登別市 | 353 | 167,092 | 1,811,169 | 9.23% | 0.45 |
| 島根県 | 奥出雲町 | 354 | 166,486 | 362,606 | 45.91% | 0.18 |
| 和歌山県 | 有田川町 | 355 | 166,392 | 947,636 | 17.56% | 0.35 |
| 沖縄県 | 今帰仁村 | 356 | 166,208 | 170,011 | 97.76% | 0.21 |
| 新潟県 | 長岡市 | 357 | 166,051 | 12,133,374 | 1.37% | 0.62 |
| 神奈川県 | 綾瀬市 | 358 | 163,694 | 4,455,234 | 3.67% | 0.92 |
| 三重県 | 鈴鹿市 | 359 | 162,405 | 10,741,965 | 1.51% | 0.86 |
| 茨城県 | 行方市 | 360 | 161,890 | 1,379,128 | 11.74% | 0.43 |
| 北海道 | 東川町 | 361 | 161,425 | 261,895 | 61.64% | 0.27 |
| 大分県 | 大分市 | 362 | 161,307 | 23,046,337 | 0.70% | 0.87 |
| 高知県 | 大月町 | 363 | 160,448 | 139,844 | 114.73% | 0.15 |
| 大阪府 | 池田市 | 364 | 159,006 | 6,630,575 | 2.40% | 0.87 |
| 北海道 | 浦臼町 | 365 | 158,641 | 72,705 | 218.20% | 0.15 |
| 兵庫県 | 西脇市 | 366 | 158,277 | 1,608,246 | 9.84% | 0.48 |
| 千葉県 | 船橋市 | 367 | 157,967 | 41,435,249 | 0.38% | 0.95 |
| 静岡県 | 三島市 | 368 | 157,474 | 6,643,042 | 2.37% | 0.91 |
| 広島県 | 尾道市 | 369 | 156,365 | 5,955,821 | 2.63% | 0.59 |
| 千葉県 | 南房総市 | 370 | 156,324 | 1,290,166 | 12.12% | 0.35 |
| 北海道 | 雄武町 | 371 | 156,177 | 278,183 | 56.14% | 0.16 |
| 茨城県 | 常陸大宮市 | 372 | 155,030 | 1,574,394 | 9.85% | 0.44 |
| 北海道 | 当麻町 | 373 | 154,751 | 208,389 | 74.26% | 0.21 |
| 愛知県 | 蒲郡市 | 374 | 154,624 | 4,243,277 | 3.64% | 0.86 |
| 茨城県 | 稲敷市 | 375 | 152,338 | 1,650,647 | 9.23% | 0.54 |

| | | | | | | |
|---|---|---|---|---|---|---|
| 長野県 | 辰野町 | 376 | 152,229 | 849,562 | 17.92% | 0.47 |
| 岡山県 | 岡山市 | 377 | 150,335 | 37,826,179 | 0.40% | 0.79 |
| 栃木県 | 大田原市 | 378 | 149,849 | 3,227,430 | 4.64% | 0.65 |
| 宮城県 | 気仙沼市 | 379 | 149,460 | 2,362,249 | 6.33% | 0.40 |
| 山形県 | 飯豊町 | 380 | 148,808 | 220,406 | 67.52% | 0.19 |
| 愛知県 | 犬山市 | 381 | 148,221 | 3,954,907 | 3.75% | 0.91 |
| 高知県 | 越知町 | 382 | 148,103 | 165,637 | 89.41% | 0.19 |
| 新潟県 | 五泉市 | 383 | 148,045 | 1,678,839 | 8.82% | 0.45 |
| 大阪府 | 岸和田市 | 384 | 147,911 | 8,537,342 | 1.73% | 0.59 |
| 北海道 | 秩父別町 | 385 | 147,383 | 93,814 | 157.10% | 0.15 |
| 北海道 | 上ノ国町 | 386 | 145,867 | 155,307 | 93.92% | 0.13 |
| 山梨県 | 甲斐市 | 387 | 145,346 | 3,693,777 | 3.93% | 0.67 |
| 岩手県 | 久慈市 | 388 | 145,243 | 1,299,873 | 11.17% | 0.40 |
| 高知県 | 黒潮町 | 389 | 145,151 | 309,784 | 46.86% | 0.20 |
| 佐賀県 | 大町町 | 390 | 145,045 | 186,407 | 77.81% | 0.34 |
| 宮城県 | 柴田町 | 391 | 144,715 | 1,520,879 | 0.23% | 0.62 |
| 宮城県 | 仙台市 | 392 | 144,646 | 62,636,446 | 0.23% | 0.89 |
| 青森県 | 五所川原市 | 393 | 144,284 | 1,687,046 | 8.55% | 0.32 |
| 石川県 | 加賀市 | 394 | 143,472 | 2,926,714 | 4.90% | 0.57 |
| 静岡県 | 富士市 | 395 | 142,632 | 13,965,738 | 1.02% | 0.99 |
| 兵庫県 | 篠山市 | 396 | 142,435 | 1,655,448 | 8.60% | 0.40 |
| 長崎県 | 壱岐市 | 397 | 141,880 | 715,489 | 19.83% | 0.22 |
| 三重県 | 南伊勢町 | 398 | 139,332 | 419,784 | 33.19% | 0.21 |
| 兵庫県 | 上郡町 | 399 | 138,655 | 602,283 | 23.02% | 0.56 |
| 千葉県 | 市川市 | 400 | 138,219 | 36,171,853 | 0.38% | 1.01 |
| 大阪府 | 泉大津市 | 401 | 137,568 | 3,535,544 | 3.89% | 0.71 |
| 岩手県 | 雫石町 | 402 | 136,935 | 505,989 | 27.06% | 0.38 |
| 兵庫県 | 芦屋市 | 403 | 136,877 | 11,846,365 | 1.16% | 0.93 |
| 佐賀県 | 多久市 | 404 | 135,923 | 592,414 | 22.94% | 0.36 |
| 静岡県 | 伊豆の国市 | 405 | 135,672 | 2,315,041 | 5.86% | 0.76 |
| 千葉県 | 銚子市 | 406 | 135,380 | 2,854,751 | 4.74% | 0.58 |
| 兵庫県 | 川西市 | 407 | 135,109 | 8,681,507 | 1.56% | 0.74 |
| 鳥取県 | 三朝町 | 408 | 135,048 | 183,626 | 73.55% | 0.23 |
| 茨城県 | 坂東市 | 409 | 134,944 | 2,376,601 | 5.68% | 0.64 |
| 新潟県 | 津南町 | 410 | 134,400 | 283,168 | 47.46% | 0.25 |
| 高知県 | 南国市 | 411 | 134,226 | 1,868,010 | 7.19% | 0.58 |
| 山形県 | 大石田町 | 412 | 134,080 | 223,571 | 59.97% | 0.23 |
| 埼玉県 | 三芳町 | 413 | 132,880 | 2,152,537 | 6.17% | 1.02 |
| 鹿児島県 | 中種子町 | 414 | 132,601 | 216,100 | 61.36% | 0.22 |
| 福岡県 | 川崎町 | 415 | 131,662 | 377,769 | 34.85% | 0.29 |
| 香川県 | 高松市 | 416 | 131,455 | 22,467,916 | 0.59% | 0.81 |
| 鹿児島県 | 徳之島町 | 417 | 131,348 | 298,396 | 44.02% | 0.23 |

| | | | | | | |
|---|---|---|---|---|---|---|
| 大分県 | 豊後高田市 | 418 | 131,106 | 696,894 | 18.81% | 0.29 |
| 神奈川県 | 伊勢原市 | 419 | 130,732 | 6,201,533 | 2.11% | 0.96 |
| 熊本県 | 宇城市 | 420 | 130,713 | 1,874,401 | 6.97% | 0.40 |
| 茨城県 | 筑西市 | 421 | 130,674 | 4,576,636 | 2.86% | 0.69 |
| 北海道 | 遠別町 | 422 | 130,620 | 112,010 | 116.61% | 0.12 |
| 大阪府 | 枚方市 | 423 | 130,469 | 21,554,236 | 0.61% | 0.79 |
| 福岡県 | 嘉麻市 | 424 | 130,227 | 975,895 | 13.34% | 0.27 |
| 福井県 | 美浜町 | 425 | 129,533 | 449,978 | 28.79% | 0.72 |
| 高知県 | いの町 | 426 | 129,511 | 900,176 | 14.39% | 0.34 |
| 兵庫県 | 宍粟市 | 427 | 128,218 | 1,453,732 | 8.82% | 0.36 |
| 愛知県 | 大府市 | 428 | 128,115 | 6,235,424 | 2.05% | 1.06 |
| 新潟県 | 佐渡市 | 429 | 126,956 | 1,637,083 | 7.75% | 0.25 |
| 滋賀県 | 竜王町 | 430 | 126,537 | 606,968 | 20.85% | 1.02 |
| 山形県 | 金山町 | 431 | 126,407 | 152,816 | 82.72% | 0.19 |
| 大阪府 | 柏原市 | 432 | 126,340 | 3,299,850 | 3.83% | 0.63 |
| 福岡県 | 古賀市 | 433 | 124,718 | 2,589,134 | 4.82% | 0.67 |
| 千葉県 | 市原市 | 434 | 124,160 | 15,018,543 | 0.83% | 1.00 |
| 福岡県 | みやま市 | 435 | 123,859 | 1,209,999 | 10.24% | 0.41 |
| 島根県 | 益田市 | 436 | 123,681 | 1,753,928 | 7.05% | 0.40 |
| 愛知県 | 田原市 | 437 | 123,667 | 3,583,608 | 3.45% | 0.95 |
| 三重県 | 松阪市 | 438 | 123,474 | 7,574,804 | 1.63% | 0.63 |
| 青森県 | 鰺ヶ沢町 | 439 | 123,268 | 233,847 | 52.71% | 0.19 |
| 北海道 | 中富良野町 | 440 | 123,198 | 190,690 | 64.61% | 0.22 |
| 福岡県 | 苅田町 | 441 | 123,150 | 1,706,945 | 7.21% | 1.12 |
| 滋賀県 | 彦根市 | 442 | 123,139 | 5,667,175 | 2.17% | 0.77 |
| 福島県 | いわき市 | 443 | 123,129 | 15,924,572 | 0.77% | 0.72 |
| 長野県 | 須坂市 | 444 | 122,460 | 2,184,052 | 5.61% | 0.54 |
| 長野県 | 東御市 | 445 | 122,091 | 1,249,522 | 9.77% | 0.49 |
| 高知県 | 安芸市 | 446 | 120,059 | 561,292 | 21.39% | 0.28 |
| 大分県 | 日田市 | 447 | 119,944 | 2,148,912 | 5.58% | 0.40 |
| 福岡県 | 八女市 | 448 | 119,629 | 2,124,735 | 5.63% | 0.38 |
| 長野県 | 上田市 | 449 | 119,437 | 7,005,791 | 1.70% | 0.60 |
| 岡山県 | 瀬戸内市 | 450 | 119,341 | 1,477,001 | 8.08% | 0.52 |
| 千葉県 | 長生村 | 451 | 119,017 | 584,679 | 20.36% | 0.51 |
| 北海道 | 滝川市 | 452 | 118,195 | 1,572,474 | 7.52% | 0.37 |
| 高知県 | 芸西村 | 453 | 118,124 | 113,925 | 103.69% | 0.24 |
| 三重県 | 紀北町 | 454 | 117,221 | 536,471 | 21.85% | 0.29 |
| 京都府 | 福知山市 | 455 | 117,175 | 3,375,496 | 3.47% | 0.54 |
| 宮城県 | 登米市 | 456 | 117,073 | 2,592,370 | 4.52% | 0.36 |
| 福岡県 | 田川市 | 457 | 117,010 | 1,563,323 | 7.48% | 0.40 |
| 北海道 | 津別町 | 458 | 116,951 | 194,043 | 60.27% | 0.18 |
| 鹿児島県 | 枕崎市 | 459 | 116,805 | 685,201 | 17.05% | 0.38 |

平成28年度 全市区町村「ふるさと納税」額ランキング表

| | | | | | | |
|---|---|---|---|---|---|---|
| 岐阜県 | 羽島市 | 460 | 116,585 | 3,271,359 | 3.56% | 0.73 |
| 岩手県 | 大船渡市 | 461 | 116,521 | 1,413,148 | 8.25% | 0.45 |
| 群馬県 | 高崎市 | 462 | 116,490 | 19,837,568 | 0.59% | 0.84 |
| 北海道 | 東神楽町 | 463 | 116,345 | 422,329 | 27.55% | 0.37 |
| 鹿児島県 | 屋久島町 | 464 | 115,650 | 347,341 | 33.30% | 0.25 |
| 香川県 | 多度津町 | 465 | 115,489 | 998,707 | 11.56% | 0.66 |
| 宮崎県 | 三股町 | 466 | 114,970 | 799,991 | 14.37% | 0.41 |
| 山梨県 | 笛吹市 | 467 | 114,967 | 2,825,409 | 4.07% | 0.56 |
| 沖縄県 | 竹富町 | 468 | 114,371 | 118,471 | 96.54% | 0.15 |
| 栃木県 | 日光市 | 469 | 114,335 | 3,498,928 | 3.27% | 0.63 |
| 山形県 | 白鷹町 | 470 | 113,682 | 438,367 | 25.93% | 0.27 |
| 埼玉県 | 宮代町 | 471 | 113,306 | 1,628,687 | 6.96% | 0.62 |
| 石川県 | 金沢市 | 472 | 112,589 | 26,250,270 | 0.43% | 0.81 |
| 愛知県 | 知立市 | 473 | 112,452 | 5,015,191 | 2.24% | 0.97 |
| 和歌山県 | 田辺市 | 474 | 111,589 | 2,706,726 | 4.12% | 0.38 |
| 埼玉県 | 上尾市 | 475 | 110,971 | 12,701,466 | 0.87% | 0.90 |
| 群馬県 | 下仁田町 | 476 | 110,658 | 260,391 | 42.50% | 0.28 |
| 岩手県 | 盛岡市 | 477 | 109,848 | 15,414,607 | 0.71% | 0.72 |
| 徳島県 | 徳島市 | 478 | 109,686 | 13,011,243 | 0.84% | 0.81 |
| 岡山県 | 真庭市 | 479 | 109,558 | 1,490,141 | 7.35% | 0.31 |
| 栃木県 | 壬生町 | 480 | 109,272 | 1,927,157 | 5.67% | 0.69 |
| 滋賀県 | 甲良町 | 481 | 108,955 | 244,741 | 44.52% | 0.41 |
| 茨城県 | 北茨城市 | 482 | 108,630 | 1,886,927 | 5.76% | 0.67 |
| 北海道 | 鷹栖町 | 483 | 108,177 | 253,526 | 42.67% | 0.29 |
| 岐阜県 | 本巣市 | 484 | 107,393 | 1,528,823 | 7.02% | 0.65 |
| 大分県 | 臼杵市 | 485 | 107,241 | 1,287,834 | 8.33% | 0.38 |
| 山形県 | 朝日町 | 486 | 105,307 | 184,109 | 57.20% | 0.20 |
| 秋田県 | 横手市 | 487 | 104,819 | 2,755,756 | 3.80% | 0.33 |
| 熊本県 | 南小国町 | 488 | 104,534 | 110,572 | 94.54% | 0.20 |
| 鳥取県 | 湯梨浜町 | 489 | 104,472 | 537,724 | 19.43% | 0.27 |
| 大分県 | 別府市 | 490 | 104,265 | 4,432,111 | 2.35% | 0.57 |
| 北海道 | 浜中町 | 491 | 104,206 | 303,213 | 34.37% | 0.18 |
| 長野県 | 野沢温泉村 | 492 | 103,677 | 89,729 | 115.54% | 0.22 |
| 和歌山県 | 橋本市 | 493 | 103,454 | 2,719,148 | 3.80% | 0.48 |
| 佐賀県 | 鹿島市 | 494 | 103,331 | 981,198 | 10.53% | 0.44 |
| 三重県 | 玉城町 | 495 | 103,189 | 652,696 | 15.81% | 0.59 |
| 神奈川県 | 海老名市 | 496 | 102,915 | 8,166,844 | 1.26% | 0.99 |
| 長崎県 | 西海市 | 497 | 102,694 | 833,042 | 12.33% | 0.38 |
| 長野県 | 小布施町 | 498 | 102,103 | 459,486 | 22.22% | 0.39 |
| 愛媛県 | 愛南町 | 499 | 101,845 | 633,852 | 16.07% | 0.23 |
| 北海道 | 日高町 | 500 | 101,732 | 534,532 | 19.03% | 0.24 |
| 神奈川県 | 開成町 | 501 | 101,410 | 983,061 | 10.32% | 0.88 |

巻末資料

平成28年度 全市区町村「ふるさと納税」額ランキング表

| | | | | | | |
|---|---|---|---|---|---|---|
| 群馬県 | 嬬恋村 | 502 | 101,357 | 590,710 | 17.16% | 0.40 |
| 北海道 | 恵庭市 | 503 | 101,321 | 2,782,266 | 3.64% | 0.56 |
| 北海道 | 鹿追町 | 504 | 101,131 | 341,259 | 29.63% | 0.23 |
| 埼玉県 | 坂戸市 | 505 | 100,995 | 5,169,952 | 1.95% | 0.84 |
| 埼玉県 | 日高市 | 506 | 100,606 | 2,777,723 | 3.62% | 0.86 |
| 青森県 | 南部町 | 507 | 100,530 | 500,559 | 20.08% | 0.27 |
| 北海道 | 足寄町 | 508 | 100,504 | 313,502 | 32.06% | 0.18 |
| 京都府 | 宮津市 | 509 | 99,899 | 665,030 | 15.02% | 0.41 |
| 兵庫県 | 宝塚市 | 510 | 99,742 | 16,037,576 | 0.62% | 0.87 |
| 鹿児島県 | 瀬戸内町 | 511 | 99,433 | 248,587 | 40.00% | 0.16 |
| 和歌山県 | 海南市 | 512 | 99,119 | 2,103,373 | 4.71% | 0.58 |
| 岩手県 | 岩泉町 | 513 | 98,341 | 247,331 | 39.76% | 0.15 |
| 香川県 | 小豆島町 | 514 | 97,717 | 499,819 | 19.55% | 0.32 |
| 栃木県 | 栃木市 | 515 | 97,400 | 7,375,265 | 1.32% | 0.72 |
| 石川県 | 小松市 | 516 | 97,158 | 5,331,907 | 1.82% | 0.69 |
| 北海道 | 標津町 | 517 | 97,013 | 299,346 | 32.41% | 0.20 |
| 島根県 | 江津市 | 518 | 96,809 | 834,294 | 11.60% | 0.33 |
| 沖縄県 | 大宜味村 | 519 | 96,509 | 57,638 | 167.44% | 0.36 |
| 和歌山県 | かつらぎ町 | 520 | 96,401 | 561,271 | 17.18% | 0.37 |
| 青森県 | むつ市 | 521 | 96,361 | 2,252,537 | 4.28% | 0.38 |
| 北海道 | 南幌町 | 522 | 96,360 | 314,174 | 30.67% | 0.26 |
| 千葉県 | いすみ市 | 523 | 96,141 | 1,403,629 | 6.85% | 0.46 |
| 兵庫県 | 香美町 | 524 | 96,098 | 572,231 | 16.79% | 0.25 |
| 茨城県 | 鹿嶋市 | 525 | 95,957 | 3,366,732 | 2.85% | 0.98 |
| 神奈川県 | 相模原市 | 526 | 95,680 | 42,887,605 | 0.22% | 0.93 |
| 北海道 | 由仁町 | 527 | 95,431 | 193,333 | 49.36% | 0.21 |
| 福島県 | 南相馬市 | 528 | 95,304 | 3,312,851 | 2.88% | 0.60 |
| 北海道 | 芽室町 | 529 | 94,970 | 958,266 | 9.91% | 0.42 |
| 福井県 | 鯖江市 | 530 | 94,734 | 3,183,293 | 2.98% | 0.66 |
| 広島県 | 三次市 | 531 | 94,304 | 2,070,127 | 4.56% | 0.33 |
| 愛知県 | 西尾市 | 532 | 94,261 | 10,484,316 | 0.90% | 0.98 |
| 静岡県 | 島田市 | 533 | 93,919 | 4,730,957 | 1.99% | 0.76 |
| 熊本県 | 南関町 | 534 | 93,204 | 255,666 | 36.46% | 0.37 |
| 北海道 | 利尻町 | 535 | 92,992 | 112,854 | 82.40% | 0.11 |
| 埼玉県 | 白岡市 | 536 | 92,559 | 3,022,978 | 3.06% | 0.84 |
| 沖縄県 | 石垣市 | 537 | 92,244 | 1,553,822 | 5.94% | 0.39 |
| 秋田県 | 鹿角市 | 538 | 92,157 | 862,079 | 10.69% | 0.32 |
| 福岡県 | 福岡市 | 539 | 92,154 | 87,938,175 | 0.10% | 0.88 |
| 兵庫県 | 加古川市 | 540 | 92,133 | 13,696,099 | 0.67% | 0.87 |
| 群馬県 | 太田市 | 541 | 91,856 | 11,408,588 | 0.81% | 0.98 |
| 北海道 | 妹背牛町 | 542 | 91,489 | 107,291 | 85.27% | 0.16 |
| 熊本県 | 高森町 | 543 | 91,208 | 165,874 | 54.99% | 0.22 |

| | | | | | | |
|---|---|---|---|---|---|---|
| 長野県 | 富士見町 | 544 | 90,941 | 637,148 | 14.27% | 0.54 |
| 山口県 | 萩市 | 545 | 90,815 | 1,721,066 | 5.28% | 0.32 |
| 鹿児島県 | 奄美市 | 546 | 90,507 | 1,374,521 | 6.58% | 0.26 |
| 島根県 | 松江市 | 547 | 90,261 | 9,450,402 | 0.96% | 0.57 |
| 千葉県 | 多古町 | 548 | 90,158 | 611,937 | 14.73% | 0.54 |
| 山口県 | 下関市 | 549 | 89,984 | 11,450,624 | 0.79% | 0.54 |
| 岩手県 | 宮古市 | 550 | 89,619 | 1,955,268 | 4.58% | 0.35 |
| 奈良県 | 吉野町 | 551 | 89,474 | 240,235 | 37.24% | 0.25 |
| 滋賀県 | 大津市 | 552 | 89,187 | 19,397,753 | 0.46% | 0.80 |
| 北海道 | 苫小牧市 | 553 | 88,741 | 7,493,936 | 1.18% | 0.76 |
| 秋田県 | 羽後町 | 554 | 88,613 | 351,716 | 25.19% | 0.23 |
| 熊本県 | 湯前町 | 555 | 88,606 | 82,810 | 107.00% | 0.16 |
| 千葉県 | 御宿町 | 556 | 88,296 | 261,448 | 33.77% | 0.44 |
| 岩手県 | 大槌町 | 557 | 88,150 | 367,667 | 23.98% | 0.24 |
| 福岡県 | 上毛町 | 558 | 88,080 | 251,318 | 35.05% | 0.32 |
| 岐阜県 | 瑞穂市 | 559 | 87,668 | 2,713,796 | 3.23% | 0.77 |
| 大分県 | 中津市 | 560 | 87,092 | 3,291,454 | 2.65% | 0.50 |
| 沖縄県 | 八重瀬町 | 561 | 86,959 | 808,359 | 10.76% | 0.39 |
| 和歌山県 | 広川町 | 562 | 86,826 | 216,203 | 40.16% | 0.30 |
| 東京都 | 国立市 | 563 | 86,490 | 6,641,365 | 1.30% | 0.99 |
| 北海道 | 喜茂別町 | 564 | 86,357 | 68,143 | 126.73% | 0.17 |
| 宮城県 | 角田市 | 565 | 86,003 | 1,109,109 | 7.75% | 0.50 |
| 長野県 | 宮田村 | 566 | 85,745 | 418,005 | 20.51% | 0.51 |
| 新潟県 | 胎内市 | 567 | 85,676 | 1,042,951 | 8.21% | 0.47 |
| 北海道 | 広尾町 | 568 | 85,606 | 316,101 | 27.08% | 0.20 |
| 高知県 | 安田町 | 569 | 85,565 | 67,803 | 126.20% | 0.15 |
| 岐阜県 | 可児市 | 570 | 85,518 | 5,195,376 | 1.65% | 0.85 |
| 福島県 | 天栄村 | 571 | 84,822 | 192,024 | 44.17% | 0.30 |
| 茨城県 | 取手市 | 572 | 84,800 | 5,497,280 | 1.54% | 0.76 |
| 北海道 | 清水町 | 573 | 84,555 | 465,453 | 18.17% | 0.29 |
| 滋賀県 | 草津市 | 574 | 84,339 | 7,953,551 | 1.06% | 0.92 |
| 和歌山県 | 和歌山市 | 575 | 84,122 | 17,404,624 | 0.48% | 0.80 |
| 徳島県 | 吉野川市 | 576 | 83,742 | 1,375,475 | 6.09% | 0.38 |
| 北海道 | 美瑛町 | 577 | 83,493 | 377,258 | 22.13% | 0.20 |
| 長崎県 | 雲仙市 | 578 | 83,244 | 1,214,620 | 6.85% | 0.27 |
| 神奈川県 | 三浦市 | 579 | 83,236 | 2,192,425 | 3.80% | 0.65 |
| 神奈川県 | 横浜市 | 580 | 83,209 | 285,845,398 | 0.03% | 0.97 |
| 岡山県 | 浅口市 | 581 | 83,194 | 1,290,327 | 6.45% | 0.44 |
| 福岡県 | 大刀洗町 | 582 | 83,085 | 527,211 | 15.76% | 0.43 |
| 北海道 | 仁木町 | 583 | 82,885 | 123,629 | 67.04% | 0.15 |
| 奈良県 | 曽爾村 | 584 | 82,200 | 48,480 | 169.55% | 0.12 |
| 和歌山県 | 紀の川市 | 585 | 81,987 | 2,353,096 | 3.48% | 0.43 |

平成28年度 全市区町村「ふるさと納税」額ランキング表

平成28年度 全市区町村「ふるさと納税」額ランキング表

| | | | | | | |
|---|---|---|---|---|---|---|
| 北海道 | 小清水町 | 586 | 81,902 | 249,495 | 32.83% | 0.20 |
| 鹿児島県 | 伊佐市 | 587 | 81,719 | 739,804 | 11.05% | 0.36 |
| 北海道 | 士幌町 | 588 | 81,445 | 409,886 | 19.87% | 0.25 |
| 沖縄県 | 浦添市 | 589 | 80,814 | 4,339,193 | 1.86% | 0.73 |
| 香川県 | 土庄町 | 590 | 80,754 | 487,609 | 16.56% | 0.35 |
| 熊本県 | 芦北町 | 591 | 80,723 | 427,249 | 18.89% | 0.29 |
| 沖縄県 | 東村 | 592 | 80,701 | 82,032 | 98.38% | 0.15 |
| 長野県 | 飯綱町 | 593 | 80,503 | 425,250 | 18.93% | 0.29 |
| 愛知県 | 日進市 | 594 | 79,402 | 6,843,340 | 1.16% | 1.00 |
| 長野県 | 立科町 | 595 | 79,269 | 260,790 | 30.40% | 0.33 |
| 東京都 | 江戸川区 | 596 | 78,810 | 45,321,083 | 0.17% | 0.39 |
| 福井県 | 越前町 | 597 | 78,742 | 931,940 | 8.45% | 0.33 |
| 群馬県 | 館林市 | 598 | 77,914 | 3,748,662 | 2.08% | 0.83 |
| 兵庫県 | 赤穂市 | 599 | 77,808 | 2,107,428 | 3.69% | 0.72 |
| 秋田県 | 三種町 | 600 | 77,769 | 434,558 | 17.90% | 0.25 |
| 兵庫県 | 多可町 | 601 | 77,392 | 753,137 | 10.28% | 0.33 |
| 長崎県 | 新上五島町 | 602 | 77,323 | 646,152 | 11.97% | 0.25 |
| 福岡県 | 筑後市 | 603 | 77,213 | 1,883,069 | 4.10% | 0.61 |
| 山梨県 | 山中湖村 | 604 | 77,150 | 338,393 | 22.80% | 1.55 |
| 埼玉県 | 草加市 | 605 | 76,715 | 14,155,997 | 0.54% | 0.90 |
| 岡山県 | 和気町 | 606 | 76,708 | 465,685 | 16.47% | 0.30 |
| 千葉県 | 一宮町 | 607 | 76,122 | 533,083 | 14.28% | 0.53 |
| 兵庫県 | 伊丹市 | 608 | 76,107 | 10,625,380 | 0.72% | 0.83 |
| 京都府 | 大山崎町 | 609 | 75,915 | 779,739 | 9.74% | 0.83 |
| 静岡県 | 熱海市 | 610 | 75,675 | 1,918,118 | 3.95% | 0.91 |
| 新潟県 | 南魚沼市 | 611 | 75,635 | 2,111,516 | 3.58% | 0.44 |
| 山形県 | 西川町 | 612 | 75,276 | 162,222 | 46.40% | 0.24 |
| 滋賀県 | 湖南市 | 613 | 74,956 | 2,756,436 | 2.72% | 0.87 |
| 高知県 | 東洋町 | 614 | 74,469 | 75,424 | 98.73% | 0.12 |
| 山口県 | 美祢市 | 615 | 74,450 | 897,067 | 8.30% | 0.38 |
| 群馬県 | 沼田市 | 616 | 74,432 | 1,984,242 | 3.75% | 0.51 |
| 山形県 | 山辺町 | 617 | 73,973 | 520,571 | 14.21% | 0.36 |
| 沖縄県 | 国頭村 | 618 | 73,950 | 119,826 | 61.71% | 0.20 |
| 神奈川県 | 松田町 | 619 | 73,756 | 578,815 | 12.74% | 0.65 |
| 北海道 | 様似町 | 620 | 73,371 | 160,924 | 45.59% | 0.17 |
| 山口県 | 柳井市 | 621 | 73,278 | 1,308,638 | 5.60% | 0.52 |
| 北海道 | 月形町 | 622 | 73,243 | 129,790 | 56.43% | 0.15 |
| 福井県 | 南越前町 | 623 | 73,238 | 436,017 | 16.80% | 0.29 |
| 神奈川県 | 大井町 | 624 | 73,140 | 863,328 | 8.47% | 0.86 |
| 青森県 | 弘前市 | 625 | 72,665 | 6,658,823 | 1.09% | 0.47 |
| 新潟県 | 小千谷市 | 626 | 72,155 | 1,386,307 | 5.20% | 0.54 |
| 北海道 | 新ひだか町 | 627 | 72,110 | 882,580 | 8.17% | 0.32 |

| | | | | | | |
|---|---|---|---|---|---|---|
| 千葉県 | 睦沢町 | 628 | 71,704 | 259,599 | 27.62% | 0.40 |
| 鹿児島県 | 西之表市 | 629 | 71,677 | 465,319 | 15.40% | 0.26 |
| 岩手県 | 山田町 | 630 | 71,614 | 459,186 | 15.60% | 0.27 |
| 大阪府 | 吹田市 | 631 | 71,266 | 26,092,852 | 0.27% | 0.97 |
| 福岡県 | 大木町 | 632 | 71,220 | 494,222 | 14.41% | 0.50 |
| 香川県 | 宇多津町 | 633 | 71,059 | 970,187 | 7.32% | 0.86 |
| 三重県 | 尾鷲市 | 634 | 71,014 | 707,505 | 10.04% | 0.39 |
| 山梨県 | 韮崎市 | 635 | 70,967 | 1,343,473 | 5.28% | 0.64 |
| 青森県 | 十和田市 | 636 | 70,412 | 2,327,243 | 3.03% | 0.40 |
| 長野県 | 飯島町 | 637 | 69,723 | 362,347 | 19.24% | 0.39 |
| 福岡県 | 志免町 | 638 | 69,605 | 2,046,705 | 3.40% | 0.72 |
| 兵庫県 | たつの市 | 639 | 69,488 | 3,280,564 | 2.12% | 0.58 |
| 高知県 | 四万十市 | 640 | 69,319 | 1,192,257 | 5.81% | 0.33 |
| 埼玉県 | 春日部市 | 641 | 69,123 | 11,753,046 | 0.59% | 0.77 |
| 岩手県 | 遠野市 | 642 | 69,050 | 781,793 | 8.83% | 0.27 |
| 愛知県 | 名古屋市 | 643 | 68,704 | 156,956,677 | 0.04% | 0.99 |
| 長野県 | 箕輪町 | 644 | 68,701 | 1,158,690 | 5.93% | 0.61 |
| 山口県 | 宇部市 | 645 | 68,524 | 7,955,575 | 0.86% | 0.71 |
| 沖縄県 | 宮古島市 | 646 | 67,625 | 1,488,236 | 4.54% | 0.32 |
| 福岡県 | 北九州市 | 647 | 66,935 | 44,525,551 | 0.15% | 0.72 |
| 滋賀県 | 長浜市 | 648 | 66,767 | 5,307,010 | 1.26% | 0.57 |
| 岐阜県 | 多治見市 | 649 | 66,745 | 5,846,167 | 1.14% | 0.73 |
| 千葉県 | 館山市 | 650 | 66,696 | 1,916,574 | 3.48% | 0.58 |
| 高知県 | 馬路村 | 651 | 66,561 | 37,841 | 175.90% | 0.13 |
| 広島県 | 三原市 | 652 | 66,403 | 4,068,736 | 1.63% | 0.60 |
| 北海道 | 深川市 | 653 | 66,174 | 786,763 | 8.41% | 0.24 |
| 北海道 | 新十津川町 | 654 | 66,170 | 250,280 | 26.44% | 0.18 |
| 福島県 | 会津美里町 | 655 | 65,968 | 652,496 | 10.11% | 0.27 |
| 岡山県 | 赤磐市 | 656 | 65,897 | 1,657,903 | 3.97% | 0.47 |
| 福岡県 | 直方市 | 657 | 65,305 | 2,052,122 | 3.18% | 0.54 |
| 兵庫県 | 稲美町 | 658 | 64,897 | 1,378,962 | 4.71% | 0.75 |
| 香川県 | 三豊市 | 659 | 64,800 | 2,572,465 | 2.52% | 0.49 |
| 岩手県 | 二戸市 | 660 | 64,797 | 906,819 | 7.15% | 0.35 |
| 鹿児島県 | 阿久根市 | 661 | 64,744 | 561,239 | 11.54% | 0.33 |
| 福岡県 | 宮若市 | 662 | 64,520 | 911,344 | 7.08% | 0.57 |
| 宮崎県 | 国富町 | 663 | 64,125 | 544,149 | 11.78% | 0.51 |
| 熊本県 | 西原村 | 664 | 63,977 | 255,378 | 25.05% | 0.39 |
| 奈良県 | 生駒市 | 665 | 63,570 | 8,057,834 | 0.79% | 0.80 |
| 長野県 | 御代田町 | 666 | 63,465 | 716,274 | 8.86% | 0.59 |
| 神奈川県 | 逗子市 | 667 | 63,372 | 4,738,392 | 1.34% | 0.86 |
| 滋賀県 | 米原市 | 668 | 63,338 | 1,788,245 | 3.54% | 0.58 |
| 三重県 | 伊賀市 | 669 | 63,294 | 4,153,757 | 1.52% | 0.65 |

平成28年度　全市区町村「ふるさと納税」額ランキング表

| | | | | | | |
|---|---|---|---|---|---|---|
| 京都府 | 宇治市 | 670 | 63,095 | 9,328,137 | 0.68% | 0.75 |
| 福島県 | 広野町 | 671 | 62,843 | 284,748 | 22.07% | 1.25 |
| 千葉県 | 長柄町 | 672 | 62,704 | 302,285 | 20.74% | 0.56 |
| 広島県 | 安芸太田町 | 673 | 62,652 | 197,742 | 31.68% | 0.21 |
| 静岡県 | 河津町 | 674 | 62,620 | 247,114 | 25.34% | 0.38 |
| 宮崎県 | 延岡市 | 675 | 62,399 | 4,317,193 | 1.45% | 0.46 |
| 石川県 | 穴水町 | 676 | 61,951 | 281,364 | 22.02% | 0.25 |
| 三重県 | 名張市 | 677 | 61,441 | 3,665,085 | 1.68% | 0.73 |
| 兵庫県 | 相生市 | 678 | 61,360 | 1,264,246 | 4.85% | 0.55 |
| 秋田県 | 仙北市 | 679 | 60,567 | 676,112 | 8.96% | 0.25 |
| 群馬県 | 長野原町 | 680 | 60,527 | 260,852 | 23.20% | 0.42 |
| 新潟県 | 妙高市 | 681 | 59,820 | 1,212,204 | 4.93% | 0.45 |
| 広島県 | 大竹市 | 682 | 59,480 | 1,283,825 | 4.63% | 0.83 |
| 岐阜県 | 岐阜市 | 683 | 59,139 | 23,009,056 | 0.26% | 0.84 |
| 岩手県 | 釜石市 | 684 | 58,681 | 1,308,690 | 4.48% | 0.47 |
| 佐賀県 | 吉野ヶ里町 | 685 | 58,586 | 658,114 | 8.90% | 0.61 |
| 北海道 | 富良野市 | 686 | 58,403 | 907,241 | 6.44% | 0.33 |
| 山形県 | 川西町 | 687 | 58,198 | 474,721 | 12.26% | 0.24 |
| 沖縄県 | 本部町 | 688 | 58,114 | 261,733 | 22.20% | 0.28 |
| 北海道 | 奥尻町 | 689 | 57,972 | 118,681 | 48.85% | 0.14 |
| 沖縄県 | 金武町 | 690 | 57,914 | 315,405 | 18.36% | 0.32 |
| 北海道 | 赤井川村 | 691 | 57,387 | 38,801 | 147.90% | 0.21 |
| 大阪府 | 泉南市 | 692 | 57,239 | 2,237,637 | 2.56% | 0.75 |
| 群馬県 | 片品村 | 693 | 57,000 | 134,595 | 42.35% | 0.24 |
| 長崎県 | 東彼杵町 | 694 | 56,994 | 226,758 | 25.13% | 0.27 |
| 熊本県 | 嘉島町 | 695 | 56,908 | 358,745 | 15.86% | 0.68 |
| 徳島県 | 阿波市 | 696 | 56,790 | 1,166,345 | 4.87% | 0.36 |
| 福井県 | 越前市 | 697 | 56,766 | 3,891,066 | 1.46% | 0.71 |
| 滋賀県 | 豊郷町 | 698 | 56,592 | 253,794 | 22.30% | 0.41 |
| 新潟県 | 柏崎市 | 699 | 56,493 | 3,772,491 | 1.50% | 0.70 |
| 山形県 | 大江町 | 700 | 56,116 | 273,518 | 20.52% | 0.26 |
| 兵庫県 | 西宮市 | 701 | 56,101 | 36,898,801 | 0.15% | 0.90 |
| 福岡県 | 筑前町 | 702 | 55,860 | 1,027,682 | 5.44% | 0.46 |
| 北海道 | 新得町 | 703 | 55,843 | 248,162 | 22.50% | 0.23 |
| 山形県 | 戸沢村 | 704 | 55,836 | 105,903 | 52.72% | 0.15 |
| 長野県 | 大町市 | 705 | 55,534 | 1,040,221 | 5.34% | 0.41 |
| 香川県 | 丸亀市 | 706 | 55,521 | 5,053,618 | 1.10% | 0.71 |
| 鹿児島県 | 錦江町 | 707 | 55,367 | 171,854 | 32.22% | 0.17 |
| 宮城県 | 東松島市 | 708 | 55,198 | 1,463,497 | 3.77% | 0.40 |
| 奈良県 | 五條市 | 709 | 55,050 | 1,085,691 | 5.07% | 0.35 |
| 熊本県 | 錦町 | 710 | 54,407 | 299,508 | 18.17% | 0.35 |
| 茨城県 | 河内町 | 711 | 54,326 | 339,969 | 15.98% | 0.37 |

| | | | | | | |
|---|---|---|---|---|---|---|
| 静岡県 | 森町 | 712 | 54,306 | 825,578 | 6.58% | 0.61 |
| 福島県 | 会津坂下町 | 713 | 53,989 | 547,792 | 9.86% | 0.38 |
| 香川県 | 善通寺市 | 714 | 53,847 | 1,383,898 | 3.89% | 0.49 |
| 茨城県 | 城里町 | 715 | 53,816 | 726,957 | 7.40% | 0.38 |
| 福島県 | 福島市 | 716 | 53,739 | 14,946,208 | 0.36% | 0.73 |
| 沖縄県 | 糸満市 | 717 | 53,514 | 1,660,601 | 3.22% | 0.45 |
| 大阪府 | 高槻市 | 718 | 53,429 | 19,551,939 | 0.27% | 0.79 |
| 熊本県 | 小国町 | 719 | 53,122 | 185,067 | 28.70% | 0.21 |
| 熊本県 | 御船町 | 720 | 53,103 | 503,428 | 10.55% | 0.37 |
| 佐賀県 | 佐賀市 | 721 | 53,071 | 10,732,134 | 0.49% | 0.64 |
| 鹿児島県 | 南九州市 | 722 | 53,021 | 955,219 | 5.55% | 0.33 |
| 沖縄県 | 南城市 | 723 | 52,563 | 1,083,763 | 4.85% | 0.35 |
| 北海道 | 新冠町 | 724 | 52,443 | 212,468 | 24.68% | 0.19 |
| 長野県 | 長野市 | 725 | 52,150 | 19,415,179 | 0.27% | 0.71 |
| 長野県 | 小諸市 | 726 | 52,131 | 1,684,764 | 3.09% | 0.54 |
| 宮城県 | 蔵王町 | 727 | 51,888 | 393,226 | 19.10% | 0.47 |
| 北海道 | 共和町 | 728 | 51,617 | 271,632 | 19.00% | 0.24 |
| 北海道 | 大空町 | 729 | 51,522 | 374,632 | 13.75% | 0.24 |
| 北海道 | 積丹町 | 730 | 51,403 | 60,148 | 85.46% | 0.10 |
| 三重県 | 熊野市 | 731 | 51,288 | 554,548 | 9.25% | 0.28 |
| 山口県 | 岩国市 | 732 | 51,260 | 6,111,500 | 0.84% | 0.59 |
| 鹿児島県 | 姶良市 | 733 | 51,240 | 2,561,559 | 2.00% | 0.48 |
| 北海道 | 小樽市 | 734 | 50,892 | 4,025,212 | 1.26% | 0.42 |
| 石川県 | 白山市 | 735 | 50,824 | 5,184,808 | 0.98% | 0.65 |
| 滋賀県 | 日野町 | 736 | 50,527 | 947,594 | 5.33% | 0.67 |
| 広島県 | 呉市 | 737 | 50,408 | 11,010,928 | 0.46% | 0.61 |
| 大阪府 | 茨木市 | 738 | 50,232 | 17,047,587 | 0.29% | 0.95 |
| 千葉県 | 栄町 | 739 | 50,153 | 1,008,962 | 4.97% | 0.61 |
| 新潟県 | 新潟市 | 740 | 50,151 | 38,689,684 | 0.13% | 0.75 |
| 茨城県 | 鉾田市 | 741 | 49,989 | 1,878,457 | 2.66% | 0.43 |
| 栃木県 | 宇都宮市 | 742 | 49,803 | 31,344,049 | 0.16% | 0.96 |
| 香川県 | 観音寺市 | 743 | 49,695 | 2,539,845 | 1.96% | 0.63 |
| 福岡県 | 豊前市 | 744 | 49,544 | 960,639 | 5.16% | 0.49 |
| 滋賀県 | 守山市 | 745 | 49,519 | 4,488,494 | 1.10% | 0.85 |
| 香川県 | 琴平町 | 746 | 49,512 | 360,278 | 13.74% | 0.39 |
| 三重県 | 伊勢市 | 747 | 49,466 | 6,027,076 | 0.82% | 0.63 |
| 北海道 | 利尻富士町 | 748 | 49,345 | 104,572 | 47.19% | 0.11 |
| 長野県 | 阿智村 | 749 | 49,057 | 205,475 | 23.87% | 0.22 |
| 青森県 | 三戸町 | 750 | 48,960 | 270,094 | 18.13% | 0.24 |
| 福井県 | あわら市 | 751 | 48,947 | 1,268,454 | 3.86% | 0.65 |
| 和歌山県 | 御坊市 | 752 | 48,440 | 902,215 | 5.37% | 0.51 |
| 秋田県 | 五城目町 | 753 | 48,319 | 245,678 | 19.67% | 0.25 |

平成28年度 全市区町村「ふるさと納税」額ランキング表

平成28年度 全市区町村「ふるさと納税」額ランキング表

| | | | | | | |
|---|---|---|---|---|---|---|
| 北海道 | 江別市 | 754 | 48,225 | 4,520,493 | 1.07% | 0.52 |
| 埼玉県 | 川越市 | 755 | 48,204 | 19,844,028 | 0.24% | 0.96 |
| 福岡県 | 筑紫野市 | 756 | 48,026 | 4,958,361 | 0.97% | 0.75 |
| 長崎県 | 対馬市 | 757 | 47,918 | 1,171,699 | 4.09% | 0.19 |
| 北海道 | 大樹町 | 758 | 47,886 | 288,097 | 16.62% | 0.20 |
| 青森県 | 八戸市 | 759 | 47,882 | 9,628,069 | 0.50% | 0.65 |
| 長野県 | 松川村 | 760 | 47,853 | 382,334 | 12.52% | 0.37 |
| 北海道 | 江差町 | 761 | 47,740 | 312,304 | 15.29% | 0.28 |
| 高知県 | 土佐町 | 762 | 47,663 | 101,408 | 47.00% | 0.20 |
| 神奈川県 | 横須賀市 | 763 | 47,526 | 22,350,997 | 0.21% | 0.80 |
| 北海道 | 美唄市 | 764 | 47,454 | 721,513 | 6.58% | 0.25 |
| 大阪府 | 箕面市 | 765 | 47,281 | 9,743,134 | 0.49% | 0.95 |
| 北海道 | 七飯町 | 766 | 47,234 | 935,198 | 5.05% | 0.43 |
| 新潟県 | 十日町市 | 767 | 47,154 | 1,793,584 | 2.63% | 0.37 |
| 岡山県 | 勝央町 | 768 | 47,072 | 383,842 | 12.26% | 0.50 |
| 長野県 | 松川町 | 769 | 47,005 | 497,118 | 9.46% | 0.38 |
| 愛知県 | 岡崎市 | 770 | 46,975 | 25,529,407 | 0.18% | 0.99 |
| 秋田県 | 由利本荘市 | 771 | 46,885 | 2,555,397 | 1.83% | 0.33 |
| 岩手県 | 滝沢市 | 772 | 46,788 | 2,184,275 | 2.14% | 0.56 |
| 青森県 | 田子町 | 773 | 46,512 | 149,215 | 31.17% | 0.18 |
| 福井県 | 福井市 | 774 | 46,335 | 14,332,303 | 0.32% | 0.84 |
| 福島県 | 国見町 | 775 | 46,323 | 328,093 | 14.12% | 0.29 |
| 島根県 | 西ノ島町 | 776 | 45,945 | 115,639 | 39.73% | 0.13 |
| 新潟県 | 見附市 | 777 | 45,936 | 1,510,740 | 3.04% | 0.52 |
| 長崎県 | 波佐見町 | 778 | 45,826 | 424,991 | 10.78% | 0.40 |
| 山梨県 | 甲府市 | 779 | 45,498 | 9,825,456 | 0.46% | 0.76 |
| 和歌山県 | 那智勝浦町 | 780 | 45,373 | 463,787 | 9.78% | 0.34 |
| 秋田県 | 男鹿市 | 781 | 45,265 | 756,612 | 5.98% | 0.37 |
| 北海道 | 浦幌町 | 782 | 44,914 | 232,193 | 19.34% | 0.16 |
| 福井県 | おおい町 | 783 | 44,717 | 363,874 | 12.29% | 1.00 |
| 北海道 | 岩内町 | 784 | 44,542 | 466,960 | 9.54% | 0.30 |
| 石川県 | 珠洲市 | 785 | 44,506 | 458,927 | 9.70% | 0.23 |
| 宮城県 | 岩沼市 | 786 | 44,157 | 1,993,483 | 2.22% | 0.80 |
| 石川県 | 志賀町 | 787 | 44,112 | 767,271 | 5.75% | 0.74 |
| 高知県 | 佐川町 | 788 | 43,679 | 413,310 | 10.57% | 0.30 |
| 群馬県 | 甘楽町 | 789 | 43,641 | 518,879 | 8.41% | 0.47 |
| 香川県 | 坂出市 | 790 | 43,527 | 2,482,742 | 1.75% | 0.84 |
| 沖縄県 | 名護市 | 791 | 43,168 | 1,770,166 | 2.44% | 0.42 |
| 東京都 | 町田市 | 792 | 42,732 | 29,346,844 | 0.15% | 0.97 |
| 岡山県 | 倉敷市 | 793 | 42,722 | 22,904,676 | 0.19% | 0.85 |
| 大分県 | 豊後大野市 | 794 | 42,709 | 1,057,682 | 4.04% | 0.26 |
| 新潟県 | 上越市 | 795 | 42,074 | 8,441,606 | 0.50% | 0.64 |

| | | | | | | |
|---|---|---|---|---|---|---|
| 秋田県 | 能代市 | 796 | 42,009 | 1,784,110 | 2.35% | 0.44 |
| 栃木県 | 小山市 | 797 | 41,760 | 8,671,678 | 0.48% | 0.95 |
| 高知県 | 香南市 | 798 | 41,650 | 1,201,197 | 3.47% | 0.35 |
| 埼玉県 | 富士見市 | 799 | 41,622 | 6,509,133 | 0.64% | 0.77 |
| 北海道 | 佐呂間町 | 800 | 41,477 | 336,237 | 12.34% | 0.22 |
| 千葉県 | 長南町 | 801 | 41,365 | 315,318 | 13.12% | 0.48 |
| 鳥取県 | 南部町 | 802 | 41,347 | 336,307 | 12.29% | 0.27 |
| 青森県 | 大鰐町 | 803 | 41,219 | 220,801 | 18.67% | 0.21 |
| 静岡県 | 御前崎市 | 804 | 40,987 | 1,644,406 | 2.49% | 1.01 |
| 福島県 | 大玉村 | 805 | 40,974 | 304,004 | 13.48% | 0.36 |
| 石川県 | かほく市 | 806 | 40,857 | 1,470,677 | 2.78% | 0.43 |
| 北海道 | 長沼町 | 807 | 40,698 | 480,980 | 8.46% | 0.27 |
| 北海道 | 長万部町 | 808 | 40,342 | 313,190 | 12.88% | 0.19 |
| 滋賀県 | 栗東市 | 809 | 40,250 | 3,916,643 | 1.03% | 0.98 |
| 三重県 | 大紀町 | 810 | 40,194 | 289,256 | 13.90% | 0.19 |
| 大阪府 | 堺市 | 811 | 40,139 | 42,171,018 | 0.10% | 0.84 |
| 高知県 | 土佐清水市 | 812 | 40,127 | 487,227 | 8.24% | 0.24 |
| 愛知県 | 常滑市 | 813 | 40,113 | 2,936,634 | 1.37% | 0.97 |
| 島根県 | 飯南町 | 814 | 40,088 | 121,314 | 33.04% | 0.13 |
| 青森県 | 東通村 | 815 | 40,056 | 210,945 | 18.99% | 0.89 |
| 鹿児島県 | さつま町 | 816 | 39,589 | 639,846 | 6.19% | 0.33 |
| 福井県 | 若狭町 | 817 | 39,418 | 595,808 | 6.62% | 0.35 |
| 北海道 | 倶知安町 | 818 | 39,394 | 710,994 | 5.54% | 0.46 |
| 茨城県 | 大子町 | 819 | 39,187 | 529,058 | 7.41% | 0.32 |
| 兵庫県 | 福崎町 | 820 | 39,077 | 821,730 | 4.76% | 0.73 |
| 福島県 | 猪苗代町 | 821 | 38,966 | 477,697 | 8.16% | 0.39 |
| 愛知県 | 北名古屋市 | 822 | 38,902 | 4,879,366 | 0.80% | 0.97 |
| 沖縄県 | 読谷村 | 823 | 38,826 | 1,263,147 | 3.07% | 0.55 |
| 広島県 | 竹原市 | 824 | 38,811 | 1,030,456 | 3.77% | 0.62 |
| 北海道 | 美幌町 | 825 | 38,707 | 820,986 | 4.71% | 0.34 |
| 大分県 | 日出町 | 826 | 38,507 | 1,065,516 | 3.61% | 0.53 |
| 岡山県 | 新見市 | 827 | 38,448 | 1,008,732 | 3.81% | 0.24 |
| 鳥取県 | 日吉津村 | 828 | 38,308 | 155,930 | 24.57% | 0.75 |
| 福島県 | 喜多方市 | 829 | 38,231 | 1,597,292 | 2.39% | 0.38 |
| 三重県 | 御浜町 | 830 | 38,012 | 292,551 | 12.99% | 0.28 |
| 栃木県 | 益子町 | 831 | 37,783 | 946,054 | 3.99% | 0.55 |
| 埼玉県 | 行田市 | 832 | 37,715 | 3,857,771 | 0.98% | 0.71 |
| 高知県 | 土佐市 | 833 | 37,707 | 934,921 | 4.03% | 0.35 |
| 北海道 | 上砂川町 | 834 | 37,687 | 64,983 | 58.00% | 0.12 |
| 徳島県 | 石井町 | 835 | 37,631 | 1,005,878 | 3.74% | 0.49 |
| 秋田県 | にかほ市 | 836 | 37,501 | 940,845 | 3.99% | 0.38 |
| 埼玉県 | 美里町 | 837 | 37,350 | 434,511 | 8.60% | 0.70 |

平成28年度　全市区町村「ふるさと納税」額ランキング表

平成28年度 全市区町村「ふるさと納税」額ランキング表

| | | | | | | |
|---|---|---|---|---|---|---|
| 北海道 | 本別町 | 838 | 37,310 | 329,049 | 11.34% | 0.25 |
| 大阪府 | 東大阪市 | 839 | 37,250 | 22,711,989 | 0.16% | 0.74 |
| 北海道 | 中標津町 | 840 | 36,865 | 1,162,284 | 3.17% | 0.37 |
| 愛知県 | 岩倉市 | 841 | 36,800 | 2,682,326 | 1.37% | 0.80 |
| 岐阜県 | 郡上市 | 842 | 36,629 | 1,570,508 | 2.33% | 0.33 |
| 愛媛県 | 大洲市 | 843 | 36,427 | 1,427,884 | 2.55% | 0.36 |
| 北海道 | 興部町 | 844 | 36,407 | 236,129 | 15.42% | 0.19 |
| 長野県 | 佐久市 | 845 | 36,381 | 4,242,212 | 0.86% | 0.51 |
| 岐阜県 | 富加町 | 846 | 36,212 | 232,837 | 15.55% | 0.45 |
| 愛知県 | 安城市 | 847 | 36,150 | 13,100,417 | 0.28% | 1.24 |
| 岐阜県 | 下呂市 | 848 | 36,089 | 1,210,625 | 2.98% | 0.37 |
| 栃木県 | 鹿沼市 | 849 | 35,879 | 4,485,019 | 0.80% | 0.72 |
| 山梨県 | 市川三郷町 | 850 | 35,864 | 603,662 | 5.94% | 0.35 |
| 福島県 | 白河市 | 851 | 35,666 | 2,796,907 | 1.28% | 0.60 |
| 茨城県 | 潮来市 | 852 | 35,650 | 1,212,776 | 2.94% | 0.49 |
| 三重県 | 度会町 | 853 | 35,628 | 331,223 | 10.76% | 0.32 |
| 北海道 | 壮瞥町 | 854 | 35,588 | 84,418 | 42.16% | 0.17 |
| 京都府 | 与謝野町 | 855 | 35,558 | 703,845 | 5.05% | 0.30 |
| 千葉県 | 袖ケ浦市 | 856 | 35,555 | 3,214,139 | 1.11% | 1.08 |
| 山口県 | 和木町 | 857 | 35,453 | 285,322 | 12.43% | 0.72 |
| 愛知県 | 豊明市 | 858 | 35,277 | 4,314,613 | 0.82% | 0.91 |
| 三重県 | 紀宝町 | 859 | 35,274 | 353,557 | 9.98% | 0.33 |
| 大阪府 | 河内長野市 | 860 | 35,240 | 5,330,399 | 0.66% | 0.63 |
| 北海道 | 愛別町 | 861 | 35,238 | 95,599 | 36.86% | 0.15 |
| 埼玉県 | 所沢市 | 862 | 35,078 | 21,632,271 | 0.16% | 0.96 |
| 神奈川県 | 茅ヶ崎市 | 863 | 35,062 | 15,522,974 | 0.23% | 0.94 |
| 兵庫県 | 神河町 | 864 | 35,002 | 430,399 | 8.13% | 0.43 |
| 大分県 | 竹田市 | 865 | 34,874 | 590,459 | 5.91% | 0.23 |
| 沖縄県 | 北中城村 | 866 | 34,854 | 665,589 | 5.24% | 0.50 |
| 福島県 | 相馬市 | 867 | 34,567 | 1,770,792 | 1.95% | 0.60 |
| 北海道 | 遠軽町 | 868 | 34,513 | 828,585 | 4.17% | 0.26 |
| 千葉県 | 横芝光町 | 869 | 34,430 | 920,772 | 3.74% | 0.49 |
| 熊本県 | 人吉市 | 870 | 34,219 | 1,182,993 | 2.89% | 0.42 |
| 埼玉県 | 吉川市 | 871 | 34,160 | 3,910,791 | 0.87% | 0.85 |
| 鳥取県 | 伯耆町 | 872 | 34,066 | 386,345 | 8.82% | 0.32 |
| 茨城県 | 那珂市 | 873 | 33,971 | 2,448,434 | 1.39% | 0.65 |
| 大分県 | 宇佐市 | 874 | 33,938 | 2,009,975 | 1.69% | 0.43 |
| 茨城県 | つくばみらい市 | 875 | 33,930 | 2,657,461 | 1.28% | 0.80 |
| 徳島県 | 佐那河内村 | 876 | 33,914 | 67,435 | 50.29% | 0.15 |
| 北海道 | 浜頓別町 | 877 | 33,676 | 202,925 | 16.60% | 0.16 |
| 奈良県 | 宇陀市 | 878 | 33,649 | 1,108,744 | 3.03% | 0.31 |
| 三重県 | 多気町 | 879 | 33,578 | 569,930 | 5.89% | 0.59 |

| | | | | | | | |
|---|---|---|---|---|---|---|---|
| 愛知県 | 一宮市 | 880 | 33,506 | 19,871,888 | 0.17% | 0.83 |
| 北海道 | 奈井江町 | 881 | 33,363 | 184,656 | 18.07% | 0.24 |
| 広島県 | 福山市 | 882 | 33,288 | 21,882,631 | 0.15% | 0.81 |
| 愛知県 | 南知多町 | 883 | 33,273 | 844,508 | 3.94% | 0.53 |
| 福島県 | 桑折町 | 884 | 33,159 | 456,826 | 7.26% | 0.45 |
| 新潟県 | 阿賀野市 | 885 | 32,656 | 1,414,958 | 2.31% | 0.42 |
| 鳥取県 | 岩美町 | 886 | 32,601 | 343,216 | 9.50% | 0.27 |
| 北海道 | 雨竜町 | 887 | 32,525 | 94,700 | 34.35% | 0.13 |
| 北海道 | 洞爺湖町 | 888 | 32,404 | 329,047 | 9.85% | 0.27 |
| 福井県 | 大野市 | 889 | 32,367 | 1,293,177 | 2.50% | 0.41 |
| 熊本県 | あさぎり町 | 890 | 32,354 | 410,034 | 7.89% | 0.22 |
| 島根県 | 雲南市 | 891 | 32,320 | 1,307,544 | 2.47% | 0.25 |
| 石川県 | 能美市 | 892 | 32,212 | 2,591,207 | 1.24% | 0.69 |
| 長野県 | 木島平村 | 893 | 32,162 | 149,953 | 21.45% | 0.19 |
| 北海道 | 三笠市 | 894 | 32,036 | 234,226 | 13.68% | 0.19 |
| 和歌山県 | 串本町 | 895 | 31,970 | 466,705 | 6.85% | 0.28 |
| 青森県 | つがる市 | 896 | 31,616 | 773,877 | 4.09% | 0.23 |
| 富山県 | 朝日町 | 897 | 31,588 | 506,394 | 6.24% | 0.33 |
| 和歌山県 | みなべ町 | 898 | 31,407 | 423,055 | 7.42% | 0.31 |
| 北海道 | 美深町 | 899 | 31,375 | 162,909 | 19.26% | 0.14 |
| 大分県 | 玖珠町 | 900 | 31,090 | 491,829 | 6.32% | 0.34 |
| 北海道 | 豊浦町 | 901 | 31,046 | 187,348 | 16.57% | 0.16 |
| 茨城県 | 牛久市 | 902 | 30,994 | 4,909,260 | 0.63% | 0.88 |
| 岐阜県 | 笠松町 | 903 | 30,813 | 1,098,624 | 2.80% | 0.69 |
| 茨城県 | 茨城町 | 904 | 30,699 | 1,235,583 | 2.48% | 0.56 |
| 青森県 | 中泊町 | 905 | 30,639 | 262,705 | 11.66% | 0.19 |
| 愛媛県 | 西予市 | 906 | 30,627 | 1,087,832 | 2.82% | 0.24 |
| 北海道 | むかわ町 | 907 | 30,600 | 334,776 | 9.14% | 0.20 |
| 長野県 | 南箕輪村 | 908 | 30,595 | 695,124 | 4.40% | 0.58 |
| 兵庫県 | 尼崎市 | 909 | 30,262 | 22,454,294 | 0.13% | 0.82 |
| 岡山県 | 玉野市 | 910 | 30,156 | 2,439,800 | 1.24% | 0.57 |
| 北海道 | 上川町 | 911 | 30,124 | 119,741 | 25.16% | 0.16 |
| 群馬県 | 藤岡市 | 912 | 30,030 | 2,801,559 | 1.07% | 0.64 |
| 岐阜県 | 東白川村 | 913 | 29,684 | 67,481 | 43.99% | 0.14 |
| 北海道 | 釧路町 | 914 | 29,675 | 756,012 | 3.93% | 0.47 |
| 宮城県 | 大郷町 | 915 | 29,609 | 252,339 | 11.73% | 0.42 |
| 福島県 | 会津若松市 | 916 | 29,592 | 5,107,057 | 0.58% | 0.62 |
| 宮城県 | 大和町 | 917 | 29,437 | 1,226,628 | 0.28% | 0.73 |
| 埼玉県 | 熊谷市 | 918 | 29,347 | 10,482,218 | 0.28% | 0.89 |
| 北海道 | 和寒町 | 919 | 29,343 | 105,153 | 27.91% | 0.15 |
| 広島県 | 府中市 | 920 | 29,247 | 1,569,014 | 1.86% | 0.48 |
| 沖縄県 | 沖縄市 | 921 | 29,132 | 4,678,832 | 0.62% | 0.54 |

平成28年度　全市区町村「ふるさと納税」額ランキング表

平成28年度 全市区町村「ふるさと納税」額ランキング表

| | | | | | | |
|---|---|---|---|---|---|---|
| 茨城県 | 神栖市 | 922 | 29,052 | 5,047,039 | 0.58% | 1.35 |
| 長野県 | 青木村 | 923 | 28,935 | 153,617 | 18.84% | 0.22 |
| 愛媛県 | 伊予市 | 924 | 28,832 | 1,235,389 | 2.33% | 0.43 |
| 大阪府 | 富田林市 | 925 | 28,621 | 5,752,041 | 0.50% | 0.64 |
| 愛知県 | 豊橋市 | 926 | 28,612 | 21,683,968 | 0.13% | 0.96 |
| 長野県 | 坂城町 | 927 | 28,460 | 681,125 | 4.18% | 0.66 |
| 愛知県 | 清須市 | 928 | 28,409 | 3,951,039 | 0.72% | 0.95 |
| 奈良県 | 天理市 | 929 | 28,326 | 2,508,611 | 1.13% | 0.57 |
| 富山県 | 高岡市 | 930 | 28,138 | 8,276,004 | 0.34% | 0.75 |
| 福岡県 | 添田町 | 931 | 28,020 | 247,673 | 11.31% | 0.20 |
| 北海道 | 訓子府町 | 932 | 27,972 | 221,977 | 12.60% | 0.21 |
| 大分県 | 津久見市 | 933 | 27,963 | 662,715 | 4.22% | 0.42 |
| 宮崎県 | 諸塚村 | 934 | 27,857 | 45,868 | 60.73% | 0.16 |
| 岐阜県 | 垂井町 | 935 | 27,692 | 1,208,087 | 2.29% | 0.71 |
| 静岡県 | 松崎町 | 936 | 27,585 | 202,343 | 13.63% | 0.31 |
| 岐阜県 | 大野町 | 937 | 27,557 | 1,010,861 | 2.73% | 0.63 |
| 北海道 | 室蘭市 | 938 | 27,349 | 3,677,196 | 0.74% | 0.61 |
| 山梨県 | 昭和町 | 939 | 27,254 | 1,148,946 | 2.37% | 1.13 |
| 山口県 | 上関町 | 940 | 27,071 | 79,948 | 33.86% | 0.12 |
| 大分県 | 九重町 | 941 | 26,637 | 238,601 | 11.16% | 0.29 |
| 北海道 | 羽幌町 | 942 | 26,622 | 269,728 | 9.87% | 0.19 |
| 愛知県 | あま市 | 943 | 26,614 | 4,440,680 | 0.60% | 0.78 |
| 大阪府 | 忠岡町 | 944 | 26,611 | 683,398 | 3.89% | 0.56 |
| 東京都 | 狛江市 | 945 | 26,543 | 6,179,003 | 0.43% | 0.86 |
| 静岡県 | 函南町 | 946 | 26,520 | 1,797,248 | 1.48% | 0.77 |
| 岩手県 | 葛巻町 | 947 | 26,367 | 155,505 | 16.96% | 0.15 |
| 群馬県 | 千代田町 | 948 | 25,972 | 473,593 | 5.48% | 0.80 |
| 栃木県 | 那珂川町 | 949 | 25,970 | 578,783 | 4.49% | 0.40 |
| 東京都 | 新宿区 | 950 | 25,937 | 38,793,966 | 0.07% | 0.62 |
| 佐賀県 | 神埼市 | 951 | 25,913 | 1,230,728 | 2.11% | 0.44 |
| 東京都 | 青梅市 | 952 | 25,766 | 7,422,884 | 0.35% | 0.87 |
| 島根県 | 邑南町 | 953 | 25,755 | 318,034 | 8.10% | 0.17 |
| 福岡県 | 大牟田市 | 954 | 25,661 | 3,969,786 | 0.65% | 0.49 |
| 茨城県 | 結城市 | 955 | 25,592 | 2,287,827 | 1.12% | 0.70 |
| 宮城県 | 南三陸町 | 956 | 25,571 | 411,184 | 6.22% | 0.27 |
| 長野県 | 池田町 | 957 | 25,510 | 384,235 | 6.64% | 0.33 |
| 熊本県 | 玉名市 | 958 | 25,505 | 2,350,947 | 1.08% | 0.43 |
| 神奈川県 | 中井町 | 959 | 25,420 | 464,962 | 5.47% | 0.99 |
| 熊本県 | 水俣市 | 960 | 25,191 | 794,071 | 3.17% | 0.35 |
| 埼玉県 | さいたま市 | 961 | 24,919 | 90,565,773 | 0.03% | 0.98 |
| 福井県 | 勝山市 | 962 | 24,808 | 971,997 | 2.55% | 0.45 |
| 栃木県 | 茂木町 | 963 | 24,715 | 472,206 | 5.23% | 0.41 |

| | | | | | | |
|---|---|---|---|---|---|---|
| 東京都 | 世田谷区 | 964 | 24,710 | 109,666,056 | 0.02% | 0.72 |
| 長野県 | 木曽町 | 965 | 24,674 | 453,200 | 5.44% | 0.29 |
| 兵庫県 | 高砂市 | 966 | 24,507 | 4,406,258 | 0.56% | 0.90 |
| 愛媛県 | 鬼北町 | 967 | 24,445 | 292,464 | 8.36% | 0.21 |
| 山口県 | 光市 | 968 | 24,392 | 2,444,880 | 1.00% | 0.73 |
| 長崎県 | 長与町 | 969 | 24,366 | 2,238,087 | 1.09% | 0.66 |
| 千葉県 | 大網白里市 | 970 | 24,274 | 2,400,098 | 1.01% | 0.62 |
| 長野県 | 下條村 | 971 | 24,154 | 124,554 | 19.39% | 0.23 |
| 千葉県 | 松戸市 | 972 | 24,153 | 30,850,914 | 0.08% | 0.90 |
| 茨城県 | 常陸太田市 | 973 | 24,051 | 2,247,773 | 1.07% | 0.41 |
| 千葉県 | 木更津市 | 974 | 23,980 | 7,222,166 | 0.33% | 0.83 |
| 山口県 | 防府市 | 975 | 23,948 | 5,350,835 | 0.45% | 0.81 |
| 三重県 | 大台町 | 976 | 23,792 | 342,984 | 6.94% | 0.25 |
| 高知県 | 北川村 | 977 | 23,677 | 35,568 | 66.57% | 0.16 |
| 愛媛県 | 四国中央市 | 978 | 23,399 | 3,971,949 | 0.59% | 0.78 |
| 茨城県 | 常総市 | 979 | 23,380 | 2,519,182 | 0.93% | 0.73 |
| 高知県 | 中土佐町 | 980 | 23,369 | 175,525 | 13.31% | 0.17 |
| 山口県 | 周南市 | 981 | 23,310 | 7,153,257 | 0.33% | 0.81 |
| 東京都 | 練馬区 | 982 | 23,268 | 58,419,289 | 0.04% | 0.45 |
| 熊本県 | 合志市 | 983 | 23,106 | 2,449,928 | 0.94% | 0.64 |
| 岡山県 | 美作市 | 984 | 23,037 | 814,779 | 2.83% | 0.26 |
| 東京都 | 調布市 | 985 | 22,962 | 18,928,032 | 0.12% | 1.20 |
| 東京都 | 日野市 | 986 | 22,900 | 12,468,399 | 0.18% | 0.96 |
| 秋田県 | 八峰町 | 987 | 22,877 | 178,890 | 12.79% | 0.16 |
| 北海道 | 斜里町 | 988 | 22,851 | 781,788 | 2.92% | 0.35 |
| 福岡県 | 小郡市 | 989 | 22,796 | 2,698,345 | 0.84% | 0.64 |
| 埼玉県 | 和光市 | 990 | 22,673 | 6,263,990 | 0.36% | 1.00 |
| 山口県 | 山陽小野田市 | 991 | 22,557 | 2,604,241 | 0.87% | 0.68 |
| 埼玉県 | 鴻巣市 | 992 | 22,549 | 6,223,034 | 0.36% | 0.74 |
| 長野県 | 生坂村 | 993 | 22,392 | 52,002 | 43.06% | 0.14 |
| 群馬県 | 安中市 | 994 | 22,372 | 2,582,941 | 0.87% | 0.80 |
| 北海道 | 豊頃町 | 995 | 22,274 | 174,728 | 12.75% | 0.18 |
| 東京都 | 中野区 | 996 | 22,215 | 29,730,967 | 0.07% | 0.49 |
| 北海道 | 新篠津村 | 997 | 21,883 | 124,320 | 17.60% | 0.18 |
| 北海道 | 下川町 | 998 | 21,817 | 120,288 | 18.14% | 0.13 |
| 鹿児島県 | 天城町 | 999 | 21,777 | 108,341 | 20.10% | 0.15 |
| 大分県 | 由布市 | 1000 | 21,650 | 1,207,131 | 1.79% | 0.47 |
| 京都府 | 京丹波町 | 1001 | 21,488 | 443,134 | 4.85% | 0.29 |
| 東京都 | 足立区 | 1002 | 21,404 | 40,089,625 | 0.05% | 0.34 |
| 北海道 | 知内町 | 1003 | 21,403 | 148,045 | 14.46% | 0.24 |
| 高知県 | 津野町 | 1004 | 21,331 | 151,930 | 14.04% | 0.15 |
| 鳥取県 | 若桜町 | 1005 | 21,330 | 86,455 | 24.67% | 0.13 |

平成28年度　全市区町村「ふるさと納税」額ランキング表

巻末資料

平成28年度 全市区町村「ふるさと納税」額ランキング表

| | | | | | | |
|---|---|---|---|---|---|---|
| 和歌山県 | 上富田町 | 1006 | 21,318 | 541,022 | 3.94% | 0.48 |
| 鹿児島県 | 十島村 | 1007 | 21,299 | 21,564 | 98.77% | 0.06 |
| 埼玉県 | 川島町 | 1008 | 21,292 | 943,947 | 2.26% | 0.74 |
| 千葉県 | 匝瑳市 | 1009 | 21,249 | 1,510,483 | 1.41% | 0.49 |
| 青森県 | 新郷村 | 1010 | 20,990 | 62,141 | 33.78% | 0.12 |
| 三重県 | 四日市市 | 1011 | 20,933 | 18,380,908 | 0.11% | 0.99 |
| 福井県 | 高浜町 | 1012 | 20,925 | 463,015 | 4.52% | 0.95 |
| 北海道 | 更別村 | 1013 | 20,760 | 232,872 | 8.91% | 0.22 |
| 福岡県 | 福津市 | 1014 | 20,532 | 2,547,009 | 0.81% | 0.55 |
| 北海道 | 真狩村 | 1015 | 20,482 | 90,387 | 22.66% | 0.13 |
| 大阪府 | 八尾市 | 1016 | 20,428 | 13,013,162 | 0.16% | 0.74 |
| 岡山県 | 鏡野町 | 1017 | 20,401 | 485,016 | 4.21% | 0.35 |
| 富山県 | 滑川市 | 1018 | 20,366 | 1,614,519 | 1.26% | 0.70 |
| 福岡県 | 太宰府市 | 1019 | 20,310 | 3,384,732 | 0.60% | 0.67 |
| 宮城県 | 女川町 | 1020 | 20,247 | 255,580 | 7.92% | 0.99 |
| 長野県 | 松本市 | 1021 | 20,132 | 12,888,856 | 0.16% | 0.71 |
| 広島県 | 北広島町 | 1022 | 20,090 | 662,581 | 3.03% | 0.35 |
| 秋田県 | 北秋田市 | 1023 | 20,052 | 892,374 | 2.25% | 0.26 |
| 東京都 | 江東区 | 1024 | 20,002 | 44,134,379 | 0.05% | 0.48 |
| 沖縄県 | うるま市 | 1025 | 19,935 | 3,174,733 | 0.63% | 0.45 |
| 栃木県 | 那須烏山市 | 1026 | 19,915 | 1,055,582 | 1.89% | 0.44 |
| 三重県 | いなべ市 | 1027 | 19,814 | 2,402,946 | 0.82% | 0.85 |
| 神奈川県 | 川崎市 | 1028 | 19,652 | 117,672,609 | 0.02% | 1.00 |
| 京都府 | 伊根町 | 1029 | 19,527 | 53,933 | 36.21% | 0.11 |
| 山梨県 | 富士川町 | 1030 | 19,386 | 649,865 | 2.98% | 0.37 |
| 広島県 | 安芸高田市 | 1031 | 19,324 | 1,059,055 | 1.82% | 0.33 |
| 宮崎県 | 日之影町 | 1032 | 19,210 | 74,832 | 25.67% | 0.13 |
| 福島県 | 田村市 | 1033 | 19,138 | 1,342,791 | 1.43% | 0.32 |
| 北海道 | 占冠村 | 1034 | 19,120 | 50,287 | 38.02% | 0.20 |
| 富山県 | 黒部市 | 1035 | 19,017 | 2,222,925 | 0.86% | 0.68 |
| 群馬県 | 玉村町 | 1036 | 18,970 | 1,704,460 | 1.11% | 0.76 |
| 長野県 | 小川村 | 1037 | 18,905 | 74,961 | 25.22% | 0.13 |
| 福島県 | 川内村 | 1038 | 18,852 | 117,659 | 16.02% | 0.28 |
| 北海道 | 帯広市 | 1039 | 18,822 | 7,758,168 | 0.24% | 0.56 |
| 埼玉県 | 羽生市 | 1040 | 18,743 | 2,489,274 | 0.75% | 0.78 |
| 鹿児島県 | 出水市 | 1041 | 18,667 | 1,625,309 | 1.15% | 0.38 |
| 宮崎県 | 椎葉村 | 1042 | 18,665 | 68,599 | 27.21% | 0.15 |
| 千葉県 | 八千代市 | 1043 | 18,570 | 11,778,921 | 0.16% | 0.93 |
| 北海道 | 平取町 | 1044 | 18,519 | 231,260 | 8.01% | 0.16 |
| 福岡県 | 中間市 | 1045 | 18,440 | 1,415,370 | 1.30% | 0.42 |
| 鹿児島県 | 伊仙町 | 1046 | 18,391 | 112,422 | 16.36% | 0.11 |
| 埼玉県 | 狭山市 | 1047 | 18,248 | 8,312,749 | 0.22% | 0.90 |

| | | | | | | |
|---|---|---|---|---|---|---|
| 鹿児島県 | 喜界町 | 1048 | 18,168 | 169,735 | 10.70% | 0.16 |
| 埼玉県 | 蕨市 | 1049 | 18,144 | 4,647,401 | 0.39% | 0.85 |
| 北海道 | 留萌市 | 1050 | 18,132 | 897,504 | 2.02% | 0.31 |
| 大阪府 | 河南町 | 1051 | 18,087 | 738,919 | 2.45% | 0.45 |
| 島根県 | 海士町 | 1052 | 18,080 | 87,429 | 20.68% | 0.09 |
| 群馬県 | 川場村 | 1053 | 18,062 | 115,096 | 15.69% | 0.23 |
| 石川県 | 内灘町 | 1054 | 17,998 | 1,304,639 | 1.38% | 0.52 |
| 千葉県 | 佐倉市 | 1055 | 17,967 | 10,685,984 | 0.17% | 0.91 |
| 長野県 | 小海町 | 1056 | 17,820 | 187,993 | 9.48% | 0.26 |
| 神奈川県 | 葉山町 | 1057 | 17,725 | 2,590,004 | 0.68% | 0.90 |
| 岐阜県 | 御嵩町 | 1058 | 17,599 | 798,210 | 2.20% | 0.64 |
| 茨城県 | 笠間市 | 1059 | 17,542 | 3,151,750 | 0.56% | 0.63 |
| 茨城県 | 美浦村 | 1060 | 17,538 | 840,023 | 2.09% | 0.78 |
| 岐阜県 | 揖斐川町 | 1061 | 17,412 | 897,515 | 1.94% | 0.40 |
| 三重県 | 津市 | 1062 | 17,333 | 15,115,119 | 0.11% | 0.75 |
| 沖縄県 | 伊是名村 | 1063 | 17,330 | 34,541 | 50.17% | 0.11 |
| 沖縄県 | 与那国町 | 1064 | 17,239 | 53,375 | 32.30% | 0.13 |
| 宮城県 | 色麻町 | 1065 | 17,210 | 215,863 | 7.97% | 0.28 |
| 熊本県 | 大津町 | 1066 | 17,205 | 1,399,774 | 1.23% | 0.70 |
| 栃木県 | 佐野市 | 1067 | 17,158 | 5,391,388 | 0.32% | 0.72 |
| 山口県 | 平生町 | 1068 | 17,006 | 442,448 | 3.84% | 0.40 |
| 鳥取県 | 八頭町 | 1069 | 16,983 | 500,721 | 3.39% | 0.23 |
| 山形県 | 小国町 | 1070 | 16,958 | 275,581 | 6.15% | 0.25 |
| 奈良県 | 三宅町 | 1071 | 16,917 | 287,772 | 5.88% | 0.29 |
| 大阪府 | 豊中市 | 1072 | 16,903 | 28,125,425 | 0.06% | 0.90 |
| 東京都 | 大田区 | 1073 | 16,719 | 64,713,918 | 0.03% | 0.52 |
| 山形県 | 高畠町 | 1074 | 16,701 | 783,664 | 2.13% | 0.37 |
| 青森県 | 深浦町 | 1075 | 16,642 | 165,711 | 10.04% | 0.16 |
| 秋田県 | 小坂町 | 1076 | 16,482 | 158,210 | 10.42% | 0.28 |
| 福島県 | 郡山市 | 1077 | 16,434 | 16,751,804 | 0.10% | 0.77 |
| 滋賀県 | 愛荘町 | 1078 | 16,430 | 889,324 | 1.85% | 0.62 |
| 新潟県 | 出雲崎町 | 1079 | 16,339 | 143,372 | 11.40% | 0.22 |
| 沖縄県 | 中城村 | 1080 | 16,273 | 729,153 | 2.23% | 0.51 |
| 山口県 | 周防大島町 | 1081 | 16,181 | 449,119 | 3.60% | 0.18 |
| 福岡県 | みやこ町 | 1082 | 16,181 | 656,720 | 2.46% | 0.41 |
| 長崎県 | 佐々町 | 1083 | 16,172 | 493,333 | 3.28% | 0.49 |
| 奈良県 | 王寺町 | 1084 | 16,056 | 1,306,696 | 1.23% | 0.64 |
| 神奈川県 | 藤沢市 | 1085 | 15,947 | 30,867,063 | 0.05% | 1.05 |
| 静岡県 | 伊東市 | 1086 | 15,845 | 2,719,938 | 0.58% | 0.77 |
| 秋田県 | 潟上市 | 1087 | 15,828 | 991,016 | 1.60% | 0.33 |
| 東京都 | あきる野市 | 1088 | 15,796 | 4,216,294 | 0.37% | 0.72 |
| 富山県 | 南砺市 | 1089 | 15,779 | 2,140,529 | 0.74% | 0.36 |

| | | | | | | |
|---|---|---|---|---|---|---|
| 岡山県 | 美咲町 | 1090 | 15,740 | 435,586 | 3.61% | 0.25 |
| 北海道 | 中札内村 | 1091 | 15,601 | 217,256 | 7.18% | 0.25 |
| 北海道 | 千歳市 | 1092 | 15,595 | 4,517,578 | 0.35% | 0.77 |
| 静岡県 | 裾野市 | 1093 | 15,530 | 3,144,698 | 0.49% | 1.06 |
| 岐阜県 | 白川町 | 1094 | 15,527 | 268,085 | 5.79% | 0.27 |
| 山梨県 | 上野原市 | 1095 | 15,450 | 1,121,283 | 1.38% | 0.49 |
| 茨城県 | 八千代町 | 1096 | 15,411 | 911,199 | 1.69% | 0.58 |
| 鹿児島県 | 和泊町 | 1097 | 15,201 | 182,752 | 8.32% | 0.17 |
| 岡山県 | 高梁市 | 1098 | 15,187 | 1,143,867 | 1.33% | 0.31 |
| 奈良県 | 御所市 | 1099 | 15,156 | 931,827 | 1.63% | 0.40 |
| 北海道 | 石狩市 | 1100 | 15,106 | 1,990,687 | 0.76% | 0.51 |
| 北海道 | 乙部町 | 1101 | 14,980 | 116,037 | 12.91% | 0.13 |
| 愛知県 | 高浜市 | 1102 | 14,932 | 2,895,525 | 0.52% | 0.98 |
| 千葉県 | 野田市 | 1103 | 14,877 | 7,593,529 | 0.20% | 0.87 |
| 千葉県 | 成田市 | 1104 | 14,735 | 7,622,284 | 0.19% | 1.26 |
| 福島県 | 玉川村 | 1105 | 14,734 | 221,701 | 6.65% | 0.33 |
| 奈良県 | 斑鳩町 | 1106 | 14,682 | 1,307,869 | 1.12% | 0.54 |
| 東京都 | 国分寺市 | 1107 | 14,647 | 10,452,889 | 0.14% | 0.99 |
| 広島県 | 世羅町 | 1108 | 14,535 | 534,055 | 2.72% | 0.32 |
| 埼玉県 | 東松山市 | 1109 | 14,372 | 4,564,526 | 0.31% | 0.86 |
| 栃木県 | 真岡市 | 1110 | 14,371 | 3,689,299 | 0.39% | 0.82 |
| 群馬県 | 板倉町 | 1111 | 14,302 | 645,818 | 2.21% | 0.57 |
| 宮城県 | 塩竈市 | 1112 | 14,290 | 2,208,960 | 0.65% | 0.49 |
| 沖縄県 | 伊平屋村 | 1113 | 14,063 | 32,347 | 43.48% | 0.09 |
| 沖縄県 | 宜野座村 | 1114 | 13,967 | 145,752 | 9.58% | 0.31 |
| 宮城県 | 涌谷町 | 1115 | 13,898 | 486,589 | 2.86% | 0.35 |
| 宮城県 | 加美町 | 1116 | 13,840 | 803,562 | 1.72% | 0.32 |
| 大阪府 | 豊能町 | 1117 | 13,839 | 1,079,027 | 1.28% | 0.51 |
| 宮城県 | 松島町 | 1118 | 13,778 | 516,187 | 0.04% | 0.44 |
| 埼玉県 | 川口市 | 1119 | 13,774 | 35,797,942 | 0.04% | 0.95 |
| 千葉県 | 白子町 | 1120 | 13,756 | 426,096 | 3.23% | 0.49 |
| 千葉県 | 茂原市 | 1121 | 13,722 | 4,291,638 | 0.32% | 0.84 |
| 広島県 | 東広島市 | 1122 | 13,691 | 9,456,252 | 0.14% | 0.81 |
| 千葉県 | 柏市 | 1123 | 13,663 | 26,315,230 | 0.05% | 0.94 |
| 山梨県 | 北杜市 | 1124 | 13,659 | 1,887,763 | 0.72% | 0.44 |
| 北海道 | 幌加内町 | 1125 | 13,644 | 102,010 | 13.38% | 0.10 |
| 福岡県 | 小竹町 | 1126 | 13,614 | 230,539 | 5.91% | 0.29 |
| 福岡県 | 広川町 | 1127 | 13,602 | 691,744 | 1.97% | 0.57 |
| 埼玉県 | 長瀞町 | 1128 | 13,570 | 310,944 | 4.36% | 0.41 |
| 埼玉県 | 東秩父村 | 1129 | 13,542 | 89,285 | 15.17% | 0.20 |
| 愛知県 | 半田市 | 1130 | 13,542 | 7,223,318 | 0.19% | 0.96 |
| 福島県 | 三島町 | 1131 | 13,496 | 44,833 | 30.10% | 0.13 |

| | | | | | | |
|---|---|---|---|---|---|---|
| 岩手県 | 軽米町 | 1132 | 13,312 | 232,591 | 5.72% | 0.22 |
| 長野県 | 大鹿村 | 1133 | 13,292 | 22,072 | 60.22% | 0.13 |
| 福島県 | 須賀川市 | 1134 | 13,204 | 3,173,003 | 0.42% | 0.57 |
| 北海道 | 南富良野町 | 1135 | 13,186 | 100,143 | 13.17% | 0.11 |
| 栃木県 | さくら市 | 1136 | 13,147 | 2,122,293 | 0.62% | 0.76 |
| 京都府 | 綾部市 | 1137 | 13,128 | 1,243,540 | 1.06% | 0.48 |
| 熊本県 | 菊陽町 | 1138 | 13,070 | 1,989,389 | 0.66% | 0.92 |
| 広島県 | 大崎上島町 | 1139 | 12,990 | 249,383 | 5.21% | 0.30 |
| 千葉県 | 鋸南町 | 1140 | 12,973 | 272,219 | 4.77% | 0.28 |
| 宮城県 | 丸森町 | 1141 | 12,940 | 438,914 | 4.36% | 0.28 |
| 北海道 | 弟子屈町 | 1142 | 12,929 | 297,027 | 4.35% | 0.21 |
| 埼玉県 | 八潮市 | 1143 | 12,925 | 4,899,934 | 0.26% | 0.98 |
| 広島県 | 庄原市 | 1144 | 12,907 | 1,192,025 | 1.08% | 0.26 |
| 熊本県 | 多良木町 | 1145 | 12,870 | 279,340 | 4.61% | 0.22 |
| 北海道 | 天塩町 | 1146 | 12,863 | 147,706 | 8.71% | 0.14 |
| 千葉県 | 八街市 | 1147 | 12,838 | 2,992,800 | 0.43% | 0.64 |
| 宮崎県 | 門川町 | 1148 | 12,816 | 510,182 | 2.51% | 0.36 |
| 徳島県 | 神山町 | 1149 | 12,813 | 121,560 | 10.54% | 0.21 |
| 宮崎県 | 五ヶ瀬町 | 1150 | 12,772 | 80,832 | 15.80% | 0.12 |
| 長野県 | 木祖村 | 1151 | 12,650 | 109,355 | 11.57% | 0.35 |
| 茨城県 | 桜川市 | 1152 | 12,603 | 1,644,872 | 0.77% | 0.49 |
| 長野県 | 筑北村 | 1153 | 12,602 | 145,082 | 8.69% | 0.17 |
| 福島県 | 西郷村 | 1154 | 12,599 | 847,690 | 1.49% | 0.88 |
| 鹿児島県 | 湧水町 | 1155 | 12,411 | 236,962 | 5.24% | 0.27 |
| 新潟県 | 田上町 | 1156 | 12,390 | 415,578 | 2.98% | 0.40 |
| 東京都 | 多摩市 | 1157 | 12,390 | 10,047,723 | 0.12% | 1.09 |
| 奈良県 | 香芝市 | 1158 | 12,380 | 4,218,187 | 0.29% | 0.67 |
| 奈良県 | 下市町 | 1159 | 12,345 | 196,397 | 6.29% | 0.22 |
| 京都府 | 南山城村 | 1160 | 12,310 | 98,135 | 12.54% | 0.24 |
| 東京都 | 板橋区 | 1161 | 12,295 | 39,080,358 | 0.03% | 0.43 |
| 京都府 | 木津川市 | 1162 | 12,282 | 3,803,084 | 0.32% | 0.65 |
| 青森県 | おいらせ町 | 1163 | 12,225 | 882,095 | 1.39% | 0.45 |
| 千葉県 | 旭市 | 1164 | 12,164 | 2,878,856 | 0.42% | 0.50 |
| 福岡県 | 岡垣町 | 1165 | 12,139 | 1,233,850 | 0.98% | 0.54 |
| 福島県 | 石川町 | 1166 | 12,059 | 533,364 | 2.26% | 0.42 |
| 青森県 | 藤崎町 | 1167 | 12,010 | 432,914 | 2.77% | 0.27 |
| 岐阜県 | 美濃市 | 1168 | 11,995 | 918,440 | 1.31% | 0.54 |
| 群馬県 | みどり市 | 1169 | 11,950 | 2,237,642 | 0.53% | 0.65 |
| 宮城県 | 山元町 | 1170 | 11,913 | 398,135 | 1.83% | 0.35 |
| 福島県 | 三春町 | 1171 | 11,895 | 649,834 | 1.83% | 0.40 |
| 長野県 | 麻績村 | 1172 | 11,855 | 87,664 | 13.52% | 0.18 |
| 岩手県 | 洋野町 | 1173 | 11,825 | 482,667 | 2.45% | 0.23 |

平成28年度　全市区町村「ふるさと納税」額ランキング表

| | | | | | | |
|---|---|---|---|---|---|---|
| 熊本県 | 山江村 | 1174 | 11,800 | 69,543 | 16.97% | 0.13 |
| 長崎県 | 川棚町 | 1175 | 11,792 | 468,475 | 2.52% | 0.35 |
| 宮城県 | 白石市 | 1176 | 11,784 | 1,264,759 | 0.93% | 0.46 |
| 岡山県 | 井原市 | 1177 | 11,763 | 1,542,537 | 0.76% | 0.41 |
| 宮崎県 | 美郷町 | 1178 | 11,710 | 124,182 | 9.43% | 0.14 |
| 福井県 | 永平寺町 | 1179 | 11,668 | 857,449 | 1.36% | 0.42 |
| 北海道 | 小平町 | 1180 | 11,616 | 121,585 | 9.55% | 0.12 |
| 京都府 | 舞鶴市 | 1181 | 11,593 | 3,748,829 | 0.31% | 0.71 |
| 和歌山県 | 紀美野町 | 1182 | 11,590 | 287,980 | 4.02% | 0.22 |
| 茨城県 | 下妻市 | 1183 | 11,529 | 1,856,373 | 0.62% | 0.66 |
| 鳥取県 | 江府町 | 1184 | 11,500 | 76,994 | 14.94% | 0.34 |
| 長野県 | 天龍村 | 1185 | 11,449 | 36,160 | 31.66% | 0.15 |
| 高知県 | 三原村 | 1186 | 11,430 | 34,819 | 32.83% | 0.11 |
| 福島県 | 矢吹町 | 1187 | 11,416 | 672,318 | 1.70% | 0.53 |
| 大阪府 | 守口市 | 1188 | 11,400 | 6,527,388 | 0.17% | 0.74 |
| 北海道 | 函館市 | 1189 | 11,380 | 10,681,988 | 0.11% | 0.46 |
| 千葉県 | 流山市 | 1190 | 11,351 | 11,935,128 | 0.10% | 0.91 |
| 長野県 | 下諏訪町 | 1191 | 11,315 | 1,033,338 | 1.09% | 0.59 |
| 山形県 | 中山町 | 1192 | 11,221 | 404,203 | 2.78% | 0.36 |
| 山梨県 | 中央市 | 1193 | 11,153 | 1,535,233 | 0.73% | 0.71 |
| 兵庫県 | 加東市 | 1194 | 11,152 | 1,747,761 | 0.64% | 0.73 |
| 千葉県 | 君津市 | 1195 | 11,150 | 4,543,137 | 0.25% | 1.00 |
| 山口県 | 阿武町 | 1196 | 11,140 | 91,365 | 12.19% | 0.16 |
| 福岡県 | 築上町 | 1197 | 11,089 | 637,357 | 1.74% | 0.34 |
| 東京都 | 品川区 | 1198 | 11,055 | 42,002,252 | 0.03% | 0.55 |
| 栃木県 | 上三川町 | 1199 | 10,932 | 1,632,075 | 0.67% | 0.91 |
| 沖縄県 | 与那原町 | 1200 | 10,858 | 612,261 | 1.77% | 0.44 |
| 熊本県 | 産山村 | 1201 | 10,774 | 31,392 | 34.32% | 0.13 |
| 岐阜県 | 海津市 | 1202 | 10,720 | 1,568,513 | 0.68% | 0.53 |
| 福島県 | 川俣町 | 1203 | 10,695 | 417,632 | 2.56% | 0.34 |
| 青森県 | 佐井村 | 1204 | 10,677 | 46,407 | 23.01% | 0.11 |
| 宮城県 | 富谷市 | 1205 | 10,660 | 1,803,182 | 0.59% | 0.78 |
| 埼玉県 | 本庄市 | 1206 | 10,567 | 3,703,520 | 0.29% | 0.76 |
| 青森県 | 西目屋村 | 1207 | 10,540 | 29,409 | 35.84% | 0.09 |
| 島根県 | 津和野町 | 1208 | 10,363 | 203,597 | 5.09% | 0.17 |
| 熊本県 | 山鹿市 | 1209 | 10,354 | 1,560,157 | 0.66% | 0.33 |
| 神奈川県 | 寒川町 | 1210 | 10,345 | 2,536,635 | 0.41% | 1.01 |
| 岐阜県 | 養老町 | 1211 | 10,320 | 1,272,991 | 0.81% | 0.62 |
| 兵庫県 | 佐用町 | 1212 | 10,297 | 567,790 | 1.81% | 0.32 |
| 岡山県 | 西粟倉村 | 1213 | 10,280 | 40,258 | 25.54% | 0.13 |
| 北海道 | 幌延町 | 1214 | 10,145 | 125,115 | 8.11% | 0.18 |
| 富山県 | 魚津市 | 1215 | 10,081 | 2,231,717 | 0.45% | 0.66 |

| | | | | | | | |
|---|---|---|---|---|---|---|---|
| 埼玉県 | 幸手市 | 1216 | | 10,047 | 2,442,391 | 0.41% | 0.72 |
| 神奈川県 | 真鶴町 | 1217 | | 10,025 | 330,567 | 3.03% | 0.50 |
| 北海道 | 名寄市 | 1218 | | 10,013 | 1,208,187 | 0.83% | 0.27 |
| 群馬県 | 明和町 | 1219 | | 9,970 | 489,484 | 2.04% | 0.68 |
| 大阪府 | 松原市 | 1220 | | 9,937 | 4,975,281 | 0.20% | 0.59 |
| 静岡県 | 川根本町 | 1221 | | 9,857 | 235,801 | 4.18% | 0.37 |
| 栃木県 | 足利市 | 1222 | | 9,805 | 6,749,609 | 0.15% | 0.72 |
| 沖縄県 | 嘉手納町 | 1223 | | 9,803 | 575,926 | 1.70% | 0.57 |
| 福岡県 | 鞍手町 | 1224 | | 9,691 | 533,853 | 1.82% | 0.45 |
| 愛媛県 | 砥部町 | 1225 | | 9,637 | 714,357 | 1.35% | 0.45 |
| 埼玉県 | 毛呂山町 | 1226 | | 9,505 | 1,541,111 | 0.62% | 0.63 |
| 高知県 | 日高村 | 1227 | | 9,471 | 141,312 | 6.70% | 0.28 |
| 富山県 | 小矢部市 | 1228 | | 9,458 | 1,345,917 | 0.70% | 0.55 |
| 福島県 | 塙町 | 1229 | | 9,452 | 322,887 | 2.93% | 0.27 |
| 奈良県 | 東吉野村 | 1230 | | 9,294 | 39,471 | 23.55% | 0.12 |
| 福島県 | 南会津町 | 1231 | | 9,267 | 507,047 | 1.83% | 0.23 |
| 埼玉県 | 蓮田市 | 1232 | | 9,250 | 3,537,781 | 0.26% | 0.77 |
| 北海道 | 士別市 | 1233 | | 9,222 | 743,264 | 1.24% | 0.25 |
| 愛知県 | 刈谷市 | 1234 | | 9,145 | 11,423,371 | 0.08% | 1.31 |
| 兵庫県 | 明石市 | 1235 | | 9,113 | 15,125,335 | 0.06% | 0.77 |
| 秋田県 | 大仙市 | 1236 | | 9,095 | 2,490,082 | 0.37% | 0.34 |
| 兵庫県 | 姫路市 | 1237 | | 9,026 | 26,711,201 | 0.03% | 0.86 |
| 島根県 | 川本町 | 1238 | | 9,026 | 97,889 | 9.22% | 0.16 |
| 広島県 | 熊野町 | 1239 | | 9,022 | 1,012,219 | 0.89% | 0.54 |
| 高知県 | 仁淀川町 | 1240 | | 8,970 | 127,867 | 7.02% | 0.17 |
| 愛知県 | 武豊町 | 1241 | | 8,960 | 2,264,168 | 0.40% | 0.99 |
| 福島県 | 浪江町 | 1242 | | 8,923 | 773,645 | 1.15% | 0.39 |
| 鳥取県 | 日南町 | 1243 | | 8,798 | 118,402 | 7.43% | 0.14 |
| 広島県 | 廿日市市 | 1244 | | 8,782 | 5,893,653 | 0.15% | 0.65 |
| 徳島県 | つるぎ町 | 1245 | | 8,777 | 254,525 | 3.45% | 0.19 |
| 奈良県 | 明日香村 | 1246 | | 8,713 | 226,190 | 3.85% | 0.24 |
| 香川県 | さぬき市 | 1247 | | 8,710 | 1,895,755 | 0.46% | 0.42 |
| 北海道 | 今金町 | 1248 | | 8,608 | 181,531 | 4.74% | 0.17 |
| 香川県 | まんのう町 | 1249 | | 8,561 | 658,519 | 1.30% | 0.37 |
| 鹿児島県 | 知名町 | 1250 | | 8,550 | 170,408 | 5.02% | 0.17 |
| 熊本県 | 長洲町 | 1251 | | 8,497 | 507,397 | 1.67% | 0.56 |
| 千葉県 | 我孫子市 | 1252 | | 8,472 | 8,253,542 | 0.10% | 0.84 |
| 徳島県 | 三好市 | 1253 | | 8,449 | 852,209 | 0.99% | 0.21 |
| 熊本県 | 美里町 | 1254 | | 8,379 | 230,082 | 3.64% | 0.25 |
| 東京都 | 杉並区 | 1255 | | 8,359 | 58,189,850 | 0.01% | 0.61 |
| 青森県 | 七戸町 | 1256 | | 8,332 | 461,604 | 1.81% | 0.33 |
| 愛媛県 | 伊方町 | 1257 | | 8,324 | 268,949 | 3.10% | 0.51 |

平成28年度 全市区町村「ふるさと納税」額ランキング表

平成28年度 全市区町村「ふるさと納税」額ランキング表

| | | | | | | |
|---|---|---|---|---|---|---|
| 広島県 | 江田島市 | 1258 | 8,204 | 1,002,238 | 0.82% | 0.33 |
| 北海道 | 鶴居村 | 1259 | 8,185 | 112,074 | 7.30% | 0.16 |
| 東京都 | 武蔵村山市 | 1260 | 8,163 | 3,439,247 | 0.24% | 0.81 |
| 沖縄県 | 座間味村 | 1261 | 8,143 | 28,933 | 28.14% | 0.10 |
| 山梨県 | 都留市 | 1262 | 8,130 | 1,335,714 | 0.61% | 0.49 |
| 茨城県 | つくば市 | 1263 | 8,116 | 15,683,742 | 0.05% | 0.99 |
| 熊本県 | 甲佐町 | 1264 | 8,065 | 250,153 | 3.22% | 0.29 |
| 愛知県 | 美浜町 | 1265 | 7,990 | 1,145,883 | 0.70% | 0.71 |
| 東京都 | 荒川区 | 1266 | 7,981 | 14,539,173 | 0.05% | 0.32 |
| 愛媛県 | 内子町 | 1267 | 7,963 | 442,700 | 1.80% | 0.26 |
| 沖縄県 | 伊江村 | 1268 | 7,946 | 107,068 | 7.42% | 0.17 |
| 北海道 | 置戸町 | 1269 | 7,925 | 119,840 | 6.61% | 0.13 |
| 鹿児島県 | 与論町 | 1270 | 7,915 | 114,078 | 6.94% | 0.13 |
| 徳島県 | 美馬市 | 1271 | 7,869 | 999,370 | 0.79% | 0.30 |
| 福島県 | 只見町 | 1272 | 7,836 | 127,729 | 6.13% | 0.25 |
| 福岡県 | 大野城市 | 1273 | 7,766 | 5,246,331 | 0.15% | 0.79 |
| 埼玉県 | 加須市 | 1274 | 7,750 | 5,253,344 | 0.15% | 0.76 |
| 東京都 | 立川市 | 1275 | 7,746 | 12,200,622 | 0.06% | 1.10 |
| 大阪府 | 藤井寺市 | 1276 | 7,741 | 3,205,036 | 0.24% | 0.61 |
| 北海道 | 清里町 | 1277 | 7,710 | 216,149 | 3.57% | 0.17 |
| 福岡県 | 久山町 | 1278 | 7,705 | 354,308 | 2.17% | 0.78 |
| 香川県 | 綾川町 | 1279 | 7,674 | 980,202 | 0.78% | 0.55 |
| 北海道 | 剣淵町 | 1280 | 7,593 | 121,928 | 6.23% | 0.15 |
| 青森県 | 板柳町 | 1281 | 7,583 | 335,294 | 2.26% | 0.26 |
| 福島県 | 本宮市 | 1282 | 7,571 | 1,227,044 | 0.62% | 0.63 |
| 千葉県 | 白井市 | 1283 | 7,447 | 3,769,203 | 0.20% | 0.89 |
| 宮城県 | 川崎町 | 1284 | 7,410 | 254,630 | 1.52% | 0.30 |
| 秋田県 | 美郷町 | 1285 | 7,352 | 488,880 | 1.50% | 0.26 |
| 岡山県 | 奈義町 | 1286 | 7,286 | 194,524 | 3.75% | 0.28 |
| 京都府 | 向日市 | 1287 | 7,274 | 2,932,006 | 0.25% | 0.71 |
| 長野県 | 原村 | 1288 | 7,272 | 363,766 | 2.00% | 0.37 |
| 岩手県 | 普代村 | 1289 | 7,253 | 73,071 | 9.93% | 0.14 |
| 高知県 | 梼原町 | 1290 | 7,237 | 87,871 | 8.24% | 0.11 |
| 高知県 | 本山町 | 1291 | 7,205 | 104,562 | 6.89% | 0.15 |
| 大阪府 | 羽曳野市 | 1292 | 7,101 | 4,955,502 | 0.14% | 0.55 |
| 岐阜県 | 山県市 | 1293 | 7,066 | 1,144,290 | 0.62% | 0.41 |
| 秋田県 | 上小阿仁村 | 1294 | 7,050 | 50,454 | 13.97% | 0.11 |
| 静岡県 | 御殿場市 | 1295 | 7,026 | 5,231,208 | 0.13% | 1.00 |
| 大阪府 | 門真市 | 1296 | 6,942 | 5,014,672 | 0.14% | 0.68 |
| 東京都 | 八王子市 | 1297 | 6,933 | 34,399,663 | 0.02% | 0.94 |
| 沖縄県 | 宜野湾市 | 1298 | 6,903 | 3,661,124 | 0.19% | 0.64 |
| 石川県 | 宝達志水町 | 1299 | 6,875 | 494,394 | 1.39% | 0.34 |

| | | | | | | | |
|---|---|---|---|---|---|---|---|
| 愛知県 | 瀬戸市 | 1300 | 6,870 | 7,031,772 | 0.10% | 0.85 |
| 島根県 | 隠岐の島町 | 1301 | 6,808 | 564,764 | 1.21% | 0.19 |
| 東京都 | 葛飾区 | 1302 | 6,803 | 28,228,341 | 0.02% | 0.34 |
| 福島県 | 二本松市 | 1303 | 6,727 | 2,218,961 | 0.30% | 0.45 |
| 北海道 | 比布町 | 1304 | 6,670 | 117,916 | 5.66% | 0.18 |
| 福島県 | 棚倉町 | 1305 | 6,660 | 548,025 | 1.22% | 0.55 |
| 群馬県 | 東吾妻町 | 1306 | 6,650 | 528,287 | 1.26% | 0.41 |
| 神奈川県 | 大磯町 | 1307 | 6,606 | 2,238,936 | 0.30% | 0.87 |
| 山梨県 | 大月市 | 1308 | 6,577 | 1,029,029 | 0.64% | 0.67 |
| 奈良県 | 御杖村 | 1309 | 6,570 | 33,315 | 19.72% | 0.11 |
| 愛媛県 | 東温市 | 1310 | 6,530 | 1,335,411 | 0.49% | 0.50 |
| 新潟県 | 阿賀町 | 1311 | 6,486 | 288,356 | 2.25% | 0.18 |
| 埼玉県 | 鳩山町 | 1312 | 6,476 | 694,818 | 0.93% | 0.60 |
| 茨城県 | かすみがうら市 | 1313 | 6,470 | 1,977,979 | 0.33% | 0.63 |
| 兵庫県 | 猪名川町 | 1314 | 6,429 | 1,614,723 | 0.40% | 0.61 |
| 富山県 | 立山町 | 1315 | 6,391 | 1,149,396 | 0.56% | 0.45 |
| 長野県 | 王滝村 | 1316 | 6,360 | 30,579 | 20.80% | 0.19 |
| 千葉県 | 山武市 | 1317 | 6,342 | 2,056,610 | 0.31% | 0.52 |
| 愛知県 | 愛西市 | 1318 | 6,322 | 3,071,711 | 0.21% | 0.64 |
| 埼玉県 | 越谷市 | 1319 | 6,270 | 19,679,765 | 0.03% | 0.92 |
| 福岡県 | 糸田町 | 1320 | 6,264 | 239,652 | 2.61% | 0.22 |
| 青森県 | 黒石市 | 1321 | 6,253 | 961,177 | 0.65% | 0.33 |
| 北海道 | 中川町 | 1322 | 6,235 | 68,242 | 9.14% | 0.11 |
| 栃木県 | 市貝町 | 1323 | 6,225 | 535,192 | 1.16% | 0.73 |
| 奈良県 | 大和郡山市 | 1324 | 6,210 | 3,811,205 | 0.16% | 0.69 |
| 青森県 | 風間浦村 | 1325 | 6,175 | 46,616 | 13.25% | 0.10 |
| 京都府 | 南丹市 | 1326 | 6,126 | 1,132,813 | 0.54% | 0.34 |
| 神奈川県 | 清川村 | 1327 | 6,070 | 152,376 | 3.98% | 0.99 |
| 福島県 | 西会津町 | 1328 | 6,060 | 159,711 | 3.79% | 0.20 |
| 岐阜県 | 恵那市 | 1329 | 6,013 | 2,131,771 | 0.28% | 0.47 |
| 福島県 | 伊達市 | 1330 | 6,011 | 2,299,074 | 0.26% | 0.40 |
| 神奈川県 | 二宮町 | 1331 | 6,005 | 1,725,846 | 0.35% | 0.76 |
| 茨城県 | 五霞町 | 1332 | 5,975 | 413,922 | 1.44% | 0.81 |
| 埼玉県 | 越生町 | 1333 | 5,973 | 538,740 | 1.11% | 0.54 |
| 青森県 | 五戸町 | 1334 | 5,965 | 534,426 | 1.12% | 0.27 |
| 奈良県 | 大淀町 | 1335 | 5,954 | 668,559 | 0.89% | 0.44 |
| 山形県 | 大蔵村 | 1336 | 5,933 | 98,033 | 6.05% | 0.15 |
| 岩手県 | 野田村 | 1337 | 5,925 | 128,956 | 4.59% | 0.17 |
| 青森県 | 大間町 | 1338 | 5,888 | 201,946 | 2.92% | 0.25 |
| 愛知県 | 新城市 | 1339 | 5,848 | 2,216,764 | 0.26% | 0.62 |
| 愛媛県 | 松野町 | 1340 | 5,807 | 86,705 | 6.70% | 0.16 |
| 愛知県 | 江南市 | 1341 | 5,787 | 5,338,038 | 0.11% | 0.81 |

平成28年度　全市区町村「ふるさと納税」額ランキング表

巻末資料

平成28年度 全市区町村「ふるさと納税」額ランキング表

| | | | | | | |
|---|---|---|---|---|---|---|
| 岩手県 | 金ケ崎町 | 1342 | 5,782 | 567,945 | 1.02% | 0.57 |
| 熊本県 | 相良村 | 1343 | 5,750 | 101,057 | 5.69% | 0.17 |
| 徳島県 | 小松島市 | 1344 | 5,748 | 1,541,719 | 0.37% | 0.53 |
| 埼玉県 | 志木市 | 1345 | 5,727 | 4,903,787 | 0.12% | 0.84 |
| 東京都 | 北区 | 1346 | 5,705 | 24,689,544 | 0.02% | 0.38 |
| 奈良県 | 桜井市 | 1347 | 5,687 | 2,336,077 | 0.24% | 0.52 |
| 新潟県 | 関川村 | 1348 | 5,673 | 155,979 | 3.64% | 0.22 |
| 北海道 | 松前町 | 1349 | 5,658 | 241,168 | 2.35% | 0.18 |
| 東京都 | 東村山市 | 1350 | 5,655 | 8,862,850 | 0.06% | 0.81 |
| 千葉県 | 香取市 | 1351 | 5,637 | 3,200,477 | 0.18% | 0.55 |
| 奈良県 | 平群町 | 1352 | 5,627 | 920,080 | 0.61% | 0.49 |
| 京都府 | 城陽市 | 1353 | 5,582 | 3,431,904 | 0.16% | 0.62 |
| 愛知県 | 知多市 | 1354 | 5,571 | 4,782,074 | 0.12% | 0.96 |
| 大阪府 | 太子町 | 1355 | 5,570 | 617,496 | 0.90% | 0.53 |
| 千葉県 | 浦安市 | 1356 | 5,537 | 15,774,445 | 0.04% | 1.50 |
| 岐阜県 | 中津川市 | 1357 | 5,490 | 3,457,450 | 0.16% | 0.50 |
| 香川県 | 直島町 | 1358 | 5,490 | 172,667 | 3.18% | 0.45 |
| 沖縄県 | 豊見城市 | 1359 | 5,461 | 2,265,054 | 0.24% | 0.58 |
| 宮城県 | 栗原市 | 1360 | 5,438 | 2,078,339 | 0.26% | 0.33 |
| 青森県 | 今別町 | 1361 | 5,414 | 57,638 | 9.39% | 0.14 |
| 福島県 | 富岡町 | 1362 | 5,408 | 294,668 | 1.84% | 0.81 |
| 福島県 | 双葉町 | 1363 | 5,407 | 302,605 | 1.79% | 0.76 |
| 石川県 | 中能登町 | 1364 | 5,365 | 630,654 | 0.85% | 0.31 |
| 神奈川県 | 愛川町 | 1365 | 5,355 | 1,906,987 | 0.28% | 0.99 |
| 北海道 | 北斗市 | 1366 | 5,308 | 1,594,764 | 0.33% | 0.46 |
| 福井県 | 坂井市 | 1367 | 5,298 | 4,228,870 | 0.13% | 0.68 |
| 埼玉県 | 横瀬町 | 1368 | 5,240 | 353,405 | 1.48% | 0.54 |
| 新潟県 | 聖籠町 | 1369 | 5,227 | 474,487 | 1.10% | 1.11 |
| 富山県 | 砺波市 | 1370 | 5,210 | 2,376,199 | 0.22% | 0.57 |
| 岩手県 | 紫波町 | 1371 | 5,168 | 1,156,579 | 0.45% | 0.43 |
| 山梨県 | 鳴沢村 | 1372 | 5,140 | 142,920 | 3.60% | 0.63 |
| 岐阜県 | 坂祝町 | 1373 | 5,130 | 376,556 | 1.36% | 0.59 |
| 北海道 | 西興部村 | 1374 | 5,115 | 47,582 | 10.75% | 0.08 |
| 愛媛県 | 久万高原町 | 1375 | 5,093 | 213,701 | 2.38% | 0.17 |
| 栃木県 | 高根沢町 | 1376 | 5,065 | 1,709,362 | 0.30% | 0.77 |
| 福島県 | 楢葉町 | 1377 | 5,060 | 140,583 | 3.60% | 0.82 |
| 千葉県 | 神崎町 | 1378 | 5,025 | 254,421 | 1.98% | 0.40 |
| 大阪府 | 田尻町 | 1379 | 5,015 | 372,128 | 1.35% | 1.37 |
| 富山県 | 入善町 | 1380 | 5,004 | 1,173,145 | 0.43% | 0.54 |
| 鹿児島県 | 龍郷町 | 1381 | 4,970 | 145,362 | 3.42% | 0.17 |
| 北海道 | 木古内町 | 1382 | 4,946 | 133,610 | 3.70% | 0.17 |
| 宮城県 | 村田町 | 1383 | 4,942 | 359,293 | 38.14% | 0.42 |

| | | | | | | |
|---|---|---|---|---|---|---|
| 鹿児島県 | 三島村 | 1384 | 4,894 | 12,956 | 37.77% | 0.05 |
| 福島県 | 矢祭町 | 1385 | 4,870 | 201,414 | 2.42% | 0.34 |
| 沖縄県 | 渡嘉敷村 | 1386 | 4,860 | 25,515 | 19.05% | 0.09 |
| 福岡県 | 宇美町 | 1387 | 4,827 | 1,400,915 | 0.34% | 0.56 |
| 長野県 | 信濃町 | 1388 | 4,809 | 276,304 | 1.74% | 0.35 |
| 奈良県 | 天川村 | 1389 | 4,800 | 42,543 | 11.28% | 0.12 |
| 愛知県 | 東郷町 | 1390 | 4,760 | 2,727,665 | 0.17% | 0.90 |
| 北海道 | 歌志内市 | 1391 | 4,750 | 86,390 | 5.50% | 0.10 |
| 東京都 | 府中市 | 1392 | 4,690 | 19,082,695 | 0.02% | 1.14 |
| 北海道 | ニセコ町 | 1393 | 4,685 | 189,122 | 2.48% | 0.24 |
| 青森県 | 三沢市 | 1394 | 4,685 | 1,876,522 | 0.25% | 0.47 |
| 京都府 | 京田辺市 | 1395 | 4,674 | 3,784,789 | 0.12% | 0.77 |
| 埼玉県 | 伊奈町 | 1396 | 4,652 | 2,409,567 | 0.19% | 0.86 |
| 岐阜県 | 瑞浪市 | 1397 | 4,635 | 1,710,809 | 0.27% | 0.61 |
| 愛知県 | 設楽町 | 1398 | 4,629 | 189,624 | 2.44% | 0.24 |
| 熊本県 | 荒尾市 | 1399 | 4,615 | 1,689,684 | 0.27% | 0.46 |
| 岩手県 | 田野畑村 | 1400 | 4,596 | 93,683 | 4.91% | 0.13 |
| 山口県 | 田布施町 | 1401 | 4,535 | 619,740 | 0.73% | 0.45 |
| 茨城県 | 高萩市 | 1402 | 4,507 | 1,218,696 | 0.37% | 0.60 |
| 和歌山県 | 新宮市 | 1403 | 4,469 | 1,075,000 | 0.42% | 0.37 |
| 岡山県 | 早島町 | 1404 | 4,439 | 556,330 | 0.80% | 0.65 |
| 大阪府 | 島本町 | 1405 | 4,397 | 1,703,964 | 0.26% | 0.78 |
| 愛知県 | みよし市 | 1406 | 4,390 | 4,733,388 | 0.09% | 1.16 |
| 秋田県 | 東成瀬村 | 1407 | 4,255 | 52,937 | 8.04% | 0.10 |
| 埼玉県 | 嵐山町 | 1408 | 4,240 | 811,825 | 0.52% | 0.78 |
| 北海道 | 余市町 | 1409 | 4,237 | 625,339 | 0.68% | 0.32 |
| 熊本県 | 阿蘇市 | 1410 | 4,211 | 840,324 | 0.50% | 0.36 |
| 富山県 | 舟橋村 | 1411 | 4,200 | 171,448 | 2.45% | 0.33 |
| 愛知県 | 大口町 | 1412 | 4,196 | 1,338,714 | 0.31% | 1.17 |
| 北海道 | 上富良野町 | 1413 | 4,179 | 435,230 | 0.96% | 0.28 |
| 埼玉県 | 桶川市 | 1414 | 4,173 | 4,067,081 | 0.10% | 0.83 |
| 佐賀県 | 鳥栖市 | 1415 | 4,126 | 3,268,087 | 0.13% | 0.93 |
| 岡山県 | 里庄町 | 1416 | 4,118 | 460,854 | 0.89% | 0.58 |
| 群馬県 | 桐生市 | 1417 | 4,101 | 4,915,086 | 0.08% | 0.56 |
| 北海道 | 湧別町 | 1418 | 4,100 | 503,409 | 0.81% | 0.24 |
| 島根県 | 吉賀町 | 1419 | 4,090 | 194,623 | 2.10% | 0.17 |
| 群馬県 | 吉岡町 | 1420 | 4,069 | 942,035 | 0.43% | 0.66 |
| 岩手県 | 住田町 | 1421 | 4,062 | 149,380 | 2.72% | 0.17 |
| 大阪府 | 高石市 | 1422 | 4,026 | 2,983,561 | 0.13% | 0.86 |
| 福島県 | 泉崎村 | 1423 | 4,013 | 234,634 | 1.71% | 0.54 |
| 長野県 | 泰阜村 | 1424 | 3,974 | 49,799 | 7.98% | 0.16 |
| 岩手県 | 矢巾町 | 1425 | 3,966 | 1,127,735 | 0.35% | 0.65 |

平成28年度　全市区町村「ふるさと納税」額ランキング表

平成28年度 全市区町村「ふるさと納税」額ランキング表

| | | | | | | |
|---|---|---|---|---|---|---|
| 奈良県 | 葛城市 | 1426 | 3,916 | 1,474,355 | 0.27% | 0.54 |
| 福岡県 | 須恵町 | 1427 | 3,890 | 1,001,694 | 0.39% | 0.55 |
| 長野県 | 佐久穂町 | 1428 | 3,836 | 412,936 | 0.93% | 0.23 |
| 埼玉県 | 久喜市 | 1429 | 3,821 | 8,161,136 | 0.05% | 0.87 |
| 青森県 | 外ヶ浜町 | 1430 | 3,805 | 168,832 | 2.25% | 0.17 |
| 奈良県 | 下北山村 | 1431 | 3,790 | 28,188 | 13.45% | 0.20 |
| 鳥取県 | 日野町 | 1432 | 3,789 | 85,015 | 4.46% | 0.18 |
| 岡山県 | 矢掛町 | 1433 | 3,785 | 497,001 | 0.76% | 0.38 |
| 秋田県 | 藤里町 | 1434 | 3,742 | 66,288 | 5.65% | 0.12 |
| 富山県 | 上市町 | 1435 | 3,720 | 893,896 | 0.42% | 0.47 |
| 栃木県 | 野木町 | 1436 | 3,709 | 1,285,578 | 0.29% | 0.85 |
| 群馬県 | 伊勢崎市 | 1437 | 3,708 | 9,853,721 | 0.04% | 0.82 |
| 兵庫県 | 新温泉町 | 1438 | 3,695 | 463,137 | 0.80% | 0.26 |
| 東京都 | 三鷹市 | 1439 | 3,674 | 16,634,059 | 0.02% | 1.08 |
| 熊本県 | 和水町 | 1440 | 3,665 | 284,890 | 1.29% | 0.23 |
| 宮城県 | 大河原町 | 1441 | 3,660 | 1,020,231 | 11.13% | 0.61 |
| 鹿児島県 | 大和村 | 1442 | 3,610 | 32,879 | 10.98% | 0.07 |
| 山口県 | 下松市 | 1443 | 3,595 | 2,764,739 | 0.13% | 0.87 |
| 沖縄県 | 粟国村 | 1444 | 3,590 | 16,816 | 21.35% | 0.10 |
| 長野県 | 長和町 | 1445 | 3,583 | 198,622 | 1.80% | 0.23 |
| 埼玉県 | 神川町 | 1446 | 3,580 | 515,642 | 0.69% | 0.53 |
| 大阪府 | 大阪狭山市 | 1447 | 3,481 | 3,326,163 | 0.10% | 0.70 |
| 岩手県 | 一関市 | 1448 | 3,469 | 3,999,237 | 0.09% | 0.38 |
| 徳島県 | 板野町 | 1449 | 3,467 | 464,804 | 0.75% | 0.51 |
| 東京都 | 目黒区 | 1450 | 3,459 | 39,595,455 | 0.01% | 0.73 |
| 北海道 | 滝上町 | 1451 | 3,450 | 102,756 | 3.36% | 0.11 |
| 大阪府 | 交野市 | 1452 | 3,428 | 4,136,783 | 0.08% | 0.70 |
| 山梨県 | 身延町 | 1453 | 3,405 | 438,712 | 0.78% | 0.28 |
| 東京都 | 千代田区 | 1454 | 3,397 | 14,234,883 | 0.02% | 0.83 |
| 埼玉県 | 三郷市 | 1455 | 3,360 | 7,580,646 | 0.04% | 0.93 |
| 千葉県 | 東金市 | 1456 | 3,305 | 2,658,116 | 0.12% | 0.69 |
| 和歌山県 | すさみ町 | 1457 | 3,242 | 111,486 | 2.91% | 0.18 |
| 東京都 | 西東京市 | 1458 | 3,217 | 14,078,914 | 0.02% | 0.89 |
| 宮城県 | 七ヶ浜町 | 1459 | 3,195 | 771,083 | 0.78% | 0.60 |
| 岩手県 | 岩手町 | 1460 | 3,165 | 411,575 | 0.77% | 0.31 |
| 東京都 | 福生市 | 1461 | 3,153 | 3,247,115 | 0.10% | 0.76 |
| 埼玉県 | ときがわ町 | 1462 | 3,150 | 472,150 | 0.67% | 0.50 |
| 秋田県 | 八郎潟町 | 1463 | 3,105 | 168,574 | 1.84% | 0.26 |
| 滋賀県 | 多賀町 | 1464 | 3,085 | 304,057 | 1.01% | 0.69 |
| 沖縄県 | 久米島町 | 1465 | 3,052 | 211,856 | 1.44% | 0.19 |
| 青森県 | 階上町 | 1466 | 3,040 | 445,567 | 0.68% | 0.33 |
| 東京都 | 清瀬市 | 1467 | 3,031 | 4,134,702 | 0.07% | 0.66 |

| | | | | | | |
|---|---|---|---|---|---|---|
| 徳島県 | 上板町 | 1468 | 3,030 | 406,759 | 0.74% | 0.40 |
| 熊本県 | 苓北町 | 1469 | 3,025 | 213,339 | 1.42% | 0.55 |
| 和歌山県 | 印南町 | 1470 | 3,000 | 261,398 | 1.15% | 0.31 |
| 奈良県 | 川上村 | 1471 | 2,997 | 37,709 | 7.95% | 0.13 |
| 埼玉県 | 北本市 | 1472 | 2,948 | 3,620,388 | 0.08% | 0.80 |
| 埼玉県 | 新座市 | 1473 | 2,941 | 9,602,648 | 0.03% | 0.90 |
| 長野県 | 売木村 | 1474 | 2,932 | 13,262 | 22.11% | 0.10 |
| 東京都 | 文京区 | 1475 | 2,931 | 29,718,173 | 0.01% | 0.64 |
| 高知県 | 大豊町 | 1476 | 2,928 | 83,254 | 3.52% | 0.16 |
| 熊本県 | 氷川町 | 1477 | 2,923 | 345,944 | 0.84% | 0.28 |
| 鳥取県 | 智頭町 | 1478 | 2,911 | 179,579 | 1.62% | 0.20 |
| 島根県 | 知夫村 | 1479 | 2,890 | 21,125 | 13.68% | 0.08 |
| 群馬県 | 高山村 | 1480 | 2,871 | 111,848 | 2.57% | 0.30 |
| 秋田県 | 井川町 | 1481 | 2,864 | 126,572 | 2.26% | 0.23 |
| 青森県 | 東北町 | 1482 | 2,855 | 556,481 | 0.51% | 0.28 |
| 大阪府 | 能勢町 | 1483 | 2,850 | 389,765 | 0.73% | 0.43 |
| 東京都 | 武蔵野市 | 1484 | 2,842 | 16,606,893 | 0.02% | 1.44 |
| 東京都 | 大島町 | 1485 | 2,840 | 381,273 | 0.74% | 0.35 |
| 東京都 | 東大和市 | 1486 | 2,839 | 5,289,427 | 0.05% | 0.85 |
| 大阪府 | 摂津市 | 1487 | 2,810 | 4,177,757 | 0.07% | 0.98 |
| 千葉県 | 九十九里町 | 1488 | 2,800 | 600,504 | 0.47% | 0.44 |
| 石川県 | 野々市市 | 1489 | 2,799 | 2,790,806 | 0.10% | 0.81 |
| 徳島県 | 海陽町 | 1490 | 2,785 | 236,374 | 1.18% | 0.18 |
| 栃木県 | 芳賀町 | 1491 | 2,740 | 653,066 | 0.42% | 1.03 |
| 福島県 | 鏡石町 | 1492 | 2,735 | 478,167 | 0.57% | 0.53 |
| 福島県 | 金山町 | 1493 | 2,704 | 53,056 | 5.10% | 0.22 |
| 静岡県 | 清水町 | 1494 | 2,690 | 1,843,314 | 0.15% | 0.96 |
| 北海道 | 苫前町 | 1495 | 2,685 | 120,216 | 2.23% | 0.13 |
| 愛知県 | 蟹江町 | 1496 | 2,664 | 2,183,752 | 0.12% | 0.89 |
| 愛知県 | 東栄町 | 1497 | 2,663 | 110,436 | 2.41% | 0.18 |
| 奈良県 | 大和高田市 | 1498 | 2,655 | 2,601,836 | 0.10% | 0.47 |
| 京都府 | 久御山町 | 1499 | 2,648 | 682,884 | 0.39% | 1.06 |
| 岩手県 | 一戸町 | 1500 | 2,630 | 360,185 | 0.73% | 0.32 |
| 福井県 | 池田町 | 1501 | 2,608 | 102,906 | 2.53% | 0.13 |
| 埼玉県 | 小鹿野町 | 1502 | 2,560 | 426,072 | 0.60% | 0.35 |
| 宮城県 | 亘理町 | 1503 | 2,548 | 1,269,173 | 3.51% | 0.54 |
| 福岡県 | 赤村 | 1504 | 2,545 | 72,672 | 3.50% | 0.15 |
| 北海道 | 黒松内町 | 1505 | 2,540 | 91,099 | 2.79% | 0.12 |
| 福岡県 | 芦屋町 | 1506 | 2,499 | 549,140 | 0.45% | 0.37 |
| 福島県 | 鮫川村 | 1507 | 2,495 | 103,586 | 2.41% | 0.16 |
| 大阪府 | 阪南市 | 1508 | 2,491 | 2,344,052 | 0.11% | 0.54 |
| 群馬県 | 神流町 | 1509 | 2,468 | 44,145 | 5.59% | 0.13 |

平成28年度 全市区町村「ふるさと納税」額ランキング表

| | | | | | | |
|---|---|---|---|---|---|---|
| 京都府 | 長岡京市 | 1510 | 2,462 | 4,788,258 | 0.05% | 0.83 |
| 京都府 | 宇治田原町 | 1511 | 2,440 | 425,881 | 0.57% | 0.64 |
| 愛知県 | 津島市 | 1512 | 2,400 | 3,175,627 | 0.08% | 0.73 |
| 徳島県 | 上勝町 | 1513 | 2,398 | 37,816 | 6.34% | 0.11 |
| 神奈川県 | 大和市 | 1514 | 2,372 | 14,731,766 | 0.02% | 0.96 |
| 栃木県 | 下野市 | 1515 | 2,360 | 3,756,244 | 0.06% | 0.79 |
| 熊本県 | 津奈木町 | 1516 | 2,360 | 91,316 | 2.58% | 0.19 |
| 長野県 | 根羽村 | 1517 | 2,336 | 29,591 | 7.89% | 0.09 |
| 山梨県 | 南部町 | 1518 | 2,335 | 301,406 | 0.77% | 0.27 |
| 福岡県 | 粕屋町 | 1519 | 2,325 | 2,185,448 | 0.11% | 0.82 |
| 沖縄県 | 恩納村 | 1520 | 2,273 | 330,778 | 0.69% | 0.49 |
| 青森県 | 六ヶ所村 | 1521 | 2,250 | 499,609 | 0.45% | 1.62 |
| 徳島県 | 東みよし町 | 1522 | 2,250 | 478,045 | 0.47% | 0.30 |
| 青森県 | 平内町 | 1523 | 2,235 | 454,634 | 0.49% | 0.21 |
| 東京都 | 檜原村 | 1524 | 2,210 | 74,188 | 2.98% | 0.16 |
| 新潟県 | 粟島浦村 | 1525 | 2,205 | 9,933 | 22.20% | 0.09 |
| 埼玉県 | 滑川町 | 1526 | 2,200 | 939,080 | 0.23% | 0.91 |
| 岐阜県 | 北方町 | 1527 | 2,190 | 881,527 | 0.25% | 0.63 |
| 和歌山県 | 太地町 | 1528 | 2,184 | 93,121 | 2.35% | 0.20 |
| 京都府 | 精華町 | 1529 | 2,155 | 2,270,349 | 0.09% | 0.69 |
| 岐阜県 | 安八町 | 1530 | 2,130 | 673,255 | 0.32% | 0.64 |
| 北海道 | 蘭越町 | 1531 | 2,115 | 162,250 | 1.30% | 0.17 |
| 福岡県 | 遠賀町 | 1532 | 2,104 | 781,053 | 0.27% | 0.58 |
| 埼玉県 | 小川町 | 1533 | 2,098 | 1,446,682 | 0.15% | 0.69 |
| 北海道 | 北広島市 | 1534 | 2,094 | 2,362,757 | 0.09% | 0.63 |
| 愛知県 | 稲沢市 | 1535 | 2,093 | 7,522,540 | 0.03% | 0.92 |
| 東京都 | 稲城市 | 1536 | 2,080 | 6,573,849 | 0.03% | 0.92 |
| 鹿児島県 | 宇検村 | 1537 | 2,059 | 48,189 | 4.27% | 0.09 |
| 岐阜県 | 白川村 | 1538 | 2,055 | 82,459 | 2.49% | 0.32 |
| 青森県 | 野辺地町 | 1539 | 2,050 | 486,619 | 0.42% | 0.37 |
| 熊本県 | 球磨村 | 1540 | 2,040 | 69,370 | 2.94% | 0.12 |
| 島根県 | 美郷町 | 1541 | 2,039 | 118,998 | 1.71% | 0.13 |
| 青森県 | 六戸町 | 1542 | 2,035 | 368,642 | 0.55% | 0.34 |
| 埼玉県 | 松伏町 | 1543 | 1,980 | 1,384,803 | 0.14% | 0.64 |
| 福島県 | 新地町 | 1544 | 1,975 | 291,289 | 0.68% | 0.79 |
| 群馬県 | 上野村 | 1545 | 1,975 | 29,468 | 6.70% | 1.00 |
| 埼玉県 | 入間市 | 1546 | 1,971 | 7,997,113 | 0.02% | 0.92 |
| 奈良県 | 川西町 | 1547 | 1,967 | 357,447 | 0.55% | 0.48 |
| 沖縄県 | 多良間村 | 1548 | 1,950 | 25,000 | 7.80% | 0.11 |
| 福井県 | 敦賀市 | 1549 | 1,927 | 3,386,555 | 0.06% | 0.97 |
| 新潟県 | 加茂市 | 1550 | 1,922 | 966,519 | 0.20% | 0.42 |
| 東京都 | 瑞穂町 | 1551 | 1,900 | 1,747,213 | 0.11% | 1.00 |

| | | | | | | |
|---|---|---|---|---|---|---|
| 青森県 | 田舎館村 | 1552 | 1,895 | 199,556 | 0.95% | 0.26 |
| 青森県 | 横浜町 | 1553 | 1,895 | 176,057 | 1.08% | 0.22 |
| 埼玉県 | ふじみ野市 | 1554 | 1,874 | 6,559,565 | 0.03% | 0.83 |
| 愛知県 | 阿久比町 | 1555 | 1,830 | 1,560,193 | 0.12% | 0.82 |
| 福島県 | 北塩原村 | 1556 | 1,824 | 82,339 | 2.22% | 0.25 |
| 北海道 | 陸別町 | 1557 | 1,817 | 106,766 | 1.70% | 0.13 |
| 滋賀県 | 甲賀市 | 1558 | 1,810 | 4,158,947 | 0.04% | 0.73 |
| 山梨県 | 忍野村 | 1559 | 1,800 | 1,049,923 | 0.17% | 1.36 |
| 和歌山県 | 由良町 | 1560 | 1,795 | 184,163 | 0.97% | 0.36 |
| 茨城県 | 利根町 | 1561 | 1,792 | 646,185 | 0.28% | 0.43 |
| 福島県 | 葛尾村 | 1562 | 1,770 | 100,453 | 1.76% | 0.14 |
| 徳島県 | 松茂町 | 1563 | 1,762 | 734,872 | 0.24% | 0.90 |
| 三重県 | 菰野町 | 1564 | 1,758 | 2,227,157 | 0.08% | 0.79 |
| 愛知県 | 尾張旭市 | 1565 | 1,751 | 5,154,479 | 0.03% | 0.92 |
| 東京都 | 八丈町 | 1566 | 1,745 | 335,617 | 0.52% | 0.31 |
| 北海道 | 別海町 | 1567 | 1,740 | 1,250,884 | 0.14% | 0.26 |
| 福島県 | 大熊町 | 1568 | 1,737 | 336,797 | 0.52% | 1.58 |
| 沖縄県 | 西原町 | 1569 | 1,705 | 1,135,083 | 0.15% | 0.62 |
| 福島県 | 小野町 | 1570 | 1,684 | 356,594 | 0.47% | 0.33 |
| 福岡県 | 桂川町 | 1571 | 1,661 | 413,342 | 0.40% | 0.38 |
| 埼玉県 | 寄居町 | 1572 | 1,640 | 1,423,797 | 0.12% | 0.80 |
| 富山県 | 富山市 | 1573 | 1,632 | 22,605,174 | 0.01% | 0.79 |
| 岡山県 | 久米南町 | 1574 | 1,630 | 139,082 | 1.17% | 0.19 |
| 広島県 | 海田町 | 1575 | 1,630 | 1,536,267 | 0.11% | 0.80 |
| 沖縄県 | 渡名喜村 | 1576 | 1,630 | 10,509 | 15.51% | 0.06 |
| 長野県 | 南木曽町 | 1577 | 1,626 | 144,062 | 1.13% | 0.23 |
| 奈良県 | 野迫川村 | 1578 | 1,590 | 14,933 | 10.65% | 0.08 |
| 千葉県 | 東庄町 | 1579 | 1,578 | 578,181 | 0.27% | 0.46 |
| 和歌山県 | 古座川町 | 1580 | 1,570 | 69,300 | 2.27% | 0.12 |
| 徳島県 | 那賀町 | 1581 | 1,566 | 252,904 | 0.62% | 0.21 |
| 長野県 | 上松町 | 1582 | 1,552 | 176,501 | 0.88% | 0.24 |
| 埼玉県 | 皆野町 | 1583 | 1,540 | 369,709 | 0.42% | 0.42 |
| 奈良県 | 三郷町 | 1584 | 1,540 | 1,048,896 | 0.15% | 0.47 |
| 熊本県 | 水上村 | 1585 | 1,523 | 43,731 | 3.48% | 0.13 |
| 千葉県 | 四街道市 | 1586 | 1,510 | 5,163,462 | 0.03% | 0.81 |
| 沖縄県 | 北谷町 | 1587 | 1,497 | 1,248,536 | 0.12% | 0.73 |
| 大阪府 | 四條畷市 | 1588 | 1,492 | 2,651,862 | 0.06% | 0.59 |
| 山梨県 | 早川町 | 1589 | 1,485 | 36,087 | 4.12% | 0.17 |
| 長野県 | 山形村 | 1590 | 1,483 | 385,261 | 0.38% | 0.41 |
| 和歌山県 | 美浜町 | 1591 | 1,480 | 283,923 | 0.52% | 0.30 |
| 長野県 | 高山村 | 1592 | 1,470 | 269,590 | 0.55% | 0.27 |
| 山梨県 | 西桂町 | 1593 | 1,460 | 173,020 | 0.84% | 0.30 |

平成28年度 全市区町村「ふるさと納税」額ランキング表

| | | | | | | |
|---|---|---|---|---|---|---|
| 徳島県 | 美波町 | 1594 | 1,447 | 195,065 | 0.74% | 0.17 |
| 愛媛県 | 上島町 | 1595 | 1,425 | 214,145 | 0.67% | 0.18 |
| 奈良県 | 黒滝村 | 1596 | 1,410 | 20,883 | 6.75% | 0.10 |
| 福島県 | 檜枝岐村 | 1597 | 1,399 | 18,062 | 7.75% | 0.36 |
| 福岡県 | 香春町 | 1598 | 1,380 | 322,641 | 0.43% | 0.32 |
| 栃木県 | 塩谷町 | 1599 | 1,377 | 434,573 | 0.32% | 0.45 |
| 愛知県 | 豊田市 | 1600 | 1,365 | 30,607,523 | 0.00% | 1.11 |
| 宮城県 | 利府町 | 1601 | 1,360 | 1,834,988 | 8.77% | 0.83 |
| 高知県 | 大川村 | 1602 | 1,360 | 15,510 | 8.77% | 0.09 |
| 北海道 | 音威子府村 | 1603 | 1,336 | 38,626 | 3.46% | 0.10 |
| 青森県 | 鶴田町 | 1604 | 1,330 | 304,532 | 0.44% | 0.24 |
| 愛知県 | 弥富市 | 1605 | 1,310 | 2,396,633 | 0.05% | 0.98 |
| 長崎県 | 小値賀町 | 1606 | 1,297 | 52,426 | 2.47% | 0.10 |
| 福岡県 | 東峰村 | 1607 | 1,285 | 49,165 | 2.61% | 0.12 |
| 長野県 | 北相木村 | 1608 | 1,282 | 29,116 | 4.40% | 0.15 |
| 千葉県 | 富里市 | 1609 | 1,271 | 2,319,345 | 0.05% | 0.77 |
| 北海道 | 初山別村 | 1610 | 1,270 | 48,415 | 2.62% | 0.09 |
| 東京都 | 羽村市 | 1611 | 1,254 | 3,401,838 | 0.04% | 0.98 |
| 千葉県 | 習志野市 | 1612 | 1,251 | 11,875,439 | 0.01% | 0.91 |
| 愛知県 | 豊川市 | 1613 | 1,248 | 9,986,509 | 0.01% | 0.89 |
| 福島県 | 柳津町 | 1614 | 1,246 | 87,783 | 1.42% | 0.18 |
| 奈良県 | 広陵町 | 1615 | 1,245 | 1,957,942 | 0.06% | 0.59 |
| 福島県 | 昭和村 | 1616 | 1,233 | 29,757 | 4.14% | 0.09 |
| 東京都 | 渋谷区 | 1617 | 1,232 | 43,784,327 | 0.00% | 0.90 |
| 三重県 | 木曽岬町 | 1618 | 1,230 | 294,072 | 0.42% | 0.50 |
| 大分県 | 姫島村 | 1619 | 1,230 | 45,102 | 2.73% | 0.10 |
| 大阪府 | 寝屋川市 | 1620 | 1,217 | 10,616,643 | 0.01% | 0.66 |
| 奈良県 | 十津川村 | 1621 | 1,215 | 123,597 | 0.98% | 0.20 |
| 北海道 | 中頓別町 | 1622 | 1,215 | 64,945 | 1.87% | 0.09 |
| 徳島県 | 牟岐町 | 1623 | 1,167 | 115,013 | 1.01% | 0.19 |
| 愛知県 | 豊根村 | 1624 | 1,150 | 39,734 | 2.89% | 0.25 |
| 福島県 | 下郷町 | 1625 | 1,116 | 162,384 | 0.69% | 0.37 |
| 滋賀県 | 野洲市 | 1626 | 1,103 | 2,743,451 | 0.04% | 0.81 |
| 岩手県 | 平泉町 | 1627 | 1,100 | 228,729 | 0.48% | 0.31 |
| 和歌山県 | 日高川町 | 1628 | 1,075 | 321,440 | 0.33% | 0.23 |
| 東京都 | 神津島村 | 1629 | 1,070 | 96,649 | 1.11% | 0.23 |
| 兵庫県 | 播磨町 | 1630 | 1,062 | 1,537,364 | 0.07% | 0.88 |
| 東京都 | 昭島市 | 1631 | 1,040 | 6,656,421 | 0.02% | 0.96 |
| 岩手県 | 八幡平市 | 1632 | 1,035 | 760,982 | 0.14% | 0.30 |
| 福島県 | 磐梯町 | 1633 | 1,032 | 125,213 | 0.82% | 0.29 |
| 北海道 | 福島町 | 1634 | 1,030 | 135,798 | 0.76% | 0.18 |
| 千葉県 | 印西市 | 1635 | 1,025 | 5,903,632 | 0.02% | 0.97 |

| | | | | | | |
|---|---|---|---|---|---|---|
| 熊本県 | 玉東町 | 1636 | 1,010 | 145,385 | 0.69% | 0.25 |
| 群馬県 | 南牧村 | 1637 | 1,005 | 48,311 | 2.08% | 0.14 |
| 福岡県 | 篠栗町 | 1638 | 1,003 | 1,280,058 | 0.08% | 0.52 |
| 愛知県 | 豊山町 | 1639 | 1,000 | 851,622 | 0.12% | 1.04 |
| 三重県 | 川越町 | 1640 | 990 | 830,869 | 0.12% | 1.22 |
| 和歌山県 | 日高町 | 1641 | 990 | 277,902 | 0.36% | 0.29 |
| 京都府 | 和束町 | 1642 | 980 | 134,318 | 0.73% | 0.20 |
| 山梨県 | 小菅村 | 1643 | 970 | 29,175 | 3.32% | 0.09 |
| 岐阜県 | 岐南町 | 1644 | 970 | 1,324,999 | 0.07% | 0.93 |
| 愛知県 | 扶桑町 | 1645 | 950 | 1,858,514 | 0.05% | 0.84 |
| 千葉県 | 鎌ケ谷市 | 1646 | 941 | 5,978,357 | 0.02% | 0.77 |
| 奈良県 | 高取町 | 1647 | 933 | 255,452 | 0.37% | 0.32 |
| 三重県 | 東員町 | 1648 | 860 | 1,373,589 | 0.06% | 0.79 |
| 東京都 | 小平市 | 1649 | 852 | 13,013,070 | 0.01% | 0.97 |
| 茨城県 | ひたちなか市 | 1650 | 840 | 8,821,145 | 0.01% | 0.94 |
| 東京都 | 小笠原村 | 1651 | 840 | 261,341 | 0.32% | 0.25 |
| 熊本県 | 五木村 | 1652 | 835 | 31,421 | 2.66% | 0.16 |
| 北海道 | 厚沢部町 | 1653 | 830 | 140,955 | 0.59% | 0.16 |
| 福島県 | 平田村 | 1654 | 825 | 191,483 | 0.43% | 0.27 |
| 東京都 | 三宅村 | 1655 | 825 | 145,655 | 0.57% | 0.24 |
| 長野県 | 平谷村 | 1656 | 819 | 12,736 | 6.43% | 0.13 |
| 広島県 | 府中町 | 1657 | 807 | 3,057,880 | 0.03% | 0.86 |
| 茨城県 | 東海村 | 1658 | 800 | 2,173,588 | 0.04% | 1.44 |
| 石川県 | 津幡町 | 1659 | 795 | 1,759,798 | 0.05% | 0.50 |
| 山梨県 | 丹波山村 | 1660 | 795 | 17,365 | 4.58% | 0.06 |
| 岐阜県 | 関ケ原町 | 1661 | 788 | 322,359 | 0.24% | 0.52 |
| 愛媛県 | 松前町 | 1662 | 775 | 1,181,954 | 0.07% | 0.74 |
| 長野県 | 中川村 | 1663 | 770 | 175,645 | 0.44% | 0.21 |
| 沖縄県 | 南大東村 | 1664 | 770 | 50,006 | 1.54% | 0.13 |
| 沖縄県 | 北大東村 | 1665 | 770 | 34,677 | 2.22% | 0.14 |
| 埼玉県 | 朝霞市 | 1666 | 755 | 9,349,677 | 0.01% | 0.98 |
| 群馬県 | 邑楽町 | 1667 | 747 | 1,165,392 | 0.06% | 0.76 |
| 徳島県 | 勝浦町 | 1668 | 739 | 159,549 | 0.46% | 0.25 |
| 茨城県 | 阿見町 | 1669 | 728 | 2,356,531 | 0.03% | 0.90 |
| 秋田県 | 大潟村 | 1670 | 702 | 241,118 | 0.29% | 0.34 |
| 山梨県 | 道志村 | 1671 | 695 | 98,672 | 0.70% | 0.17 |
| 東京都 | 小金井市 | 1672 | 693 | 10,324,409 | 0.01% | 1.00 |
| 福島県 | 浅川町 | 1673 | 690 | 239,424 | 0.29% | 0.33 |
| 福岡県 | 水巻町 | 1674 | 680 | 1,020,962 | 0.07% | 0.51 |
| 京都府 | 笠置町 | 1675 | 674 | 46,579 | 1.45% | 0.24 |
| 三重県 | 亀山市 | 1676 | 656 | 2,421,982 | 0.03% | 0.96 |
| 宮城県 | 七ヶ宿町 | 1677 | 650 | 34,511 | 0.05% | 0.30 |

巻末資料

| | | | | | | |
|---|---|---|---|---|---|---|
| 沖縄県 | 南風原町 | 1678 | 650 | 1,304,722 | 0.05% | 0.60 |
| 神奈川県 | 座間市 | 1679 | 649 | 7,330,262 | 0.01% | 0.88 |
| 東京都 | 東久留米市 | 1680 | 630 | 7,075,910 | 0.01% | 0.82 |
| 奈良県 | 河合町 | 1681 | 610 | 959,681 | 0.06% | 0.52 |
| 奈良県 | 橿原市 | 1682 | 604 | 5,840,301 | 0.01% | 0.69 |
| 神奈川県 | 平塚市 | 1683 | 600 | 14,745,218 | 0.00% | 0.97 |
| 福島県 | 中島村 | 1684 | 590 | 214,870 | 0.27% | 0.28 |
| 長野県 | 南牧村 | 1685 | 585 | 214,597 | 0.27% | 0.27 |
| 和歌山県 | 九度山町 | 1686 | 574 | 158,022 | 0.36% | 0.20 |
| 岐阜県 | 輪之内町 | 1687 | 570 | 407,104 | 0.14% | 0.59 |
| 福島県 | 古殿町 | 1688 | 530 | 165,951 | 0.32% | 0.23 |
| 宮崎県 | 西米良村 | 1689 | 530 | 37,170 | 1.43% | 0.11 |
| 北海道 | 神恵内村 | 1690 | 510 | 36,779 | 1.39% | 0.09 |
| 東京都 | 台東区 | 1691 | 502 | 16,849,084 | 0.00% | 0.44 |
| 奈良県 | 安堵町 | 1692 | 500 | 302,625 | 0.17% | 0.35 |
| 岐阜県 | 土岐市 | 1693 | 492 | 2,538,099 | 0.02% | 0.62 |
| 愛知県 | 長久手市 | 1694 | 490 | 4,409,237 | 0.01% | 1.04 |
| 奈良県 | 田原本町 | 1695 | 487 | 1,347,721 | 0.04% | 0.55 |
| 福岡県 | 大任町 | 1696 | 483 | 132,044 | 0.37% | 0.18 |
| 徳島県 | 阿南市 | 1697 | 463 | 3,137,571 | 0.01% | 0.89 |
| 長野県 | 南相木村 | 1698 | 460 | 38,953 | 1.18% | 0.92 |
| 宮城県 | 大衡村 | 1699 | 450 | 180,044 | 0.25% | 0.68 |
| 宮城県 | 美里町 | 1700 | 450 | 878,919 | 0.05% | 0.41 |
| 石川県 | 川北町 | 1701 | 450 | 296,875 | 0.15% | 0.61 |
| 北海道 | 島牧村 | 1702 | 437 | 43,411 | 1.01% | 0.08 |
| 京都府 | 八幡市 | 1703 | 402 | 3,388,190 | 0.01% | 0.70 |
| 広島県 | 坂町 | 1704 | 401 | 580,461 | 0.07% | 0.74 |
| 北海道 | 標茶町 | 1705 | 380 | 381,468 | 0.10% | 0.19 |
| 長野県 | 朝日村 | 1706 | 380 | 208,092 | 0.18% | 0.29 |
| 東京都 | 奥多摩町 | 1707 | 350 | 199,332 | 0.18% | 0.32 |
| 岩手県 | 九戸村 | 1708 | 340 | 123,275 | 0.28% | 0.18 |
| 埼玉県 | 杉戸町 | 1709 | 340 | 2,222,485 | 0.02% | 0.75 |
| 青森県 | 蓬田村 | 1710 | 320 | 73,295 | 0.44% | 0.16 |
| 東京都 | 新島村 | 1711 | 295 | 121,662 | 0.24% | 0.22 |
| 奈良県 | 上北山村 | 1712 | 290 | 22,664 | 1.28% | 0.09 |
| 千葉県 | 酒々井町 | 1713 | 277 | 1,015,454 | 0.03% | 0.73 |
| 東京都 | 利島村 | 1714 | 275 | 20,023 | 1.37% | 0.14 |
| 埼玉県 | 吉見町 | 1715 | 265 | 891,187 | 0.03% | 0.64 |
| 奈良県 | 上牧町 | 1716 | 264 | 959,063 | 0.03% | 0.46 |
| 群馬県 | 大泉町 | 1717 | 260 | 1,894,893 | 0.01% | 1.09 |
| 長野県 | 川上村 | 1718 | 260 | 330,144 | 0.08% | 0.23 |
| 徳島県 | 藍住町 | 1719 | 250 | 1,522,016 | 0.02% | 0.70 |

平成28年度 全市区町村「ふるさと納税」額ランキング表

| | | | | | | |
|---|---|---|---|---|---|---|
| 奈良県 | 山添村 | 1720 | 200 | 116,964 | 0.17% | 0.29 |
| 徳島県 | 北島町 | 1721 | 195 | 1,125,851 | 0.02% | 0.74 |
| 三重県 | 朝日町 | 1722 | 175 | 644,980 | 0.03% | 0.79 |
| 埼玉県 | 上里町 | 1723 | 165 | 1,322,704 | 0.01% | 0.78 |
| 愛知県 | 大治町 | 1724 | 150 | 1,577,352 | 0.01% | 0.84 |
| 北海道 | 伊達市 | 1725 | 137 | 1,351,570 | 0.01% | 0.38 |
| 東京都 | 港区 | 1726 | 130 | 67,537,347 | 0.00% | 1.17 |
| 新潟県 | 刈羽村 | 1727 | 129 | 205,354 | 0.06% | 1.26 |
| 東京都 | 日の出町 | 1728 | 120 | 771,550 | 0.02% | 0.73 |
| 和歌山県 | 岩出市 | 1729 | 120 | 2,276,636 | 0.01% | 0.62 |
| 静岡県 | 長泉町 | 1730 | 110 | 2,926,493 | 0.00% | 1.28 |
| 東京都 | 中央区 | 1731 | 102 | 22,702,604 | 0.00% | 0.69 |
| 福岡県 | 吉富町 | 1732 | 94 | 249,654 | 0.04% | 0.38 |
| 長野県 | 大桑村 | 1733 | 50 | 142,894 | 0.03% | 0.25 |
| 愛知県 | 東海市 | 1734 | 42 | 7,151,340 | 0.00% | 1.26 |
| 京都府 | 井手町 | 1735 | 42 | 300,375 | 0.01% | 0.35 |
| 東京都 | 豊島区 | 1736 | 37 | 26,685,446 | 0.00% | 0.53 |
| 東京都 | 青ヶ島村 | 1737 | 36 | 15,663 | 0.23% | 0.12 |
| 北海道 | 京極町 | 1738 | 10 | 119,339 | 0.01% | 0.36 |
| 北海道 | 泊村 | 1739 | 0 | 61,555 | 0.00% | 1.81 |
| 東京都 | 御蔵島村 | 1740 | 0 | 18,536 | 0.00% | 0.11 |
| 愛知県 | 飛島村 | 1741 | 0 | 284,165 | 0.00% | 2.09 |

注　所得額は平成28年(4～10月分)で税額控除・減免後であり、財政力指数は平成27年度数値である。

【著者紹介】

**高寄　昇三**（たかよせ・しょうぞう）
1934 年神戸市に生まれる。1959 年京都大学法学部卒業。
1960 年神戸市役所入庁。
1975 年『地方自治の財政学』にて「藤田賞」受賞。1979 年『地方自治の経営』にて「経営科学文献賞」受賞。
1985 年神戸市退職。甲南大学教授。
2003 年姫路獨協大学教授。2007 年退職。

**著書・論文**
『市民自治と直接民主制』、『地方分権と補助金改革』、『交付税の解体と再編成』、『自治体企業会計導入の戦略』、『自治体人件費の解剖』、『大正地方財政史上・下巻』、『昭和地方財政史　第１巻〜第５巻』、『政令指定都市がめざすもの』、『大阪都構想と橋下政治の検証』、『虚構・大阪都構想への反論』、『大阪市存続・大阪都粉砕の戦略』、『翼賛議会型政治・地方民主主義への脅威』、『政府財政支援と被災自治体財政』、『原発再稼働と自治体の選択』、『「地方創生」で地域消滅は阻止できるか』、『神戸・近代都市の形成』（以上公人の友社）、『阪神大震災と自治体の対応』、『自治体の行政評価システム』、『地方自治の政策経営』、『自治体の行政評価導入の実際』『自治体財政破綻か再生か』（以上、学陽書房）』、『明治地方財政史・Ⅰ〜Ⅴ』（勁草書房）、『高齢化社会と地方自治体』（日本評論社）など多数

---

自治体〈危機〉叢書
## 「ふるさと納税」「原発・大学誘致」で地方は再生できるのか

2018 年 2 月 5 日　初版第 1 刷発行

　　　　著　者　　高寄　昇三
　　　　発行者　　武内　英晴
　　　　発行所　　公人の友社
　　　　　　　　　ＴＥＬ 03-3811-5701
　　　　　　　　　ＦＡＸ 03-3811-5795
　　　　　　　　　Ｅメール　info@koujinnotomo.com
　　　　　　　　　http://koujinnotomo.com/

---

ISBN 978-4-87555-811-8